面向日常生活世界的
媒介技术研究

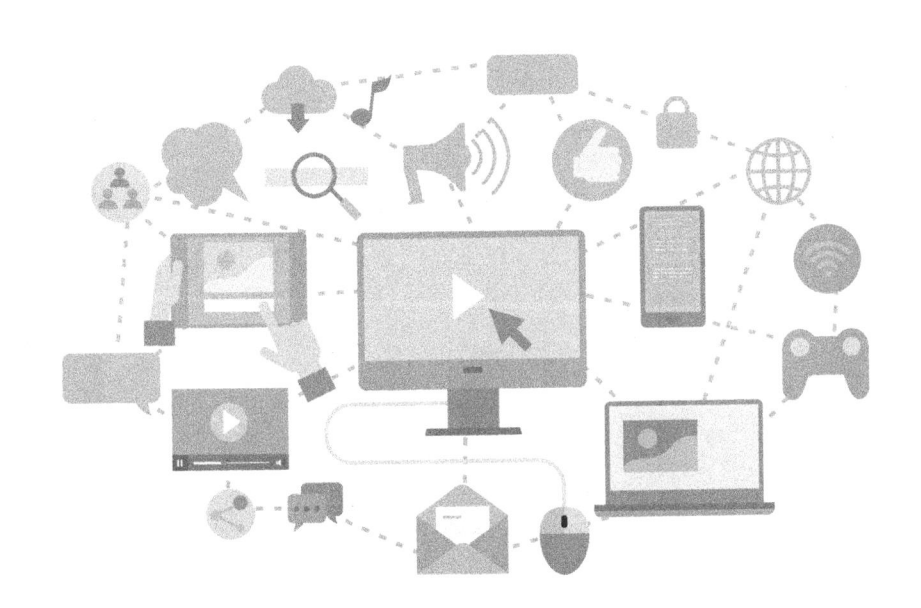

杜松平 著

陕西新华出版
陕西人民出版社

图书在版编目(CIP)数据

面向日常生活世界的媒介技术研究 / 杜松平著. —西安：陕西人民出版社,2023.11
ISBN 978-7-224-14994-4

Ⅰ.①面… Ⅱ.①杜… Ⅲ.①传播媒介—研究 Ⅳ.①G206.2

中国国家版本馆 CIP 数据核字(2023)第 204542 号

责任编辑：杨　婧　李　昍
封面设计：姚肖朋

面向日常生活世界的媒介技术研究
MIANXIANG RICHANG SHENGHUO SHIJIE DE MEIJIE JISHU YANJIU

作　　者	杜松平
出版发行	陕西人民出版社
	(西安市北大街 147 号　邮编：710003)
印　　刷	广东虎彩云印刷有限公司
开　　本	787 毫米×1092 毫米　1/16
印　　张	15.25
字　　数	211 千字
版　　次	2023 年 11 月第 1 版
印　　次	2023 年 11 月第 1 次印刷
书　　号	ISBN 978-7-224-14994-4
定　　价	70.00 元

前　言

进入 21 世纪以来，信息技术和生命科学日渐成为人类文明的两大支柱性的技术。以信息技术为基础的"5G、量子信息、人工智能、云计算、大数据、区块链、虚拟现实、物联网标识、超级计算等领域发展势头向好"[①]。人类在信息技术领域取得了突破性进展，人工智能和云计算等领域的科技创新能力持续加速，信息生产和交换的速度、广度和深度已经达到前所未有的水平。信息产业基础技术的发展和移动终端的迅速普及正在使万物互联的宏伟设想变为现实，数字化生存将给人们带来另类的生存体验。

媒介技术为人类创造出一种全新的生产状态。在个体日常生活世界的微观层面，媒介技术也几乎重新塑造了个体的生存状态。正如尼葛洛庞帝所说，"计算不再只和计算机有关，它决定着我们的生存"[②]。近年来，媒介技术对人类社会和日常生活世界的塑造呈现出远远超出其他技术领域的发展势头。从长远来看，媒介技术不仅改变了我们的生活方式，还改变了人类对世界的认知方式、价值判断标准和行为选择模式。

本书将技术哲学中的人文学派和工程学派与传播学中的批判学派和传统学派之间的理论关联作为逻辑起点，力图以马克思的异化理论为基础，将日

[①] 第 42 次《中国互联网络发展状况统计报告》[R]. 北京：中华人民共和国互联网信息办公室，2018.

[②] [美]尼葛洛庞帝. 数字化生存[M]. 胡泳，范海燕，译. 海口：海南出版社，1997：15.

常生活世界中的媒介技术对人的生存状态的影响和塑造作为主要研究对象，并结合列斐伏尔的日常生活批判理论和海德格尔的存在主义技术哲学观，尝试发掘一个新的研究领域，即以传播效果为主要研究对象的传播学研究。

通过文献梳理和理论推演，笔者认为，在一定程度上，人的生存状态中的情感结构、时空感知、认知模式、行为选择、崇拜对象等方面都在随着媒介技术的变迁而不断地发生着演变。在完成对个体在日常生活世界中的数字化生存状况的梳理和分析之后，本书比较了媒介环境学派的主要学者的媒介技术观，进而以马克思的异化理论和海德格尔的技术哲学为基础，对媒介技术的本质展开讨论。在现实剖析和理论探讨的过程中，本书将马克思的异化理论作为主要理论支点，认为媒介技术的滥用和技术进化的自主性可能是引发日常生活异化问题的主要原因。因此，媒介技术应当成为日常生活批判的焦点。同时，媒介技术发展的历史阶段恰恰与异化理论发展的三个不同阶段相互对应。本书采用列斐伏尔的日常生活批判理论，在对媒介技术批判的过程中力争实现从现象学的先验领域到技术哲学的存在领域的转变，笔者认为我们应该警惕技术生活共同体中媒介技术的自主进化以及媒介技术漂迁的问题。

追求人的全面解放是马克思主义哲学的根本任务，也是本书的最终价值立场。在很大程度上，在很多场景中，一方面，媒介技术作为一种嵌入式的技术设计，与人类结成一种媒介技术生活共同体，已经成为当今人类日常生活世界重要的构成部分。另一方面，媒介技术也正在发展成为人追求全面解放过程中的新的束缚条件。在网络社会中，除了生存所必需的物质技术条件之外，日常生活中人们的衣食住行、生老病死等方方面面几乎都是被各种形态的媒介技术所设计甚至左右。因此，我们似乎可以做出这样的理论预期：日常生活中我们对媒介技术的过度使用，极有可能会逐步把人类的整体命运托付给以媒介技术为外在形态的电子理性，并且这种通过媒介技术所表达的电子理性最终规定着人类的日常生活秩序，甚至最终制造、消解了现代人的命运。这种情形迫使我们对自身的生存状态进行反思，以对未来可能出现的媒介技术脱缰的负面效应做好心理准备。

本书的逻辑结构分为四部分。第一部分主要交代研究背景和研究意义，界定主要研究对象。第二部分探讨人类技术史中的媒介技术的演变，以及由此所引发的日常生活世界中宏观层面和微观层面的变迁，本书在此提出人类的时空观念和情感结构在一定程度上是媒介技术与人的存在之间互动的产物。第三部分主要研究个体在数字化生存过程中的认知重构、信息崇拜以及由此所引发的个人选择同质化问题，本书在此提出媒介技术是人类在生存过程中追求确定性的主要物质条件，但是我们需要对信息和媒介技术所引发的拜物教崇拜这种特殊现象保持警惕。本书通过梳理媒介环境学派主要学者对待媒介技术的态度，以及从技术哲学的层面对媒介技术本质的探讨，提出应当将媒介技术作为日常生活批判的对象之一。同时，本书尝试将媒介技术发展的不同时期与马克思、卢卡奇和列斐伏尔的异化理论的发展建立对应关系，将人的生存的异化状态划分为肉体异化、需求异化和精神异化三个不同层面并进行深入探讨。第四部分主要研究媒介技术与人类异化的生存状态以及本质命运的问题，结合海德格尔的存在主义的技术哲学思想，针对当前媒介技术发展所衍生出的负面问题，运用马克思所提供的批判武器，在力所能及的范围之内对媒介技术发展给日常生活所带来的异化问题提出理论反思和价值批判。

2023 年 7 月 30 日

目录

第一章 绪论 /001

一、研究背景和研究意义 /004

(一)研究背景 /004

(二)研究意义 /008

二、国内外研究现状综述 /010

(一)国外关于媒介技术研究综述 /011

(二)国内关于媒介技术研究综述 /020

三、研究思路、研究方法及创新之处 /024

(一)研究思路 /024

(二)研究方法 /027

(三)创新之处 /029

第二章 技术哲学、媒介技术与日常生活世界 /031

一、对媒介技术和日常生活世界概念的考察 /033

(一)对技术与媒介技术的考察 /034

(二)日常生活世界的概念梳理 /037

二、技术哲学在传播学研究中的映射 /041

(一)技术哲学的起源 /042

（二）技术哲学的两大源流对传播学研究的影响 / 046

三、日常生活世界中的媒介技术：技术哲学所忽视的领域 / 049

（一）日常生活世界中的媒介技术 / 049

（二）技术哲学对媒介技术的忽略 / 053

第三章 媒介技术的演变与日常生活世界的变迁 / 057

一、媒介技术对日常生活世界宏观领域的改造 / 060

（一）意义固定与权力重构：符号书写技术的赋魅 / 060

（二）印刷术与制造共识：信息机械复制时代的到来 / 067

（三）光速传播与集体无意识：电子媒介时代的心灵控制术 / 077

二、媒介技术与日常生活世界微观层面的演变 / 087

（一）生产领域和日常生活世界日益混淆 / 088

（二）媒介技术与个体情感结构的流变 / 095

三、加速与压缩：媒介技术与人类时空观感的嬗变 / 104

（一）时间问题的理论溯源 / 105

（二）个体微观心理层面的时空压缩 / 107

（三）社会宏观层面时间节奏的加速 / 112

第四章 重构与选择：日常生活世界中人的媒介化认知与实践 / 117

一、日常生活世界中的认知重构 / 120

（一）从具身认知到符号认知 / 121

（二）从技术认知到媒介认知 / 126

二、日常生活世界中的不确定性与信息拜物教 / 131

（一）媒介技术演变与人类确定性来源的转移 / 132

（二）拜物教的变式：从商品拜物教到信息拜物教 / 137

三、日常生活世界中的媒介技术与个人选择 / 142

（一）个人选择与形式理性的语法化 / 142

（二）海量数据与形式理性：在确证性的追求中消解命运 / 148

第五章 日常生活世界的异化与媒介技术批判 / 153

一、媒介环境学派的技术观及媒介技术的本质 / 156

（一）媒介环境学派的媒介技术观 / 157

（二）媒介技术的本质追问 / 162

二、媒介技术：一种新的日常生活批判对象 / 167

（一）列斐伏尔的媒介技术批判：从先验领域到存在领域 / 167

（二）媒介技术与日常生活世界的异化 / 171

三、媒介技术与异化理论发展的三个阶段 / 177

（一）异化理论：从马克思、卢卡奇到列斐伏尔 / 178

（二）媒介技术与异化状态的三种划分 / 183

第六章 "新的技术生活共同体"与异化状态的消解 / 189

一、媒介技术与日常生活世界中人的存在 / 191

（一）技术生活共同体中人的媒介化存在 / 192

（二）马克思和海德格尔：媒介技术存在论的两种批判路径 / 197

二、媒介技术进化：脱缰的自主性与技术漂迁 / 202

（一）无法停止的进化：媒介技术进化中的自主性及失控 / 203

（二）技术生活共同体中的媒介技术漂迁 / 206

三、重拾批判的武器与作为命运的异化状态 / 211

（一）媒介技术批判对于日常生活世界的意义 / 211

（二）"媒介技术生活共同体"与作为命运的异化状态 / 217

结语 / 223

参考文献 / 228

第一章
绪 论

第一章 绪 论

第 47 次《中国互联网络发展状况统计报告》数据显示，截至 2020 年 12 月，我国网民规模达 9.89 亿，网络支付用户规模达 8.54 亿，网上零售额达 11.76 万亿元，网络视频用户规模达 9.27 亿。[①] 同时据央视财经报道，我国 60 岁及以上群体的网络普及率为 38.6%。有超过 10 万老人日均在线超过 10 小时。[②] 以互联网为代表的媒介技术已经日益融入我们日常生活的方方面面，媒介技术在生产力领域同样引发了质的飞跃，同时颠覆性地改变了人们的生活方式。在日常生活中，很多人每天早上醒来的第一件事可能是拿起手机浏览微信、微博等社交媒体或其他信息平台，查看在自己睡眠期间社交媒体中好友所发布的最新动态，似乎只有这样才能将今晨和昨夜两个时间点相互连接，这靠的不再是人的记忆，而是电子媒介。

在互联网普及前夕，尼古拉斯·尼葛洛庞帝（Nicholas Negroponte）基于对媒介技术发展趋势的预判，提出了"数字化生存"的概念，并对人类在网络社会中的生存状态做了先知式的描述，尼葛洛庞帝不仅仅将媒介技术引入对日常生活世界的分析，更为重要的是，他将媒介技术与人类的生存状态相互关联，在马丁·海德格尔（Martin Heidegger）的技术存在论的基础上对人类技术形式进行了进一步的细分，阐明了媒介技术或者说信息技术是构建人类生存状态的重要技术维度。他认为数字比特将如同 DNA 一般为人类创造一

[①] 第 47 次《中国互联网络发展状况统计报告》[R]. 北京：中华人民共和国互联网信息办公室，2020.

[②] 央视财经. 超 10 万老人日均上网超 10 小时！[EB/OL].[2017-07-17]. https：//baijia-hao.baidu.com/s？id=1705548779787869119.

个数字化生存的新空间。值得深思的是,当下人类社会媒介技术的发展已经远远超出尼葛洛庞帝当时对数字化生存的设想,人在媒介技术环境中的生存已经由一种数字化生存转化为深刻的异化状态,这也是本书所关注的研究问题。

一、研究背景和研究意义

(一)研究背景

人类脱离蒙昧,与其他自然万物相分离,开始意识到自己是自然界中最为独特的存在。后来,理性和自我意识使人类成为这个星球的主宰者。与此同时,庞大可怖的自然界也让人类意识到自身的渺小和有限,人类开始运用理性创造工具,逐步成为这个世界的主人。技术几乎与人类相伴而生,它作为一种增强生存能力的伴生物具有明显的"礼物"和"魔盒"的双重属性。人类手持工具孕育了文明,同时在此过程中也付出了代价。"以控制自然、消除匮乏为宗旨的科学技术极大地改善了人类的物质生活的同时,也带来了人被技术所控制的生存困境。同时,也伴随着某种个性缺失、精神匮乏、爱与创造力衰退的问题。"[1]人类从学会制造起,就开始制造工具,并创造出用来描述主体和客体的属性及状态的各类表意符号系统。从结绳记事到象形文字,从莎草纸到雕版印刷,从商周青铜器皿到近代书籍报刊,人类在所能触及的物质媒介中都留下了文明的印记。各种承担表意功能的物质媒介在更深层意义上已经超出技术形式本身,成为肉体记忆之外的更为重要的记忆载体,承载文化,传承文明。每一次媒介技术的飞跃不仅带来人类精神产品生产关系的变革,还激发了人类社会制度的演变。书写技术的普及消解了东西方精英阶层对知识的垄断,活字印刷术和地图制图术的发展引发了欧洲宗教改革、

---

[1] 衣俊卿. 20 世纪:文化焦虑的时代[J]. 求是学刊,2003(3):5-13.

启蒙运动以及地理大发现，电子媒介技术特别是互联网的出现，几乎实现了麦克卢汉（Marshall McLuhan）对地球村的浪漫设想，时间和空间已经不再是人类沟通交流的障碍。

技术作为一种改造和认识世界的中介之物，它不仅与人的客观实践紧密联系，更与人的认知、理性、情感等生存状态息息相关。从人类轴心时代哲学的萌芽到二战后人类对工具理性的反思，技术从未与人的生存意义相分离。古希腊的哲人已经认识到实在（自然、宇宙、世界）是依据理性或逻各斯运行的合理的存在结构。人是理性的存在，因而人可以通过理性把握人同事物之间的关系，把握世界的本质，从而利用和改造自然。

因此，一方面，古希腊的哲学塑造了西方近代科学的发展方向，并最终奠定了以工具理性为主导的根基。文艺复兴以来，人们开始关注人的价值，对原有的基本价值体系进行自我反思。特别是二战对人类社会造成的前所未有的巨大创伤，引发了思想界对工具理性的反思和批判，技术也逐渐成为人文社会科学所关注的焦点。另一方面，早期哲学实践探索亦塑造了现代科学最初的形态。为了研究技术和科学与人类之间的关系，在东亚大陆形成了以庄子和墨子为代表的东方技术哲学观，而儒家则将技术作为一种实现"礼"和"仁"的社会秩序的治理途径，作为最高技术形式的"礼"的最终目的是在个人层面上达到"天人合一"、在社会层面上实现"天下大同"。西方世界则将技术和科学作为一种实现人的主体性的重要工具。希腊后期，地中海的学术中心从雅典移至埃及，人们已经开始用几何结构和数学体系来认知世界，技术在推动人的认知从实践经验层面向抽象逻辑的科学思维层面转化方面起到了愈发显著的作用。在认识世界的过程中，古希腊哲学家很早就意识到，宇宙按照固有的秩序和谐运行。这与东方智慧中的"和""合"理念不谋而合。在儒家的宇宙观中，"天既是宇宙的主宰，则宇宙的构造及其运动当然也出于天的道德与意志"[①]。

在西方哲学发展历程中，哲学一直被视为一种理性的事业，而技术并未

[①] 侯外庐，等. 中国思想通史：第二卷[M]. 北京：人民出版社，2011：91.

进入这一理性事业的主流视野。对此，国内学者吴国盛认为，"从苏格拉底开始，技术被规定成一个缺乏内在性的东西，并且因此受到贬低"①。媒介技术同其他技术形式一样，长期以来并未引起哲学领域的相应关注。进入19世纪后，社会学逐渐从哲学领域中分化出来，二战后社会学研究中心由欧洲转移到美国，芝加哥大学、哈佛大学和哥伦比亚大学等美国高校相继成立社会学研究中心。社会学在美国实用主义土壤的滋养下，最终发展成为一个独立学科，形成一套既有科学主义的实证定量方法又有人文主义的理解方法的知识体系，从而区别于以纯粹抽象思维活动为核心的哲学。应当说奥古斯特·孔德(Auguste Comte)的实证主义和杜威的实用主义在社会学研究方法中起到至关重要的作用。对于社会学中实证主义主导的潮流，高宣扬曾做出较为经典的概括，他认为：

> 近代社会学的创立者孔德(Auguste Comte，1798—1857)、涂尔干(Émile Durkheim，1858—1917)、韦伯(Max Weber，1864—1920)和马克思(Karl Marx，1818—1883)，尽管对社会的基本看法有所不同，然而他们都不同程度地崇拜自然科学，深信社会科学归根结底可以正确认识和把握社会，可以实现科学化，可以像自然科学那样找到客观真理标准，建立关于社会的科学知识体系。②

"长期以来，美国的精英社会学家接受实证主义(positivism)的科学观，并且尊崇自然科学的研究策略为理性典范。"③而实证主义对社会学研究的主导同样出现在传播学研究当中。实证主义占主导地位的研究方法几乎毫无保留地被占主流地位的美国传播学所采纳。当然，在实证主义的路线之外，传播学的研究其实也关注了人的存在和意义。批判学派和媒介环境学派在实证主义之外为传播学研究开辟了新的天地，特别是与媒介技术密切相关的媒介

---

① 吴国盛. 技术哲学经典读本[M]. 上海：上海交通大学出版社，2008：2.
② 高宣扬. 当代社会理论：上卷[M]. 北京：中国人民大学出版社，2014：195.
③ 叶启政. 实证的迷思：重估社会科学经验研究[M]. 北京：生活·读书·新知三联书店，2018：2.

环境学派，他们是传播学中较早关注媒介技术的学者集群，并且产出了丰硕的学术成果。媒介环境学派以"人、技术和文化的三角关系为研究重点，主要旨趣在于传媒对人和社会心理的长效影响"①。然而，多伦多学派对媒介技术的关注在传播学短暂的学科史中仍犹如流星划过长空，璀璨而短暂，其开拓者哈罗德·伊尼斯(Harold Adams Innis)和马歇尔·麦克卢汉勉强挤进了施拉姆(Wilbur Schramm)所圈定的传播学领地，而后继者尼尔·波兹曼(Neil Postman)和保罗·莱文森(Paul Levinson)却未能入施拉姆的法眼。②

一般来说，学科史的书写都难以规避学者间的旨趣差异和意识形态的角力。国内学者刘海龙在梳理芝加哥学派的传播研究史的构建时指出，"回避与这一话语结构矛盾之处，贴上黑白分明的标签，使得那些曾经存在的矛盾与冲突烟消云散，世界呈现出整齐的秩序感"③。争夺话语权的现象同样出现在施拉姆对传播学整个学科史的书写过程之中，以施拉姆为首的建制派显然是在有意无意地以学术旨趣和价值立场来构建学科边界，甚至在更深层次中受到冷战和意识形态的影响。成书于1973年的《男人、女人、信息和媒介：理解人类传播》，对美国本土持批判立场的 C. 赖特·米尔斯(Charles Wright Mills)、罗森伯格(Rosenberg)、丹尼尔·J. 布尔斯廷(Daniel J. Boorstin)竞争性的观点直接给予冷处理，对继承马克思批判立场的欧洲批判学派的学者和研究成果几乎视而不见。这种学科范畴的界定也从侧面反映出传播学诞生时所蕴含的冷战背景和意识形态因素，当然我们现在所能窥探到的可能只是这段过往学科历史的冰山一角。国内学者孙玮对此做出了中肯评价，她认为"传播学研究一直以'内容'为着眼点，直到新媒体的出现，仍然是在手段层面考察新技术的特征，并且将新技术转化为内容影响"④。关注媒介技术的研究在掌握话语权的主流经验学派中很少能够进入焦点领域，媒介技术更多

---

① 何道宽. 传播学概论：第二版[M]. 北京：中国人民大学出版社，2010：译者序6.
② 1970年，尼尔·波兹曼在纽约大学创建媒介环境学博士点，严厉地批评媒介技术垄断所带来的社会弊端，但就是如此也未进入施拉姆的传播学史的视界之内。
③ 刘海龙. 连续与断裂：帕克与传播研究芝加哥学派神话[J]. 学术研究，2015(2)：29-35.
④ 孙玮. 从新媒介通达新传播：基于技术哲学的传播研究思考[J]. 暨南学报(哲学社会科学版)，2016，38(1)：66-75，131.

地被视为承载信息和文本的渠道,传播效果始终是主流传播学研究关注的核心问题,因为排除媒介技术的社会属性而将其单单视作渠道工具,在传播学的实证研究中更便于作为变量进行处理。显然这种对运用工具理性从而获得人对自然以及自身活动的确定性的追求,同样被主流传播学研究奉为圭臬。

(二) 研究意义

媒介技术在诞生之初,作为权力机构和生产领域的关键性构件,与普通社会个体的日常生活世界并未发生直接的、明显的关联。如上古文明初开时期的祭祀、巫术以及后来的神话,都有赖于媒介符号系统的超验特质对个体进行心灵暗示和精神控制。自印刷术出现以来,媒介技术在日常生活世界中的扩散速度越来越快,普及人群范围也越来越广,使用成本也越来越低。在日常生活世界中,互联网已经成为人的自身生产和再生产的新的载体,互联网已经如同水、空气、能量一样成为数字化时代生产的必需品。对此,曼纽尔·卡斯特(Manuel Castells)在其网络社会三部曲《网络社会的崛起》一书开篇中就指出,"互动式电脑网络(network)呈指数增长,并创造传播的新形式与频道,它塑造生活,同时也为生活所塑造"①。

"我们的日常生活在近几十年间的改变,比此前几个世纪的变化之和还要多得多。"②而日常生活的巨变是伴随着生存状态中技术元素的不断叠加所诞生的,技术与日常生活世界间的关联也引发了学者们的关注,哈贝马斯(Jürgen Habermas)认为工业革命时期科学技术通过以下两种途径与人的日常生活发生联系。"十九世纪时,人们曾经认为,科学可以通过两个分开的渠道渗透人的生活实践中:一、通过科学信息在技术上的使用;二、通过个人

---

① [美]曼纽尔·卡斯特. 网络社会的崛起[M]. 夏铸九等,译. 北京:社会科学文献出版社,2000:3.
② 雅卡尔. 技术进步带领人类重回野蛮?[EB/OL].[2021-04-07]. https://weibo.com/ttarticle/p/show?id=2309404623256198972013.

科学研究的形成过程。"①时至今日，人类社会技术发展水平与19世纪相比已经发生翻天覆地之变，技术已不只是生产领域的装备性的工具，其与日常生活的关联也从物质生产领域延伸至人类的精神状态以及人的自身再生产领域。媒介技术作为人类所掌握的技术形态之一，实现了人类发明工具的最初目的，极大地推动了人类社会的文明水平，更为重要的是，媒介技术作为人类血肉之躯的神经系统，彻底改变了人类的生存状况。

首先，本书认为，媒介技术是日常生活中最为重要的技术形式，应当成为日常生活批判的焦点。在生产领域之外，日常生活世界是媒介技术效果实现的重要场所，实现了信息传播和精神交往。传播学中的政治经济批判学派研究遵循了马克思主义关于生产力与生产关系的基本原理，从新闻生产领域出发，对信息产业所有权及信息生产关系等方面进行了政治经济学批判。

传播学的研究对象有传播效果、传播渠道、受众研究等，传播学批判学派中的法兰克福学派、社会文化学派、意识形态学派、女权主义学派等，其研究对象也多处于日常生活世界之中。从更为宏观的视角去观照传播学自诞生以来的研究领域，我们不难发现，不同学术流派之间虽然存在研究立场和价值取向等方面的差异，但从研究对象上来看，无论是经验学派、批判学派抑或是多伦多学派，他们关注的焦点在本质上存在潜在的一致性，即都在于日常生活世界中的媒介使用和媒介技术后果显现效果方面。当然，批判学派已经对政治经济学的研究路数进行了单独的划分，但是尚未明确传播学的主要研究对象与日常生活世界之间这种密不可分的关系，未对存在于人类生活世界领域中的传播现象从存在状态和精神生产层面上做出统一的归纳。其实，传播学作为近代社会科学的一个重要分支，自它诞生以来，就已有大量关于日常生活世界中人与媒介之间的互构研究，但未明确提出媒介技术与生活世界之间的理论和现实关联。而这正是本书所要提出的一个关键问题之一，希望能够引起学界和业界更多的关注与研究。

---

① [德]尤尔根·哈贝马斯.作为意识形态的技术与科学[M].李黎，郭官义，译.上海：学林出版社，1999：88.

其次，本书认为媒介技术滥用和技术进化自主性可能会引发日常生活世界异化现象的蔓延。马克思认为异化产生的直接原因在于科学技术在资本主义生产关系中的应用。而列斐伏尔(Henri Lefebvre)进一步发展了马克思的异化理论和乔治·卢卡奇(Georg Lukács)的物化理论，他提出资本主义社会的异化已经由生产领域延伸至日常生活世界。在现代社会中，日常生活世界中的异化现象已经成为一种难以规避的生存状态，而这种生存状态除了受到来自生产关系的影响之外，媒介技术也是其产生的重要根源。媒介技术作为信息产品生产的主要工具，技术发展的自主性及其嵌入式应用是造成人类日常生活世界异化的重要原因之一。媒介技术不同于生产技术，它的技术应用及后果主要显现在人自身再生产的生活世界领域。人类在脱离生产场所之后，回到生活世界之中，本应该可以从生产活动的束缚中解脱出来，从而摆脱生产劳动中的强制性限制，但是当下的事实远非如此，在某种程度上日常生活世界中个人所处的生存状态并不比19世纪的工业流水线上的产业工人幸运多少，因为生产环节中的肉体强迫和暴力已经伪装成一种隐性压迫，日常生活世界中的媒介技术迅速接管先前生产技术对人类的束缚和控制，技术对人的控制从生产领域毫无缝隙地延伸到生活世界之中。另外尤其值得我们关注的是，绝大多数的个人并未觉察到这种控制的存在，媒介技术对人的控制和束缚并未激起作为自由个体的人的反感和反抗，个体甚至自愿沉浸在这种媒介技术所编织的茧房之中。

二、国内外研究现状综述

媒介技术研究属于传播学中研究的热点问题，从目前笔者收集的国内外关于媒介技术的相关文献来看，不论是期刊论文还是学术专著，国内外对媒介技术的研究成果都较为丰富。因此，笔者通过数据检索，选取发表在权威期刊、代表传播学界学术发展趋势、引用率较高的研究者的文献，并根据有关媒介技术研究的学术专著，梳理了作者的研究视角和学术观点，但因相关研究成果颇丰，因此下文未能将其学术观点逐一罗列。

（一）国外关于媒介技术研究综述

通过对传播学术史的梳理，应该说芝加哥学派开启了媒介技术研究的先河。在早期传播学研究中，芝加哥学派主要成员的研究已经基本为传播学划定了传播媒介与社会控制、传播技术与个体社会化、个体之间的信息传播与心灵互动等研究领域，其中多数研究对象在日常生活世界的范畴之内。只是当时的时代，日常生活世界还未成为传播学研究的突出关注点，但是在研究者的实际研究工作中，已经开启了对日常生活世界中媒介技术研究的先河。早期传播学研究对媒介技术的关注和论述呈现零散分布的状态，这也与当时的媒介技术发展水平有一定关系。

20世纪初，美国思想界核心人物约翰·杜威（John Dewey）就意识到传播媒介的技术发展可能引发一系列的社会变革。"杜威对当时电报、电话等媒介技术在一个复杂的工业社会中重建本地社区的潜力抱有期待。"[1]杜威希望通过创办报纸来恢复美国的社会道德，并在不同族群间达成政治共识，使得由蒸汽机和电力创造的原子化的社会重新恢复共同体的状态。查尔斯·库利（Charles Cooley）在其博士论文《交通运输理论》提出"铁路、电报、电话等交通通信技术的发明急剧缩短了物品和思想传播所需的时间和空间，物品和观念的传播日益构成现代社会特殊的组成部分"[2]。库利已经看到物理传播技术的进步将对人类社会的组织形态乃至整个文明本身产生至关重要的影响，应当说库利的理论为传播学中的物理传播技术与人类社会关系开启了研究方向；罗伯特·E.帕克（Robert Ezra Park）以研究媒介与城市而著称，他被学界认为是第一位大众传播研究者，从传播学研究视角对报纸文本内容、受众与媒介所有权结构等方面进行实证分析。从他的研究发现可以看出，物理学的进步使得传播技术在维系社会共同体中发挥着越来越重要的作用。另外需要交代的是，多伦多学派关于媒介技术的研究成果最为丰富，并成为当下传播学界

---

[1] 张军芳. 共享与参与：杜威的传播观辨析[J]. 学术研究, 2015(5): 33-38.
[2] 柯泽. 库利的传播学研究及其思想价值[J]. 新闻爱好者月刊, 2014(5): 35-40.

对媒介技术研究的主要思想渊源，本书将在后续章节专门梳理，在此不再赘述。

在期刊论文方面，从笔者所搜索到的外文文献来看，国外学者对媒介技术的关注和研究主要分布在以下几个领域。

第一，对媒介技术的基础理论研究。

早在20世纪80年代，H. 阿多尼(H. Adoni)、S. 曼尼(S. Mane)提出媒介技术在构建社会现实中有着不可替代的作用，他们提议应当将欧洲和美国的传播学研究传统结合起来，建立一个基于舒茨和卢曼的现实建构理论的关于媒介技术与社会建构的共同理论框架。[1] S. J. 施密特(S. J. Schmidt)提出媒介作为一种感知世界和精神的技术，塑造了我们的感知和知识、记忆和情感，同时也在潜移默化中创造公共领域和公共意见，最终形成一种与现实社会相对应的媒体现实。媒介技术塑造了我们的社会化和公共性。[2] R. L. 阿伦(R. L. Allen)、S. 哈奇特(S. Hatchett)在研究非洲裔美国人的电视使用与自我认知的过程中就提出，长时间接触电视媒介对认识和解释世界价值观念的形成起到了主要作用，电视节目文本选择的偏好甚至决定了这一观念的方向，这其实透露出信息茧房的问题。[3] R. J. 斯科维拉(R. J. Skovira)则提出真实性是人类生存的一个基本问题，然而真实性与媒介技术之间的关系还没有得到广泛的研究。他们认为真实性倾向和质量倾向都可以调节真实性知觉(自我和存在)与社交媒体等技术使用之间的关系。媒介技术如果也被建构为一个真实的语境，可以在真实的自我/存在与媒介技术使用之间起到中介作用。[4]

也有学者从技术的本质对媒介技术展开研究。卡尔·雷德梅(Karl Leidlmair)从技术的"自治性"和"他律性"讨论了技术具有解放人类和毁灭人类的双重本质，但是以电子计算机为基础的媒介所蕴藏的破坏性与传统技术形式

---

[1] Adoni H, Mane S. Media and the social construction of reality: toward an integration of theory and research[J]. Communication research, 1984, 11(3): 323-340.

[2] Schmidt S J, Münster. Media philosophy—a reasonable programme? [J]. Ontos verlag.

[3] Allen R L, Hatchett S. The media and social reality effects: self and system orientations of blacks[J]. Communication research, 1986, 13(1): 97-123.

[4] Wang W, Skovira R J. Authenticity and social media[J]. 2017.

相比，更应该引起我们的关注。① 拉森(Larsson)提出媒体是我们生活在社会世界中的基础，媒介技术改变了我们作为社会存在者的尺度。我们却忽略了从社会理论的层面去考察媒介技术，我们需要探讨权力与仪式、资本与社会秩序、政治斗争、职业竞争和日常生活等问题是如何被传统媒体和新媒体的复杂组合所改变的。② 吉莱斯皮(Gillespie)、塔尔顿(Tarleton)等人提出，我们应该摆脱把媒介技术作为一种既独立于社会生活又同时塑造社会生活的技术形式的传统认知，应该尝试把媒介技术运用于不同的社会、文化和政治实践之中，并且他们还从技术现象学的角度提出媒体技术是一种极为复杂的社会现象。③ 沈佳(Shen J)认为人类和媒介技术通过双向反馈来塑造彼此的生态。媒介技术发展和认知调节已经形成了个人自我控制的构建周期。④ 曼尼韦南(Vyshali Manivannan)提出媒介逐步成为一种特权技术，它们掌握着阐述知识和道德的权力，并且逐渐凌驾于其他技术形式之上。虽然媒介技术为人类的数字化生存制造了新的秩序，但是这一新的秩序中却充满了更多的不确定性因素。⑤

古根海姆(Guggenheim)、米切尔(Michael)则从媒介技术与人类的视觉实践入手，提出传播学的传统研究过于看重文本而忽略社会学意义上的视觉实践，他建议将视觉实践也纳入传播学知识对象之中。在他看来，传播学潜移默化地受到媒介决定论的影响，甚至还提出图片不如文本客观的假设，这些

---

① Leidlmair K. From the philosophy of technology to a theory of media[J]. Techné research in philosophy & technology, 1999, 4(3).

② Larsson A O. Media, society, world: social theory and digital media practice[J]. European journal of communication, 2013, 30(3): 367-368.

③ Gillespie, Tarleton, Pablo J. Boczkowski, and Kirsten A. Foot (eds), Media technologies: essays on communication, materiality, and society(Cambridge, MA, 2014; online edn, MIT Press Scholarship Online, 18 Sept. 2014), https://doi.org/10.7551/mitpress/9780262525374.001.0001, accessed 7 Sept. 2023.

④ Shen J, Humanities S, University S. On the ecology construction of media technology and human—to advance levinson's philosophy of media technology[J]. Journal of Beijing institute of technology(social sciences edition), 2014.

⑤ Vyshali Manivannan. Nick couldry, media, society, world: social theory and digital media practice[J]. International journal of communication 9(2015), Book review, 178-180.

都是视觉社会学所要悬置的研究前提。[1] M. 斯沃韦尔(M. Swalwell)则关注了视觉技术与审美体验之间的关联,他提出 20 世纪 90 年代以来,随着媒介技术和其他技术的发展,现代广告塑造出一种不同于以往的超验审美体验,广告符号为人们提供了商品所带来的非凡而强烈的感官体验,并且他对这种体验强化的话语修辞做了解构,提出超验审美是一种经验性而非本质的话语系统。[2] 特朗伯(Jean Trumbo)同样关注了视觉实践的问题,他认为媒介技术主导了视觉符号的呈现和传达,视觉符号改变了人们的思维方式,建立了一个人工的图像世界。他提出视觉传达对重新建立人与世界关系的视觉观看模式的形成具有重要意义。[3] 汉森(M. Hansen)提出个人博客自新媒体诞生以来,视觉中心主义和摆脱主体性就成为对新媒体批判的核心议题,基于图像数字化的新媒体技术被指责是对真实的去除和解构,对真理和客观性的消解。他认为后摄像时代不能再保证视觉真实,并具有稳定意义和价值的能指构成。[4]

甘乐纳(L. D. Introna)提出现代人在日常生活的各个领域都面临着技术的挑战,信息技术的进步不仅仅带来生产领域的巨大进步,同时也对人的存在状态产生了不可逆转的影响。[5] 马克西姆(S. O. Marxism)认为阿伦特的技术哲学表明,现代技术减轻了劳动强度,但不能使劳动摆脱生活的必然性。此外,媒介技术使人们越来越难以从劳动领域逃脱出来。实践是技术实现的过程,其目的是构建持久的客观世界。媒介技术的无所不在让这个世界反而变成一个疏远的世界,人们生活在媒介技术所提供的框架之中而无法实现自己的个性,这种生产信息的技术也同时生产着灵魂,最终使人成为根据统一技术模

---

[1] Guggenheim, Michael. The media of sociology: tight or loose translations? [J]. Br J sociol, 2015, 66(2).

[2] Swalwell M. A critique of the hyper state: aesthetics, technology and experience[J]. Transformations, 2012, 22(2).

[3] Trumbo J. The process of critique in visual communication[J]. Journalism & mass communication educator, 1997.

[4] Hansen M, Mark B. N. New philosophy for new media[M]. MIT Press, 2004.

[5] Introna L D. Being, technology and progress: a critique of information technology[C]//Transforming organizations with information technology, proceedings of the IFIP WG8.2 working conference on innformation technology and new emergent forms of organizations, Ann Arbor, Michigan, USA, 11-13August, 1994. North-Holland Publishing Co. 1994.

型塑造的一维人。[1]

尼曼贾·久基奇(Nemanja Djukic)通过对媒介实践性质和特征的分析，指出各种媒介技术形式是操纵社会秩序的基本政治工具。而媒介对社会现实的操纵力是基于对社会符号的潜在生产能力和控制策略。媒介通过对潜在的社会符号生产和控制，以同质化的方式在社会行动中转化符号权力，激活社会舆论中的个人和社会群体中的分散和分裂。媒介最终发展成为工具主义思想的产物，成为"生活世界的殖民化"和现代社会的理性化，成为极权主义的产物。[2] 托茨克(R. Totzke)、怀苏塞克(B. Wyssusek)则关注了媒介技术与知识生产之间的关系，他们建议将媒介技术这一重要的中介引入当下的知识社会学的研究当中。他们认为借用媒体哲学的理论框架，有助于知识社会学以媒介技术为切入点，对信息时代人类社会知识的生产和传递形成正确理解，并有助于"重新发现"迄今为止在信息系统研究中被忽视的重要知识形式。[3] 范·房龙(Joost Van Loon)认为自19世纪以来，媒介技术正在成为一种无孔不入的力量，当下人类社会一个极为重要的表象就是以媒介为基础的"中介化"程度日益加深。我们越来越依赖媒介去观察外部世界和表达自我，但是这一过程正在失去思考的深度。[4] 同时也有学者结合当下媒介技术发展对传播学的经典方式进行了重新评估，认为互联网技术已深深地嵌入日常生活中，并重塑了交流的意义和实践，在新的媒体环境下，使用和满足范式将技术视为人类生存的外部工具。传播学中的"使用与满足"范式面临着前所未有的现实挑战。[5]

第二，媒介技术与社会系统的建构以及生活世界之间的互动关系。

---

[1] Chen F, Marxism S O, University C. Technology and human existence: an analysis of ahrendt's philosophy of technology[J]. Journal of Shanghai jiaotong university(philosophy and social sciences), 2019.

[2] Djukic N. Social role of the media: control of social reality[J]. Politea, 2012, 2(4): 229-246.

[3] Totzke R, Wyssusek B. Data-information-knowledge? the perspective of media philosophy on knowledge and its management[J/OL]. 2004. http://eprints.qut.edu.au/25122/.

[4] Jost Van Loon, Ebrary I. Media technology: critical perspectives [J]. Loan/open shelves, 2008.

[5] Pan J. Restore human-media relationship: a critique of uses and gratifications theory[J]. Chinese journal of journalism & communication, 2016.

媒介技术自诞生以来，就是社会系统和日常生活世界的重要组成部分。媒介技术在构造人类的信息环境的同时，也引起了学者们的关注。20世纪90年代，弥尔顿·穆勒（Milton Mueller）认为媒介技术的不断进化是社会需求和权力压迫之间不断博弈的结果，媒介技术具有潜在破坏性，只有被限制在一定范围之内才会被社会所接纳。① 谢菲尔德（R. Shields）则关注了技术与人类社会变革，他提出技术引发包括通信方式在内的人类社会的多方面变革，但是通信技术这一形式却往往被人所忽略，我们必须要正视互联网将给人类社会带来的变革。② 除了上述媒介技术与权力的勾连之外，威兹曼（C. Vismann）则提出从信息记录的媒介技术角度入手，档案不仅仅是社会运行的行政工具，它同时也是主体、国家和法律备案实践的结果。随着电子文档技术的广泛应用，一旦文件被简化为电脑屏幕上的样式化图标，纸质文件的统治和档案时代似乎将要结束。由此，我们可以审视档案记录的媒介技术对西方社会系统运转所带来的根本影响。③

辛普森（Simpson）、爱德华（Edward）等则以媒介技术史为切入点，梳理了从电报诞生到互联网普及的发展情况，从物理技术层面入手，指出媒介技术的每次进化都是建立在物理学理论的突破之上。特别是电子媒介的出现为全球人类社会搭建了电子神经系统，将人类文明结为一体，媒介技术已成为全球化进程的重要载体。④ 朱卡·克蒂（Jukka Kortti）认为个人和社会的媒介化是媒介技术发展史的必然结果，媒介化应该被定位在特定的历史情境和历史的意义中。媒介化是一个在全球化、个人化和商业化的元过程中实现的过程，而不是作为其自身的元过程。⑤ 维纳（L. Winner）认为在对媒介技术的研究中，我们通常会过于注重媒介技术的正面或者负面影响，不可避免地被迫

---

① Miltan Mueller. Media technology and society: a history: from the telegraph to the Internet[J]. Isis, 1998, 90(4): 417-418.

② Shields R. Cultures of internet: virtual spaces, real histories, living bodies[J]. Technology & culture, 1996, 39(3): 499-511.

③ Winthrop-Young, Geoffrey (ed.). Files: Law and media technology[M]. Stanford University Press, 2008.

④ Simpson E, Winston B. Media, technology and society[J]. University of michigan press, 2014.

⑤ Jukka Kortti. Media history and the mediatization of everyday life[J]. Media history, 2017, 23(1).

倒向了技术决定论的研究路径。媒介技术固然会产生影响，但它们也可以重新构造我们的自然世界和社会世界，从而改变我们的生活方式。他认为将技术理解为"生命形式"需要了解我们对技术创新和采用的评估和选择。① 杰西·丹尼尔斯（Jessie Daniels）、圣托·巴格斯（Shantel Buggs）提出数字技术塑造现代人日常生活的方方面面，并且以数字媒体技术为基础的社交媒体成为社会经验和知识的主要来源，他建议将批判性视角引入对数字技术的研究中，以防止出现知识的碎片化和浅层化趋势。②

帕里（F. Parry）则关注当下日常生活中人们对社交媒体的成瘾和迷恋现象。他认为社交媒体是人类创造美好生活的手段，作为一种工具不应该成为我们生活的主人，不应该成为驱使人的欲望的玩具。③ 罗伯特（Rob）、赫曼（Heyman）、皮尔逊（Pierson）运用哈贝马斯的交往理论，将 Facebook 作为社交媒体中的个案研究对象，分析日常生活世界中的"殖民化"现象。在哈贝马斯的交往理论基础上，引入了媒介技术的维度，并借助马尔库塞、拉图尔和卡隆的媒体社会学的理论，提出技术作为一种指导性的"媒介"使生活世界脱离原初的本质，并可能成为生活世界殖民化的通道。④ 媒介技术可能引发生活世界殖民化的问题同样引起了马克·狄斯（Mark Deuze）的关注，他认为在生活世界的"殖民化"过程中，媒介技术发展所产生的效应几乎被忽视，以至于媒介技术被无形化处理，追溯媒体在生活世界中无形消失的过程，并探索为何在媒体变得无形的情况下，我们仍然能"看到"媒体，以及生活世界变成完全媒介化、多感官、双向互动所带来的生活体验。⑤ 本特松（S. Bengtsson）也提及了媒介技术与感官体验关联性的问题，他提出数字媒体事关"美好生

---

① Winner L. Technologies as forms of life[M]// Sandler, R. L. (eds). Ethics and emerging technologies. London: Palgrave Macmillan, 2014.

② Daniels J, Williams A, Buggs S. Digital media technologies in everyday life[J]. Information communication & society, 2017, 20(7-8): 947-949.

③ Parry F. Networks without a cause: a critique of social media[J]. Electronic library, 2012, 30(4): 559-560.

④ Rob, Heyman, Jo, et al. Social media, delinguistification and colonization of lifeworld[J]. Social media+society, 2017.

⑤ Mark Deuze. Media life and the mediatization of the lifeworld[M]// Hepp, A. Krotz, F. (eds). Mediatized worlds. London: Palgrave Macmillan, 2014.

活"中的伦理建构和社会空间认知。他认为空间的感官组织是在与社会空间的关系以及个人的关系中进行的。在对待日常生活的态度上，我们要将感官体验全方位纳入，在分析空间时，要将普通媒体使用者的感官体验作为日常伦理的一部分加以考虑。① 马丁·雷斯特（Martin Lister）、琼·多威（Jon Dovey）等人在2009年就对作为一种革命性的媒介技术的新媒体（社交媒体）的普及表现出警觉，他们从虚拟现实对赛博文化的塑造、互联网用户经济学、社交媒体与日常生活等方面展开批判。②

技术与个体认同生成以及社会动员也成为不少研究者的关注焦点。韦斯伯德（S. Waisbord）以拉美国家新媒体技术在日常生活中的应用为例，批判媒介技术对身份认同产生了复杂性影响，研究媒体技术运用与文化身份生成的问题。他们提出媒介技术不会自动产生新的意识和身份，媒体技术只是缩短了交流距离，但身份塑造需要一个过程，通过这个过程人口被动员并融入社区文化，身份得以创造和维持。③ 安妮·拉亚拉赫蒂（Anne Laajalahti）关注了在重大经济危机背景下社会运动中媒体参与问题，以20世纪30年代大萧条时期的失业工人运动，20世纪70年代初的租客罢工运动，2008年经济危机占领华尔街运动为研究对象，从抗议时间、抗议空间、抗议速度三个不同的角度研究了媒体参与抗议运动的历史形式，提出媒介技术是促成和推动社会运动的重要历史性因素。④ 拉扎卢（Lăzăroiu）、乔治（George）则从公民个人通过社交媒体等互联网技术，参与环保行动抗议活动等网络政治行为中的集体身份建构问题，分析了新媒体技术在现代社会集体行动中的动员机制，并提出网民在互联网集体行动过程中构建自己的身份认同问题。⑤ 理查德·卡恩

---

① S Bengtsson. Sensorial organization as an ethics of space: digital media in everyday life[J]. Media & communication, 2018, 6.

② Lister M, Dovey J, Giddings S, et al. New media: a critical introduction[M]. 2009: 21-23.

③ Waisbord S. When the cart of media is before the horse of identity: a critique of technology-centered views on globalization[J]. Communication research, 1998, 25(4): 377-398.

④ Laajalahti A. A historical analysis of media practices and technologies in protest movements: a review of crisis and critique by Anne Kaun[J]. Media and communication, 2017, 5(2): 64.

⑤ Lăzăroiu, George. Participation environments, collective identities, and online political behavior: the role of media technologies for social protest campaigns[J]. Geopolitics history & international relations, 2018, 10.

(Richard Kahn)、道格拉斯·凯尔纳(Douglas Kellner)则关注了社交媒体与社会动员的问题。自20世纪90年代个人博客出现以来,社交媒体就成为一种社会政治动员的有效平台,互联网空间成为社会运动的发起空间,并且在全球范围内对传统社会结构提出新的挑战。①

第三,将技术视为人类感知世界和表达自我的中介之物,关注媒介技术对人类情感体验的影响。

山克(D. B. Shank)指出技术改变了人们的感受,为人们表达情感提供了渠道,并为社会科学家提供了有关情感的新工具和数据。② 柯尔特(Y. A. W. de Kort)、艾瑟尔斯泰因(W. A. Ijsselsteijn)则关注了以虚拟现实为代表的媒介技术在某些心理疾病的治疗恢复中的应用,他们发现虽然真实感图像能够呈现出最佳的真实感水平,但是在康复治疗应用中"真实体验感"似乎是关键,而不是视觉真实感。③ 也有学者关注到媒介技术与家庭生活、家庭关系以及老年人的媒介化问题。托马斯(M. H. Thomas)提出现代社会由于技术创新,老年人受到较少的尊重和重视,研究了以智能手机为技术基础的即时通信的出现,给父母与子女代际关系带来的正面和负面影响。④ 吉夫斯科夫(Givskov)、塞西莉(Cecilie)关注了媒介技术与老年人生理衰老与心理衰老的问题。媒介技术发展使老年人过往的人生经验失效,并以此将老年人的注意力引向了逐渐衰老的身体。他们提出由于日常生活已经被媒介化,个体衰老的经历也会通过媒体技术发生。⑤

除了对老年人群体的媒介化关注之外,艾克曼(M. Ekman)、达尔奎斯特(U. Dalquist)则关注了新媒介技术与以儿童为中心的家庭关系的构建。他们

---

① Kahn R, Kellner D. New media and internet activism: from the "battle of seattle" to blogging[J]. New media & society, 2004, 6(1): 87-95.

② Shank D B. Technology and emotions[M]. Springer Netherlands, 2014: 56.

③ Kort Y A W D, Ijsselsteijn W A. Reality check: the role of realism in stress reduction using media technology[J]. Cyber psychology & behavior, 2006, 9(2): 230-233.

④ Thomas M H. The impact of communication technology and social media on intergenerational relationships between older individuals and their adult children in bangkok[J]. 2020: 35-47.

⑤ Givskov, Cecilie. Growing old with media technology and the material experience of ageing[J]. European journal of cultural studies, 2017.

提出日常生活的媒体化意味着媒体实践正在重塑家庭生活中的社会关系。智能手机和平板电脑等设备已成为普通玩具，融入了大多数儿童的日常生活。错综复杂的媒体实践重塑了家庭关系，引发了新的家庭冲突，同时也强化了旧的家庭冲突。舒尔特（Schulte）等人提出在19世纪90年代到20世纪30年代的美国，当时收音机、留声机和电影逐步进入了家庭生活，这种媒介技术的发展不仅对人们感知社会产生了生理性的影响，更为隐蔽的是媒介技术成为个人情感表达的中介，个人情感已经同媒介技术相互交织，并且他梳理了媒介发展历史进程中的人类情感状态的演变。[1]

（二）国内关于媒介技术研究综述

从对"媒介技术"这一关键字的检索情况来看，我国学界从1988年左右出现"媒介技术"方面的相关研究，20世纪90年代国内学者陶辅文就较早地明确提出"媒介技术"这一术语。2004年以后，学界对媒介技术的关注度日益高涨，2015年达到高峰，共有950篇相关论文。从1998年至2017年，随着不同学科对"媒介技术"研究的深入，国内学界主要围绕"传统媒介""互联网""媒介环境""麦克卢汉""媒介融合""新媒体时代""媒介素养"等关键词，发掘出许多与之相关的研究热点，形成了庞大的研究网络。一个有趣的现象是国内关于媒介技术较早的文献并不是出现在传播学领域，而是出现在教育学中关于如何运用多媒体应用技术提高教学效果，当然教育学把媒介技术当作一种新的教学手段，与传播学中的关注点是截然不同的。此外，除了新闻传播学之外，媒介技术在语言文学、艺术学、社会学、经济学等学科中也成为热门研究对象，并围绕文化传播与社会发展、社会变迁等方面产出了一系列成果。

通过文献查阅和梳理，大致可以将国内学界对媒介技术的研究分为以下三个层面：一是对新闻传播理论和实践的研究；二是从媒介批判、存在论和本体论等哲学层面对媒介技术的研究；三是技术哲学领域对媒介技术的考察。

第一，国内学界对媒介技术在新闻传播理论和实践层面的研究成果颇丰。

---

[1] Schulte, Ricker S. Feeling mediated: A history of media technology and emotion in America[J]. Journal of communication, 2015, 65(5): 20-22.

20世纪90年代初，郭庆光就已经敏锐地察觉到传播新技术的发展正在引发大众传播业的重大变革(1997)，同时信息技术的发展也会带来新闻传播教育的普及和提升(2002)。张涛甫提出新传播技术增加了社会不确定性变量，在互联网参与国家治理(2021)，及在平衡全球舆论话语权分配机制(2020)中都应当释放善意最大化，建议从国内政治以及国际政治两个层面寻求网络空间结构的再平衡(2015)。陆晔认为媒介技术对新闻理念和媒体运营模式形成新的挑战(2009，2010)，"技术民主"推动了对以理性交往为基础的新闻专业主义的再解读(2017)，但是媒介技术改变了传统的信息流通逻辑并在科学传播中形成一种"虚假中立"(2015)，媒介技术受到商业利益等权力结构的制约。胡正荣提出当前媒体融合是构建全媒体生态系统的基础环节(2016)，引发了传统媒体格局的颠覆与重构(2013)，同时也是在对外传播中开展对外舆论斗争、讲好中国故事的效果保障(2020)。匡文波将技术创新作为媒介融合的主要环节(2020)，关注算法推算引发的新闻生产的逻辑变革和伦理问题(2021)，以及对算法的人工管理问题(2020)，讨论区块链、5G和人工智能技术在新闻生产和发布流程中的应用及面临的挑战(2020，2019，2018)，并对客户端用户的接受使用行为和习惯进行了研究(2018)。

第二，国内学界从媒介批判、存在论和本体论等哲学层面对媒介技术展开的研究。吴廷俊较早地提出将日常生活批判理论引入传播学研究(2013)，并在媒介融合的传播技术路径(2010)、媒介技术与传播理论范式转变等方面做了探索(2010)。蒋晓丽提出随着媒介技术的演变，大众审美在日常生活中的媒介奇观呈现出体验化、娱乐化的趋势(2017)，并在传播生态与技术伦理(2016)、媒介技术与风险社会(2015)、虚拟生存中的技术化弊病(2014)、媒介技术与传媒产业转型和文化产业竞争力(2010，2013)等方面对媒介技术展开了多方面研究。陈昌凤则从智能时代的新闻生产入手，关注了算法善用、混合现实、机器人写作、深度造伪等最新的媒介技术在新闻生产中的应用(2019，2020)，探讨智能技术与价值建构、伦理争议等新闻伦理层面的问题(2021)，提出应将批判性思维引入对新闻伦理的反思(2020)。胡百精从存在论出发，提出危机管理研究关涉人的存在状态和文明处境(2020)，认为网络

社会中的多元对话机制是重建现代性和构建合作共同体的必由之路(2014，2016)，同时互联网也造就了共同体的集体记忆和族群认同(2014)。周勇则主要从视听感官的角度对媒介技术进行解读，他提出媒介技术重构了传统的新闻表达模式(2016)，将视觉建构引入对舆论意义生产的分析(2012)，并在此基础上提出电视传播逻辑出现了由时间向空间的转向(2011，2016)。

刘海龙认为媒介技术改变了传统的知识建构结构(2018)，对于媒介技术的研究应该从"身体"和"物质性"入手(2019)，提出传播学应当从身体、物质性角度关注媒介技术与社会的关系，并提议将传播学研究引向日常生活(2020)。张磊认为学界在对数字化媒体世界的研究中出现物质性转向(2019)，并提出在特定情况下媒介时间性会出现明显的社会减速的特殊现象(2020)。吴璟薇将伦理人类学中的情感体验引入了对社交媒体的研究(2020)，并提出媒介技术变迁凸显了媒介主体性，改变了媒介与人的关系(2019)。隋岩则从传播思想史入手，梳理了批判理论的研究谱系(2019)，主要将媒介技术作为研究背景，从符号学的角度对网络社会主体性崛起(2016)、超真实景观塑造(2015)、消费主义与消费文化(2015)等方面展开研究；彭兰也从生存论的角度探讨了数字化生存中的算法囚徒(2018)、自拍中基于身体的自我规训(2019)，日常生活中年轻人的视频生产和老年人健康码使用与媒介化生存(2020)等议题，并提出网络社会中正在形成一种多线程交互运转的媒介时间观(2020)。梅琼林认为媒介技术引发了视觉文化和身体表达(2009，2011)、交往理性与媒介批判理论(2010)、新媒体环境与传播范式的转向(2010)、视觉文化中的审美生存(2008)、速度文化与后现代时空观念(2007)等多个领域的演变，在此将存在论的立场引入了对媒介技术的研究。孙玮也主张将存在主义的视角引入传播学研究，她提出微信沟通与在世存在的共同在场(2015)，媒介技术进化带来了智能感官体验的普及化和机制化(2020)，从而形成新型主体"赛博人"(2018)，媒介化生存将催生新人类的诞生，从而推动文化转型(2020)。胡翼青从思想史入手，梳理了法兰克福学派的马克思主义起源(2017)，并从媒介技术哲学的角度对传播学进行了认识论和方法论的解读(2019)，提出媒介技术的发展重塑了新闻价值理念和新的受众观(2018)。

连水兴从思想史的角度考证了媒介技术所引发的现代性中的时间危机(2021),并认为媒介批判研究经历了由工具理性向交往理性的转变(2011)。当然国内还有许多研究者的优秀成果,在此未能做到一一列举。

另外,国内传播学界也出现了不少关于媒介技术研究方面的优秀著作和学位论文。张咏华出版了国内较早的关注媒介技术的专著,该书以媒介技术为着眼点,梳理了国外多名传播学者的媒介理论,对媒介技术的产生和发展、媒介技术的特征及作用、媒介技术同人类社会变迁和文明发展史的关系等进行了阐述,同时还对我国的媒介研究状况和媒介发展现状做了深入的调查分析。李曦珍是国内较早地提出"媒介技术哲学"这一术语的学者,他界定了麦克卢汉主义和媒介技术哲学,着重从麦克卢汉的媒介技术本体论、媒介技术认识论、媒介技术价值论、"媒介即讯息"等视角,论述了媒介技术对传播发展的作用以及对社会的影响,阐述了媒介技术在整个传播活动中的重要地位,对整个西方媒介环境学派体系进行了系统归纳和整理、深刻阐发和批判。李洁主要从知识社会学的视角,围绕传播技术促成人类社会实现共同体理想这一核心问题,剖析传播技术研究的开创者英尼斯、麦克卢汉的传播思想和研究模式(2007)。彭彪围绕传播新技术所带来的社会风险及其治理展开,以传播新技术与社会风险之间的关系为着眼点,较为系统地探讨了传播新技术产生社会风险的原因、机制及其治理策略(2009)。

第三,国内技术哲学领域相关学者对于媒介技术的考察。技术哲学研究领域突破媒介"技术工具论"的理论局限,将媒介技术开辟为一个新的哲学研究领域,并且涌现出不少具有哲学思辨深度的研究成果。肖峰是国内较早进入信息技术哲学领域的研究者,其科研成果主要从哲学视域检视信息技术的含义、特征、本质及其对社会和人的影响,揭示信息技术进入哲学视域从而兴起信息技术哲学的必然性。他从本体论、认识论、社会哲学等维度对信息技术进行哲学研究,建构信息技术与技术哲学的有机关联,重点阐释当代信息技术的哲学意蕴和深层价值。孟庆丰从技术哲学的视角,探讨了媒介技术的变革对社会宏观层面产生的影响(2007)。沈继睿以技术哲学为理论框架,主要辨析了媒介技术的外延与内涵,探索媒介技术演进的条件、动力与机制,

分析了媒介技术与人的认识和实践之间的互动关系，进而对由媒介技术变革所引发的人的价值体系的变革进行了综合反思（2015），并提出未来技术的发展趋势是媒介技术化和技术媒介化（2021）。胡翌霖从科技哲学入手，对媒介环境学派进行了重新定位，提出对于媒介史的研究要从日常生活世界出发，"存在论就是媒介论"和"媒介史作为先验哲学"的观点（2019）。

通过对以上学术文献的大致梳理，我们发现从人的生存状态的视域去关注媒介技术与日常生活世界异化问题的研究相对较少，这为本书的研究提供了一定的研究空间。

三、研究思路、研究方法及创新之处

（一）研究思路

本书主要沿袭传播学中批判学派和技术哲学中的人文主义的理论思路。理论研究部分主要有两个核心概念：一是媒介技术，二是日常生活世界。近年来随着技术因素的影响日趋明显，国内外技术哲学和传播学对媒介技术的研究成果较为丰富。但是从目前已有文献来看，尽管日常生活世界与媒介技术之间存在千丝万缕的联系，但并未引起传播学界的足够重视。一直以来，学者在研究传播学的传播效果、传播渠道、信息文本等时，研究对象已经涉足了日常生活世界领域，但当前研究成果多是从社会学、心理学、人类学等角度切入，从马克思和列斐伏尔等人的异化理论入手去分析媒介技术在人类日常生活世界的渗透和蔓延的研究成果还较为少见。

马克思提出了劳动领域的异化现象，列斐伏尔将马克思的异化理论引入了对生活世界的分析，指出了生活世界在逐步走向同质化、风格丧失和永恒的异化。列斐伏尔在其《日常生活批判》中也用了不少篇幅来分析现代社会中大众媒体与日常生活之间的关联。因此，本书主要运用马克思、卢卡奇和列斐伏尔等人的异化理论和日常生活批判理论，着重分析媒介技术发展所带来的精神产品生产的同质化现象，主要探讨日常生活世界中的媒介技术与人的异化生存状态之间的关系。

全书的整体逻辑结构分为四部分。

第一部分由第一章和第二章组成。主要交代了选题背景、研究意义、创新之处等，界定了日常生活世界、媒介技术和异化这三个核心研究对象。

第二部分以第三章为主。以西方自古希腊以来的理性崇拜为理论背景，探讨人类技术史中媒介技术的演变以及由此所引发的人的日常生活世界中宏观层面和微观层面的变迁，并且提出媒介技术已经成为我们日常生活世界中的技术性存在的社会环境，人类的时空观念认知和情感结构，在很大程度上是媒介技术与人的互动所形成的产物。

第三部分由第四章和第五章组成。主要研究个体在数字化生存过程中的认知重构、信息崇拜以及由此所引发的个人选择同质化问题，提出媒介技术是人类在生存过程中追求确定性的主要来源，从而引发了我们对信息和媒介技术的拜物教崇拜的特殊现象关注和理论探讨，这一部分是本书的研究重点。此部分将主要通过梳理媒介技术发展史，阐述以下内容，媒介技术和信息将逐步替代商品，成为一种新的拜物教的崇拜对象，并且随着人工智能和算法等媒介技术的诞生，人类的个人选择出现日益机械化和同质化的现象，甚至会出现我们在运用媒介技术消解生存中的不确定性的同时，最终消解我们的命运本身。第五章，笔者通过梳理媒介技术学派主要学者对待媒介技术的态度，对媒介技术的本质从技术哲学的层面上进行考察，提出应当将媒介技术作为日常生活批判理论的对象之一。笔者尝试将媒介技术发展的不同时期与马克思、卢卡奇和列斐伏尔的异化理论的发展相互对应，将人的生存的异化状态划分为肉体、需求和精神异化三个层面，并进行深入探讨。

第四部分由第六章组成。此部分主要分析人类异化的生存状态与本质命运的问题，结合马克思的异化理论和海德格尔的存在主义的技术哲学思想，对当前媒介技术发展所衍生出的负面问题，运用马克思主义所提供的批判的武器，在力所能及的范围之内对超越媒介技术发展所带来的日常生活的异化提供理论支撑和现实回应。

图1 本书整体逻辑结构

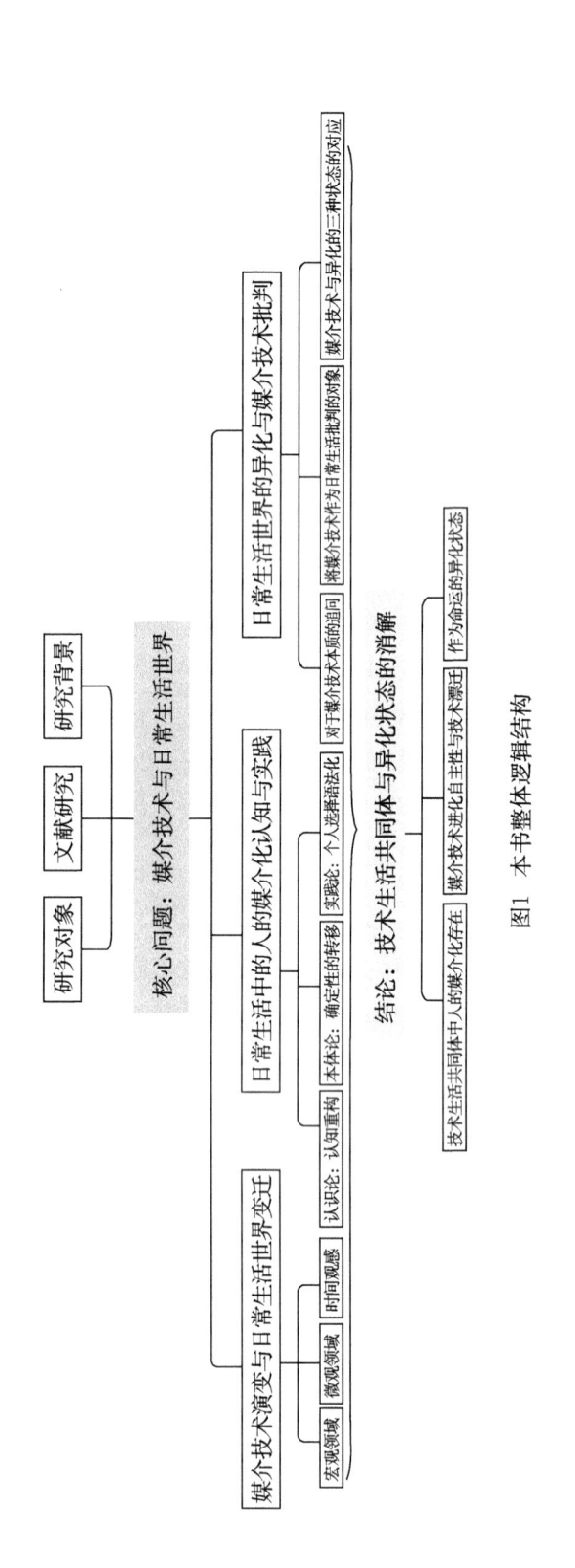

（二）研究方法

1. 文献研究法

搜集、鉴别、整理国内外关于媒介技术与日常生活、日常生活与异化理论的相关文献，力求掌握国内外对该领域的研究现状及发展趋势；以异化理论发展的历史脉络为线索，梳理总结从马克思、卢卡奇到列斐伏尔关于异化理论的各自侧重点和理论贡献；分析媒介技术与生活世界中人的异化二者之间的逻辑关系，并从马克思的立场出发，探寻如何更好地让媒介技术为人所用，而不是成为奴役人的异化工具。

2. 比较研究法

本书将从以下两个层面进行比较研究。一是以历史维度为切入点，对比不同时期媒介技术所对应的异化理论的发展历程；二是从宏观层面和微观层面进行比较研究，即从马克思关注的宏观层面的生产领域的异化状态到列斐伏尔和赫勒所关注的人的日常生活世界中的异化问题；三是从媒介技术发展历史的视角，分析媒介技术变革给日常生活世界带来的变革和不断加深的人的异化生产状态。

3. 参与观察法

"参与观察法适用于与人类生活相关的广泛的学术问题，着重关注从局内人的角度理解日常生活中人类的互动及意义。"[①]笔者作为日常生活中媒介技术的使用者直接参与日常生活技术与生存状态的各种具体情境，参与者的角色使笔者能够从局内人或者普通媒介技术使用者的角度去接触媒介技术与人的互动及互构。通过参与式的观察和体验，笔者能够以局内人的身份观察和体验人与媒介技术之间的互动意义。为获得关于人在媒介技术中的真实存在状态的观察素材，在观察和参与过程中，笔者力求进入被观察者的日常生活的主观现实，也就是由局内人定义和体验的主观世界。

---

① [美]乔金森 D L. 参与观察法：关于人类研究的一种方法[M]. 张小龙，译. 重庆：重庆大学出版社，2015：14.

4. 半结构化访谈法

本书采用半结构化访谈法,主要研究了媒介技术与人的生存状态之间的关联,将日常生活中的媒介技术普通使用者作为访谈对象,制定访谈计划,设计若干半结构化的问题开展访谈,获得媒介技术对个人日常生活切身影响的访谈资料,获取访谈对象的内心真实体验和感受,最后整理和分析访谈资料,以期验证论文的理论推演。

在确定访谈对象人数的过程中,本书按照信息饱和构建的原则,在访谈对象无法再提供比较新鲜的信息,或是现有经验体系中未再出现新的观点后,也即对于研究主题有价值的信息趋向一致后,笔者即不再继续扩大访谈对象范围,最终确定受访人数为14人。笔者围绕访谈提纲,对14名普通市民开展半结构化深度访谈。

由于访谈对象对媒介技术的思考程度不同,因此谈话欲望也存在着明显差别。同时随着深度访谈的开展,笔者在访谈过程中先后遇到了信息饱和与观点重复的现象,有些访谈对象被询问到35分钟之后,已经无法再提供有效的信息和观点素材,笔者选择了终止访谈活动。因此,在获取一手资料的访谈过程中,存在每场访谈时间在35分钟至60分钟左右的不均匀分布的情况。笔者采用了录音加笔录的方式对访谈资料进行了记录,之后根据访谈提纲对访谈资料进行整理和分析,力图通过对访谈资料的归纳和整理实现对日常生活世界中人的生存状态的白描和呈现。

表1 访谈对象基本信息表

个案编号	性别	年龄	学历	工作岗位(状态)	访谈形式
P01	男	32岁	高中	打印店店主	面对面访谈
P02	男	38岁	硕士	事业单位行政人员	面对面访谈
P03	男	29岁	本科	乡镇公务员	电话访谈
P04	女	39岁	硕士	事业单位行政人员	电话访谈
P05	女	42岁	博士	暂未就业	电话访谈
P06	女	19岁	本科在读	暂未就业	面对面访谈

续表

个案编号	性别	年龄	学历	工作岗位（状态）	访谈形式
P07	女	22岁	硕士在读	暂未就业	电话访谈
P08	女	65岁	本科	退休	电话访谈
P09	女	46岁	中专	理发店店主	电话访谈
P10	男	57岁	初中	退役军人	面对面访谈
P11	男	23岁	本科	暂未就业	电话访谈
P12	男	38岁	本科	自主创业	电话访谈
P13	男	52岁	高中	小超市店主	面对面访谈
P14	女	33岁	硕士	公务员	面对面访谈

（三）创新之处

20世纪中叶以来，以列斐伏尔和赫勒为代表的西方马克思主义者对日常生活世界的异化现象做了深入研究。他们以资本主义新的历史阶段为研究对象，发展了马克思的异化学说。本书认为在自由资本主义阶段，人类所面临的主要是肉体上的异化状态；进入垄断资本主义阶段后，人类主要面临的则是需求方面的异化状态；资本主义进入信息资本主义阶段以来，人类主要面临的是在精神领域的异化状态，这也正是本书要研究的重点。基于上述社会现实和理论渊源，本书拟完成的知识创新主要包含以下两点。

一是，本书坚持马克思的批判立场，试图把日常生活世界引入传播学批判研究领域。本书将日常生活世界中人的生存状态作为研究对象，引入传播学对媒介技术的批判研究。目前，传播学界和技术哲学领域，从马克思等人的异化理论入手去分析媒介技术在人类日常生活世界的渗透和蔓延的研究成果还较少，本书意在为后续的研究起到抛砖引玉的作用。

二是，本书认为在媒介技术发展的不同时期，除了生产领域所导致的异化现象之外，日常生活世界中异化状态与媒介技术的发展有着强烈的相关性，随着媒介技术的发展，人的异化状态在层层加深，经历了一个从肉体到需求再到灵魂的逐步深入的过程。

总体来说，从媒介技术发展的历程来看，大规模复制印刷术的诞生极大地推动了人类文明进程，同时人类也进入了去个性化的机械复制时代。印刷术诞生后，人类进入能够大规模制造相同的信息产品的时代（信息文本的同质化）；电子媒介的出现使人类摆脱信息传播中的时空限制，人类开始掌握了能够在社会群体中制造共识的心灵控制术（意见、态度和观点的同质化）；以 Web3.0 为技术核心的社交媒体则在前两者的基础上更为强劲地推动了同质化的进程，媒介技术已经不仅仅能够为大众提供同质化信息文本，通过一系列的传播技巧在社会群体中制造共识。此外，更为隐蔽的是，它正在重新塑造社会群体的信息生产模式，互联网提供的同质化信息还带来另外一种意想不到的副产品——受众个体体验的同质化。媒介技术所产生的同质化的进程，经历了从文本到态度选择再到心灵体验的一个逐步深化的过程。

第二章

技术哲学、媒介技术与日常生活世界

第二章
技术哲学、媒介技术与日常生活世界

技术是人类文明史中的重要组成部分，同时也构成人类生活世界重要的载体。从原始人手中简陋的木棒，绘制在山石洞穴中的岩画，到火药和活字印刷术的出现，再到当前人类在信息技术、生命科学等领域所取得的技术成就，其改变了人类社会的物质生产实践和信息生产实践。技术作为生产力的重要组成部分，自诞生以来不仅增强了人类征服自然的能力，影响了人类社会的经济基础和社会制度，而且引导了人类日常生活世界发展的历史方向。引入技术哲学的理论视角来审视日常生活世界中的媒介技术，有助于我们从本质上去探究信息、技术与日常生活世界之间的互动与互构关系。

一、对媒介技术和日常生活世界概念的考察

任何研究一般都需要对其研究对象的概念和范畴做学术梳理。在生产领域中，人类实现了各种技术形式与人的主观意志的相互结合，而在日常生活世界中，不论是实践色彩强烈的马克思的"市民社会"，还是埃德蒙德·胡塞尔（Edmand Husserl）先验色彩浓厚的"生活世界"，都是人实现自身再生产和开展精神交往的主要范畴和活动领域。在此，对媒介技术和日常生活世界的概念进行梳理，有助于为本书后续研究划定范畴和表明立场。

（一）对技术与媒介技术的考察

对于人类历史来说，技术与肉体之间一直存在着千丝万缕的关联。技术是对人类肉身的强化，而肉身不可避免地成为技术的目的，技术与肉体之间的平衡也成为一直困扰人类的一个重要命题。马克思曾指出，机器是人类的手创造出来的头脑的器官，是物化的知识力量。阿诺德·盖伦（Arnold Gehlen）也指出"技术和人类自身同样古老，因为在我们研究古迹时，只有当我们遇到使用过被制造的工具的痕迹时，我们才肯定我们是在研究人类"[1]。自人类脱离了纯粹意义上的自然界以来，为维系生存和弥补其自身的天然不足，人类一直致力于将其所独有的类本质外化为物质力量，利用技术和工具改造外部自然和人类本身。人类在发明和制造工具的过程中掌握了技术，不自觉地把工具作为人的器官的衍生。正如麦克卢汉所言，媒介即是人类器官的延伸。

技术的累积和叠加最终展现为人类的文明世界。工业革命以来，技术特别是信息技术对人类生产领域和生活世界的改造更是达到前所未有的高度。当下，技术所创造的环境几乎可以比肩自然环境，成为人类生存的"第二环境"。因此，我们说技术演化成为人类另外一种模式的器官并不为过。作为万物之灵长的人类，制造和使用工具是区别于其他生物的最根本特征，因此可以说人类文明史是一部技术进化史，人类凭借自身的理性摆脱自然和命运的束缚，开始成为自己的上帝。"在芒福德看来，技术有两个变种。综合技术（polytechnics）是生活导向型的，它与人类的广泛需求和潜力合为一体……专门技术（monotechnics）生产'巨型机器'，它能够明显提高社会力量，但会导致集团化和去人性化。"[2]其实对于营造信息环境的媒介技术，应当归属于刘易斯·芒福德（Lewis Mumford）所说的以生活导向为主的综合技术。

当然，我们也需要从正反两面去看待人类与技术之间的关系，技术所带来的效应并非都是人类所预期的。工业革命以来，技术已经显现出一种强烈

---

[1] [德]阿诺德·盖伦.技术时代的人类心灵：工业社会的社会心理问题[M].何兆武，译.上海：上海科技教育出版社，2003：2.

[2] [加]瑟乔·西斯蒙多.科学技术导论[M].许为民，译.上海：上海世纪出版社，2007：12.

第二章
技术哲学、媒介技术与日常生活世界

的自主性,人的主体性在技术面前反而成为一种累赘和脆弱的标志。"一旦技术摆脱有限工具和手段的地位而变成一种自律地运行的超人力量,它就会使自身上升为万能的统治者,即上帝的地位,而最终挫败人进入完善完满境界,成为神性的意图。"[①]技术理性占据了宗教原先在人类社会中的统治地位,演化成为一种新的不可置疑的、至高无上的工具神性,成为现代人的人生信条和生存法则。技术作为科学和理性最终的外显形态,从诞生以来就在有限工具和人类对技术无限目的期待之间存在着剧烈的张力与冲突。

古往今来,学者对技术的定义多达几十种。国内学者陈昌曙对这些技术的概念做了较为全面的归纳。他认为:

> 广义上的技术可以定义为人类在改造自然、改造社会和改造人类本身的全部活动中,所应用的一切手段和方法的总和。而狭义上技术定义则关注于人类与自然的关系,指那些应用于自然,并使天然自然改造为人工自然的技术,即工程技术。[②]

古代东西方对技术的定义多泛指个人的技能、技艺、手艺,并且表现为一定的操作程序、方法、配方和某些特定的工具,这也反映出古代世界生产模式中劳动者间依然存在着个体单一性和差别性,尚未形成大规模的协作劳动模式。而工业革命之后,机器化大生产开始广泛应用于生产领域,基于个人技巧和才智的差异性逐渐从工业化的劳动领域中退出。技术定义主体也由个人转向了机器系统,技术被视为以机器为主的生产手段的体系化,其概念也被物化为机械工具和仪器设备。机械工具和仪器设备的使用操作方法规则,以及构成机器工具的原理、结构知识及设计构想图纸等,也被视为技术的表现形式之一。布莱恩·阿瑟(W. Brian Arthur)对技术的定义与当下技术发展趋势较为契合,他认为"技术是实现人的目的的一种手段,技术是实践和元

[①] 衣俊卿. 20世纪的文化批判:西方马克思主义的深层解读[M]. 北京:中央编译出版社, 2003:序言13.

[②] 陈昌曙. 技术哲学引论[M]. 北京:科学出版社, 2017:77.

器件的集合，技术是某种文化得以运用的装置和工程实践的集合"①。第三次工业革命以来，信息科学和生命科学飞速发展，科学理念转化为生产技术的效率大为提高，基于物质生产高度发达的社会现实，人们更愿意将技术视为人类利用科学知识改造自然（包括天然自然与人工自然）的一切手段的总和。通过对技术定义的梳理，我们发现在对技术这个概念的众多定义中，绝大多数定义侧重考察物质产品生产技术对人类社会所产生的深刻影响，在技术哲学视野中，精神产品或者说信息生产技术则并未得到应有的重视。

需要交代的是，并不是所有技术形式都将被纳入本书的研究范围，在此有必要对人类所掌握的技术形式进行划分，以明确本书的研究范畴。信息、物质和能量是构成世界的三大基本要素，卢恰诺·弗洛里迪（Luciano Floridi）从这三大基础要素入手，把技术分为转化物质的技术、转换信息的技术和转换能量的技术。若按照生产过程中的最终产品形态对技术进行划分，技术又可分为生产物质产品的技术、生产精神产品的技术。生产物质产品的技术是人类文明的生存基础和前行动力，按照马克思关于生产力决定生产关系的论断，这种技术及其背后的潜在力量在很大程度上塑造了人类社会的政治制度、物质生活、文化体系和价值观念等，更为政治经济学和技术哲学所关注。而生产和保存信息产品的技术，在很长一段历史时期被视为依附于前者，并不具有相应的独立性。应当说马克思关于物质决定意识的论断，在判断这两种技术形式之间的关系上仍是适用的，精神产品生产技术的发展水平取决于物质产品的生产水平。"从马克思主义观点来看，精神生产既然是一种生产，就必然有它的产品。精神生产的产品在现代社会更多地表述为形式多样化的信息产品，从事精神产品生产的行业叫作信息产业。"②因此，本书的主要研究对象是生产、存储和传播信息的技术，即广义上的媒介技术。本书所涉及的媒介技术不仅限于新闻传播活动中所使用的媒介技术，还泛指人类在生产、传播、保存信息过程中所运用的技术手段。

---

① [美]布莱恩·阿瑟.技术的本质：技术是什么，它是如何进化的[M].王健，译.杭州：浙江人民出版社，2014：26.
② 郭庆光.传播学的研究对象和基本问题：下[J].国际新闻界，1998(3)：51-55.

第二章 技术哲学、媒介技术与日常生活世界

在国内传播学界，郭庆光教授较早地对媒介技术做出了清晰界定。他从媒介技术范畴、发展动因和传播效率三个方面，把媒介技术定义为"人类为驾驭信息传播、不断提高信息的生产与传播效率所采用的工具、手段、知识和操作技艺的总称"[①]。并且他总结了媒介技术对社会道德和社会现实所产生的影响，进而结合媒介技术的发展趋势，分析了媒介技术革新所带来的重大社会意义。随着媒介技术的不断发展，除了生产和传播信息之外，保存信息的手段也逐渐成为媒介技术的组成部分。人类所能够掌握的生产、传播、保存信息的能力，可以说"所有涉及信息的收集、识别、提取、变换、存储、传递、处理、检索、检测、分析和利用等的技术"[②]都属于媒介技术范畴。同时，媒介技术与其他技术形式一样，同样可以作为衡量人类社会文明发展水平的重要指标，这在伊尼斯的媒介理论中已经得到了充分的论证。

本书所讨论的媒介技术既包括信息生产技术也包括信息传播技术。一方面，随着移动终端和互联网的普及，现代的媒介技术已经成为日常生活世界中一种普及性的表达信息、情感或体验的生活化的工具。另一方面，从媒介规模、技术水平专业程度等方面来划分，媒介技术（工具）又可以分为制度化的媒介生产工具（如专业的新闻传播机构）和个人媒介生产工具（个人社交媒体）。

（二）日常生活世界的概念梳理

媒介技术同时作用于生产领域和生活世界。本书主要关注的是媒介技术与日常生活世界直接的互构。日常生活世界也是一战之后哲学和社会学的研究焦点之一。国内学者衣俊卿较为全面地梳理了日常生活世界理论，他认为日常生活总是同个体生命的延续，即个体生存直接相关，它是旨在维持个体生命存在和再生的各种生活的总称。[③] 同时，他认为日常生活总是同社会整体或人类存在相关性。

[①] 郭庆光. 传播学教程[M]. 2版. 北京：中国人民大学出版社，2011：116.
[②] 肖峰. 信息技术的哲学含义[J]. 东北大学学报（社会科学版），2012，14(4)：283-288.
[③] 衣俊卿. 现代化与日常生活批判：人自身现代化的文化透视[M]. 北京：人民出版社，2005：13.

一般认为，人文社会科学研究领域中较早关注日常生活世界研究的是人类学和社会学。对日常生活世界的关注始于埃德蒙德·胡塞尔，随之更多的学者展开了对日常生活世界领域的研究。传播学同样也对此表现出浓厚的研究兴趣，早在20世纪20年代，芝加哥学派针对城市和移民问题做了民族志研究探索。到20世纪中期，西方思想界开始出现所谓的日常生活批判转向。国内学者衣俊卿曾对这股研究潮流的转向做出如下评价。

> 我们可以从胡塞尔的现象学、维特斯坦根的语言哲学、海德格尔的存在主义、哈贝马斯和列斐伏尔等人的西方马克思主义、许茨的生活世界理论、K.科西克和A.赫勒的东欧新马克思主义等重要哲学流派的主要观点中，看到20世纪哲学向生活世界回归这一重要转向。①

与其说这种思想潮流的出现是一种哲学转向，不如说是某一哲学思潮的兴起或者是某一研究焦点的浮现。20世纪的哲学研究领域也曾出现过诸如语言学转向、空间的转向、图像的转向等思潮。

马克思作为现代社会学的奠基人，并未对日常生活世界做出过明确论述，但其市民社会理论对后来日常生活世界理论的诞生产生了重要影响。市民社会是马克思主义理论的重要组成部分，马克思在《德意志意识形态》中阐述历史唯物主义基本原理时就已经赋予了市民社会成熟的理论意义。马克思提出市民社会是在市场经济中人与人的物质交往关系和由这种交往关系所构成的社会生活领域。按照《马克思恩格斯选集》注释中对市民社会这一核心概念的总结，市民社会"广义地说，是指社会发展各历史时期的经济制度，即决定政治制度和物质关系的总和；狭义地说，是指资产阶级社会的物质关系"②。在这里，马克思并未直接将市民社会等同于生活世界，但从其指涉对象和实践活动范围来看，二者之间确实存在着较大范围内的时空重合关系。从这个

---

① 衣俊卿. 文化哲学十五讲[M]. 北京：北京大学出版社，2004：206.
② [德]马克思，恩格斯. 马克思恩格斯选集[M]. 北京：人民出版社，2012：868.

第二章
技术哲学、媒介技术与日常生活世界

层面上来看,生活世界是马克思市民社会理论的重要隐性内容,也是马克思理论探索的重要成果。① 另外在马克思和恩格斯所处的历史时期,资本主义的社会矛盾主要集中于生产领域中资产阶级对工人所创造的剩余价值的无偿占有,日常生活世界还未成为他们的主要批判领域。马克思关于市民社会的理论探索为之后的日常生活世界批判兴起做了重要铺垫,可以说马克思是日常生活世界理论发展的重要的开拓者之一。

胡塞尔在西方哲学界较早地引入"生活世界"(world of life)概念。胡塞尔认为,"所谓生活世界,即在一切科学之前总是已经能够达到的世界,以至于科学本身只有从生活世界的变化(在理念化的意义上)才能理解"②。胡塞尔在深刻批判西方理性主义的严重后果时,提出"自然科学只有保持同日常生活和生活世界的紧密联系,才能避免西方文化所面临的危机"③。他把生活世界划分为作为经验实在的客观生活世界和作为纯粹先验现象的主观生活世界。胡塞尔认为客观生活世界是近代欧洲科学产生的根基所在,同样也是造成近代欧洲科学"危机"与人的"危机"的祸乱之源;他从现象学的角度出发,提出"在此世界中,我们始终生存着,而且此世界为一切认知行为和一切科学判断提供着基础"④。作为先验现象的主观生活世界有可能为人类提供超越和消解危机的途径。显然,胡塞尔更多地从现象学的角度去规定生活世界并将之视为消除欧洲近代科学危机的出路。更为重要的是,"胡塞尔的生活世界打开了意识哲学通向存在哲学的可能"⑤。胡塞尔开启了这一可能性,这一由意识批判向存在批判的转折最终由马丁·海德格尔予以完成。

格奥尔格·卢卡奇(Georg Lukács)天才式地提前预判了马克思的异化理论的存在。他的物化理论与马克思的异化理论几乎不谋而合。"物化"(verdinglichung)也是贯穿《历史与阶级意识》全书的核心概念。卢卡奇认为"物化

---

① 王光秀. 马克思生活世界理论研究[D]. 山东:山东大学,2013.
② [德]胡塞尔. 欧洲科学的危机与超越论的现象学[M]. 王炳文,译. 北京:商务印书馆,2011:编者导言 7.
③ 高宣扬. 当代社会理论:上卷[M]. 北京:中国人民大学出版社,2014:391.
④ [爱尔兰]德尔默·莫兰. 现象学:一部历史和批评的导论[M]. 李幼蒸,译. 北京:中国人民大学出版社,2017:11.
⑤ 张桂芳,陈凡. 技术与生活世界[J]. 哲学研究,2010(3):110-114,122.

是指人的活动、他自己的劳动成了对他来说客观和对立的东西，这种对立既有客观的方面，也有主观的方面"①。卢卡奇的物化理论把传统马克思主义政治经济学批判从关注生产领域转向关注人的生存状态的文化批判，在马克思的《巴黎手稿》之后，卢卡奇和安东尼奥·葛兰西（Antonio Gramsci）等人一起将社会批判的关注焦点转向日常生活世界。其中较为重要的是卢卡奇的日常生活世界本体论，他开始把日常生活世界从社会批判的边缘地位转移到批判理论关注的视线之内，并且他在《历史与阶级意识》一书中开创了西方马克思主义对技术理性评判的先河。

列斐伏尔在经济基础和上层建筑之外为日常生活划定了单独存在的空间，他认为"日常生活与一切活动有着深层次的联系，并将它们之间的种种区别与冲突一并囊括于其中。日常生活是一切活动的汇聚处，是它们的纽带，它们的共同的根基"②。并且列斐伏尔极为敏感地发现了技术与日常生活世界出现异化问题之间的密切相关性，他认为"日常生活落后于技术的可能，应该是日常生活批判的主题之一"③。这个独立于经济基础和上层建筑之间的载体在现代资本主义社会中甚至拥有了比生产领域更加重要的地位，技术的发展反而加剧了日常生活中的重复性和平庸性，日常生活世界"取代了马克思的工厂车间而成为社会的核心，扮演了过去'经济'的角色，成为资本主义社会组织化的重要部分、产生压迫的核心地区，成为新革命的源泉"④。另外，列斐伏尔在其三卷本的《日常生活批判》中用了大量的篇幅来讨论媒介技术与日常生活世界的关系，并对现代大众传媒展开了深刻的批判。

阿格妮丝·赫勒（Agnes Heller）同列斐伏尔都是日常生活世界理论研究的主要学者。作为卢卡奇的学术继承人，也是布达佩斯学派的核心人物。赫勒的《日常生活》成书于20世纪60年代，1970年在匈牙利出版，其关于日常生

---

① [匈]卢卡奇. 历史与阶级意识[M]. 杜智章，译. 北京：商务印书馆，2011：15.
② 刘怀玉. 为日常生活批判辩护：论列斐伏尔《日常生活批判》第一卷的基本意义[J]. 江苏社会科学，2008(4)：24-30.
③ [法]亨利·列斐伏尔. 日常生活批判：第一卷[M]. 叶齐茂，译. 北京：社会科学文献出版社，2017：6.
④ 吴宁. 日常生活批判：列斐伏尔哲学思想研究[M]. 北京：人民出版社，2007：158-159.

活理论缘起稍晚于列斐伏尔。赫勒同卢卡奇一样作为重要的西方马克思主义学者，她在对日常生活世界的研究中坚持了马克思主义的立场。关于这一点，她在《日常生活》的英文版序言中明确承认，关于日常生活世界的"类本质"主要受益于马克思的遗产，尤其是受益于卢卡奇的思想遗产。[1] 她把日常生活定义为"个体再生产要素的集合"。个体的再生产一方面不断再生产个人本身，另一方面构成社会再生产的基础。[2]赫勒指出，日常生活是"自在的"类本质对象化的领域，是重复性思维和重复性实践占主导地位的领域。因此，整个日常生活的结构和图式本身就具有抑制创造思维和创造性实践的趋势，即具有一种抵御改变的惰性。这和列斐伏尔批判日常生活世界异化原因是基本一致的。

出于不同历史时期、学科基础、理论方向和批判焦点，日常生活世界在他们的理论呈现中必然会有着较大的区别，但"异化"是他们共同指出的人的存在中的核心问题。马克思、卢卡奇和赫勒坚持了历史唯物主义批判立场，而胡塞尔的出发点则是现象学。另外，随着对日常生活世界理论探索的不断延伸，特别是第二次世界大战之后，"异化"成为众多学者共同关注的焦点问题，但他们都更为重视经济基础决定上层建筑这一决定性因素。相比之下，对于与人们日常生活密切相关的媒介技术发展所带来的信息生产和消费关系的改变，以及由此可能带来的异化问题，他们并未给予足够重视。

二、技术哲学在传播学研究中的映射

技术哲学与传播学都是近代以来在技术研究和社会交流领域中产生的新的学科。从学科理论构建的时间节点上来看，技术哲学的出现略早于传播学，技术哲学中产生了工程主义和人文主义两种不同的研究分支，在传播学中也出现了行政学派和批判学派的分野，传播学的学派分立恰好与技术哲学的两

---

[1][2] [匈]赫勒. 日常生活[M]. 衣俊卿，译. 重庆：重庆出版社，1988：15, 13.

大分支的价值立场相互对应,而媒介环境学派则将媒介技术从批判学派和行政学派的效果研究中中立出来,媒介技术从而成为传播学三大学派的主线之一。

(一)技术哲学的起源

技术哲学作为近代哲学的一个学科分支,它的迅速崛起引起了研究者的广泛关注。"技术哲学作为人类改造自然的根本观点或对改造自然的总体性思考,并不是突发生成的。"[①]国内外技术哲学领域的研究者在考察技术哲学起源时,一般都会追溯至人类文明的轴心时代。

在轴心时代,东西方社会几乎同时迎来了人类文明史上的第一次智慧和理性的迸发时刻。人类思想史上的这些先行者都不约而同地追问世界的本原和宇宙最高层次的运行规律。古希腊和古印度文明持有类似的世界观,"古希腊人认为水、空气、火和土是构成万物的本原,古印度的哲学家认为地、水、火、风是万物的本原"[②]。具体而言,古希腊哲学家德谟克利特(Demokritos)的"原子论"已经具有了技术哲学的色彩,他提出世界的本原是虚空和原子,世界上所有的物质都是由不可再分的原子构成,虚空则是原子所构成的物质的运动场所,这种对世界本原和构成的解释已经十分接近现代物理学。亚里士多德(Aristotle)则在事物的"四因论"中第一次界定了信息的科学定义,他认为"任何事物都是由数据因、动力因、形式因和目的因所构成"[③]。这里的数据因本质上是一种作为描述事物性质和存在状态的数据组织,亚里士多德从本体论的高度阐述了数据(信息)作为承载事物本质元素的重要作用。

正如R. A. 尤利坦(R. A. Ulytan)所说,"现代自然科学思想大厦不是西方的私产,也不只是亚里士多德、欧几里得、哥白尼和牛顿的领地,这座声誉的建筑也属于老子、邹衍、沈括和朱熹"[④]。"中国人文思想的起源是西周的

[①②] 陈昌曙. 技术哲学引论[M]. 北京:科学出版社,2017:16,18.
[③] 高宣扬. 当代社会理论:上卷[M]. 北京:中国人民大学出版社,2014:265.
[④] 张岱年,程宜山. 中国文化论争[M]. 北京:中国人民大学出版社,2006:207-208.

礼乐文化,它在春秋的世界中进一步成长……为诸子时代文化思想的丰富发展准备了充分条件。"① 春秋战国以来,中华文明对超验经验系统展示出超前的成熟,同样也开始关注"形而下"的技术存在。道家和儒家特别是墨家都对"器"这一有型物(技术物)的统称表现出强烈的关注。"《易经·系辞》曰:形而上者谓之道,形而下者谓之器,辩证地说明了事物本原与现象之间的关系,同时这也是中国古代哲学中一对重要范畴。"② 在那个时代,从《周易》到老子和庄子的道家思想,中国自然哲学诞生了阴阳五行学说,认为世界万物由金、木、水、火、土五大基本元素构成,并且万物处于相生相克的天道之中。

春秋战国时期的道家学派和墨家学派都对技术有着独到的思考,特别是道家老子和庄子的学说对技术持有先天性的反思和警惕。老子主张"天道恒利,辅而不为""以道莅治,天下自定",庄子则进一步提出了要达到"天人合一,万物逍遥"的至高境界。老子在《道德经》中有专门的章节来反思机械技术中所蕴含的哲学命题,对机械技术抱有"有什伯之器而不用""大制不割""有无相生"的基本立场。③《道德经》有一段论述较为鲜明地彰显了老子对技术的根本立场,"民多利器,国家滋昏;人多伎巧,奇物滋起;法令滋彰,盗贼多有。故圣人云:我无为而民自化,我好静而民自正,我无事而民自富,我无欲而民自朴"④。庄子对技术和机械的反思已经接近现代技术哲学中人文主义的立场,庄子已经看到当时人和机械之间"人为物役"的倒置关系,他认为机械技术虽然带来便利,但也使个人学会投机取巧,失去淳朴的心性。庄子已经发现,"在机械性的技术活动中,个体的全部心神已经完全被牵滞于当下的有形的有限的技术活动中,而不是用以沉思、体悟贯通于自我、对象在内的天地万物之间的超越之道……"⑤ 庄子在其《庄子·外篇·天地》中讲述

---

① 陈来. 古代思想文化的世界:春秋时代的宗教、伦理与社会思想[M]. 北京:生活·读书·新知三联书店,2008:12.
② 杜松平,赵志明."互联网+"时代背景下新闻教育功利主义的幻象与困境[J]. 科教导刊(中旬刊),2018(14):148-149.
③ 刘克明,杨叔子.《老子》技术思想初探[J]. 哈尔滨工业大学学报(社会科学版),2002(2):8-12.
④ 王弼. 老子道德经注校释[M]. 北京:中华书局,2008:149-150.
⑤ 邓联合. 老庄与现代技术批判[M]. 北京:中央编译出版社,2009:191.

了子贡在汉水之阴遇一老丈,弃机械而徒力灌溉农田的故事。为圃者谓之:"有机械者必有机事,有机事者必有机心。机心存于胸中,则纯白不备;纯白不备,则神生不定;神生不定者,道之所不载也。"①庄子对机械和技艺的超前反思显现出中国古代哲人先天的、早熟的直觉式的哲学体悟。

墨家学说对技术也有着深刻的见解。就墨子而言,"墨子生活在春秋战国之交,以一个车工的身份登上政治舞台,故他的政治思想反映了庶民阶级的愿望,他的科学论著总结了中国古代劳动人民在实践中所取得的知识"②。墨子在《经上》《经下》《大取》《小取》篇中多处解释了几何学、光学、物理学的基本原理,以及当时墨家的时空观和宇宙观,甚至在《经上》一书中论及了心理学和朴素的唯物主义认识论等问题,并且在其质疑儒家对于阴阳五行相克的解读中,"《墨经》对事物变化的多样性、复杂性不仅有一定的认识,而且批评当时五行相生的机械论,提出'五行毋常胜'的见解"③。例如,墨子在《经下》篇中对光学投影原理的解释,他提出"景迎日,说在抟。正而不可担,说在抟。景之小、大,说在地正、远近"④。他指出了物体在地面的投影大小是由地点和远近所决定的。与"与孔子主张'君子不器'相反,墨子肯定技术及其应用的巨大价值……坚持技术的运用要有利于人,以之作为评价技术巧拙的标准"⑤。

李约瑟(Joseph Needham)将道家和墨家思想的本质归结为感性和理性的对峙,他认为(墨家)"这里没有道家的诗意与憧憬,对生活现象本身的兴趣也比较少。但是完全信赖人类理性的墨家,明确地奠定了在亚洲可以成为自然科学的主要基本概念的东西"⑥。墨家是我国古代对机械等技术形式最早做出科学解释和应用实践的学派,并且最为重要的是其对待科学技术的态度并非像道家和儒家那样简单地予以批判和否定,而是提倡对技术的评价标准从

---

① 郭庆藩. 庄子集释:外篇·天地[M]. 北京:中华书局,2013:390-391.
② 詹剑锋. 墨子及墨家研究[M]. 武汉:华中师范大学出版社,2007:99.
③ 朱广荣. 试论中国古代科技哲学及其本体范畴[J]. 燕山大学学报(哲学社会科学版),2001(2):15-19.
④ 墨子. 墨子[M]. 北京:中华书局,2011:333.
⑤ 肖双荣. 墨子的技术观[J]. 湖南医科大学学报(社会科学版),2009,11(5):47-49.
⑥ [英]李约瑟. 中国科学技术史:第二卷[M]. 北京:科学出版社,1990:182.

第二章
技术哲学、媒介技术与日常生活世界

人的精神领域回归到技术和器物的实践层面。应当说,墨子对技术所进行的深层次的哲学思考,已经十分接近近代技术哲学中工程技术学派的价值立场,对于反思当下人类的技术化生存有着强烈的现实意义。

"孔子的时代已开始'礼坏乐崩',早期奴隶制在向发达的奴隶制过渡,氏族统治体系和公社共同体的社会结构在瓦解崩毁,'民散久矣','民恶其上'。"[1]因此,儒家将春秋以来的礼崩乐坏很大程度上归咎于当时社会中各阶层的重利轻义的基本价值取向。对此,《礼记·礼运》中有过经典论述,"今大道既隐,天下为家。各亲其亲,各子其子,货力为己"[2]。甚至孔子提出"君子喻于义,小人喻于利",将对于"义"和"利"的取舍作为君子立身处世的标准。因此,儒家与墨家在对待技术的价值方面表现出截然不同的态度。"技术"在儒家的观念世界中是知识分子"经世致用"的意识载体,"'经世致用'的技术思想主要是为了建构一种合理化的社会秩序,从而注重对现实社会具有切实效用的技术之理念"[3]。在对待物质实践这个基本问题上,孔子并未将实践视为最高的"道",甚至主张"君子循而不作""述而不作"。

正如国内学者吕明烜所说,儒家同样是关注技术的,只不过在儒家的思想世界中,"技术的根本使命是去完善社会秩序、塑造社会化的文明人性。简单来讲,就是说技术的归宿和目的不止于物质生产力,而是最终指向体现人性文明的礼乐秩序建构的文化生产力"[4]。也就是说,儒家并不是简单地否定技术,儒家将技术视作为德性服务的重要手段,"(儒家)把对自然之'知'包容在德性之'知'之中,视'知'为服务于'德'、实现'善'之目的的手段"[5]。在处理人与自然的关系上,儒家的最终追求不是一味地征服自然世界,而是在实现"天人合一"的价值基础上去创造和谐的社会秩序。这是一种不同于古希腊时期亚里士多德等人对于技术的有意忽视,也不同于启蒙运动以来对于

---

[1] 李泽厚. 中国古代思想史论[M]. 北京:生活·读书·新知三联书店,2008:10.
[2] 戴圣. 礼记[M]. 北京:中华书局,2017:420.
[3] 吴智. 先秦诸家主流技术思想之分析[D]. 东北大学,2009.
[4] 吕明烜. 古圣制器与儒家技术思想[M]//贾磊磊,杨朝明. 第七届世界儒学大会学术论文集. 北京:文化艺术出版社,2016.
[5] 马来平. 探寻儒学与科学关系演变的历史轨迹[M]. 上海:上海古籍出版社,2015:100.

技术作为人类征服自然的确信。金先知也认为,"孔子一生以人和社会为主要研究对象,创立了以'仁'为核心价值、以'礼'为社会规范、以'中庸'为思辨方法的思想体系"①。儒家学派其实更为关注的是以"礼"和"仁"为基础的社会治理技术,以及对人的内在道德标准和外在处世原则的规训,儒家的思想核心最终体现为对个人和国家的精神和行为层面上的治理,但对于实践过程中的技术并未给予足够的关注。这也是为何鸦片战争之后,中国知识分子在西学东渐之初,面对西方列强的坚船利炮时,出现过短暂的抵制和恐惧的潜在原因。

以上简单梳理了古代东西方思想中关于技术哲学萌芽和发端时期的代表性观点。一般来说,现代技术哲学领域的学者都将技术哲学的起源追溯至中国的春秋战国时期和古希腊。当然,受到技术发展条件以及人类认识水平的限制,古代学者并未直接论述本书所关注的媒介技术,但是他们对待技术的态度倾向和价值立场,为我们今天从人的存在状态这一根本问题上去研究媒介技术提供了极为宝贵的理论渊源。

(二)技术哲学的两大源流对传播学研究的影响

如果按照学者对待技术的态度和立场的标准来对技术哲学进行划分,技术哲学又可大致分为以下两大流派,并且这两大流派都在传播学中能够找到相对应的地位。第一种是工程学的技术哲学(engineering philosophy of technology),这一流派的理论基础是"器官投射说",他们认为人从自然界中分离出来之后,就一直在利用工具改造客观世界和人类自身,因此工具与人的肉体器官存在着内在的逻辑关联,工具的本质就是人类理性运用的外化投射至肉体的物理器官。这一流派认为"技术哲学就是技术专家或工程师精心创立的一种技术的哲学(technological philosophy)尝试"②。

第二种流派被称为人文主义的技术哲学(humanities philosophy of technolo-

---

① 金先知. 社会技术哲学视域中孔子思想论略[D]. 辽宁:沈阳师范大学,2009.
② [美]卡尔·米切姆. 技术哲学概论[M]. 殷登祥,译. 天津:天津科学技术出版社,1999:1.

gy)。这一流派的理论渊源可以追溯至卢梭(Jean-Jacques Rousseau)和马丁·海德格尔,该流派以欧洲大陆思辨哲学为基础,当然也可以在东方思想家老庄的哲学中找到其价值立场源头。他们主张思想领域应该将"技术"作为现代世界最重要的研究对象,并且尝试用解释学和现象学等学科观点去解释技术在人的生存中所演化出的双面作用。他们认为技术与人性、伦理,技术与人的自由和命运之间存在着密切的关联,并呼吁人类应该警惕技术发展的同时,也应创造出一种新的束缚形式。

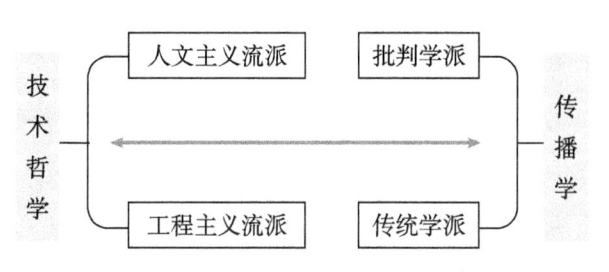

图 2　技术哲学与传播学之间的理论立场对应关系

卡尔·米切姆(Carl Mitcham)作为现代技术哲学的集大成者,他对技术哲学流派的划分采用了以下二分法:一是以学者所在地域和国度作为划分标准,二是将学者对技术所持的价值立场和观点态度作为划分标准。按照第一种划分标准,米切姆将技术哲学划分为以分析哲学为基础的英美学派,其代表人物如培根(Francis Bacon)和杜威(John Dewey);以思辨哲学为基础的欧洲大陆法德学派,其代表人物如海德格尔和雅克·埃吕尔(Jacques Ellul)等;以马克思主义思想为基础的苏联—东欧学派,其代表人物如舒哈金(С. В. Шухардии)和库津(Кузин)等人。随着技术哲学研究在全球范围内的扩散,我们有必要对米切姆的划分进行补充,亚洲日本的技术哲学研究传统也值得重视。日本的技术哲学研究始于20世纪30年代①,先后受到马克思主义的影响和日本军国主义思潮的左右,其主要从历史的角度探讨技术发展的动力,侧重于对技术与经济、社会关系以及技术发展规律的研究。②

---

① 20世纪30年代,日本学者已将德国的"技术哲学"翻译为日语汉字表述的"技术论"。
② 姜振寰. 技术哲学概论[M]. 北京:人民出版社,2009:15.

按照米切姆的划分标准，技术哲学两大流派的划分和区别映射在传播学领域中，恰恰体现为以美国为主的行政学派和批判学派二者之间对媒介技术的不同立场和态度。在行政学派的理论框架中，媒介技术作为信息生产、储存、传播的承载工具，只是整个信息传播过程中的某一个物质性环节，是一种价值无涉的中立传播工具。从这个层面上来看，作为传播工具的媒介技术与蒸汽机、剪刀等工具，其性质都是一致的，都是作为人类器官在物质世界中的投射或者增强。因此，行政学派的主要目的是充分发挥媒介技术的特有属性，追求在以媒介技术为渠道的信息传播过程中取得最大的传播效果，降低噪音，避免信息失真。

马克思和恩格斯在分析劳动和实践在人类历史地位的过程中，认为技术是人类从自然界中分离出来的关键性标志，工具的使用和技术在代际间的传承是人类文明有别于其他物种延续方式的根本所在，并且马克思将技术作为考察一个历史阶段生产力发展水平的重要标志。媒介技术如同其他生产工具一样，都是资本主义生产关系中的重要一环，其作为资本主义信息生产环节投入的生产性要素，其最终目的是要服务于资本主义信息生产体系的企业盈利。但是，媒介技术在批判学派的研究框架中并不仅仅是一种技术形态。随着二战的结束，面对战争给人类社会带来的前所未有的创伤，以西奥多·阿道尔诺（Theodor Adorno）和马尔库塞（Herbert Marcuse）为首的批判学派将批判对象对准了"技术"。批判学派以马克思主义政治经济学和马克思的异化理论为根基，"植根于欧洲传统哲学的核心而又敏感于时代的重大问题"[1]，并且整合了当时欧洲所盛行的存在主义和精神分析等理论，揭示了媒介技术（文化工业）背后所隐藏的资本主义生产逻辑。因此，批判学派对待技术的态度透露着深刻的马克思主义色彩。

---

[1]〔美〕马丁·杰伊.法兰克福学派史[M]单世联，译.广东：广东人民出版社，1996：序言2.

三、生活世界中的媒介技术：技术哲学所忽视的领域

对于技术与生活状态的关联，彼得·科斯洛夫斯基（Peter Koslowski）认为"技术思想和技术概念在很大程度上决定着生活秩序及现代社会生活自身的意义"[①]。任何一种新的技术的出现，其引发的变革所带来的社会影响是同时出现于生产领域和生活世界的。媒介技术所带来的影响几乎在生产领域和生活世界中同时进行。"信息技术革命……这些发展将改变我们的学习方式、工作方式、娱乐方式——一句话，我们的生活方式。"[②]但是在技术哲学的研究视野中，媒介技术从未被作为一个单独的研究对象加以关注，在这里技术哲学的关注焦点显现了马克思关于生产力和生产关系的基本立场，但是对于卢卡奇在《历史与阶级意识》中所强调的日常生活世界的意识的革命并未给予足够的重视。

（一）日常生活世界中的媒介技术

人类文明史几乎可以等同于一部技术文明史，"在人类文明的发展过程中，技术与人一直是相互交融、相互建构的。人一开始就是技术的人，社会一开始就是技术的社会"[③]。这里所指的技术更多的是与人类社会生产领域和权力发生关联。其实媒介技术同其他技术形态一样，在诞生之初就与日常生活世界发生着密切的关联。

如果我们简要地梳理媒介技术发展的历史路径，不难发现媒介技术从诞生以来，其使用目的、应用范围和承载的信息性质伴随着生产力结构的变化而发生变化，媒介技术诞生之初服务于政治和经济的目的性尤为明显。对于人类最早掌握的媒介技术——语言的诞生，J. G. 赫尔德（Johann Gottfried

---

① [德]彼得·科斯洛夫斯基. 后现代文化：技术发展的社会文化后果[M]. 毛怡红，译. 北京：中央编译出版社，2011：1.
② [美]尼葛洛庞帝. 数字化生存[M]. 胡泳，范海燕，译. 海口：海南出版社，1997：4.
③ 张桂芳，陈凡. 技术与生活世界[J]. 哲学研究，2010(3)：110-114, 122.

Herder)与马克思和恩格斯有着接近的唯物主义立场,他指出"语言并非源自神,恰恰相反,它源自动物"①。但是在上古时期,符号系统这种媒介技术一般被用来作为人类与神灵沟通的媒介,并且往往为祭司阶层所垄断,所传达的信息具有强烈的神秘色彩。符号系统和书写技术出现后,在很长一段时间被权力阶层和知识精英所掌控。以印刷术为例,东西方印刷术最早不是用于商业及世俗图书出版,而是不约而同地用于宗教典籍的传承。例如,唐代时期雕版印刷术用于来印刷《金刚经》,古登堡(Johannes Gutenberg)的活字印刷则用于《圣经》的大规模量产。在这之后,印刷术逐步进入世俗社会和日常生活,古代中国和罗马的邸报最初也用来传递政治和军事信息,西方早期新闻纸本身就是当时商品经济的一种生产性要素,主要用于工商业间经济信息情报的传递,以用于商业决策,获取商业利润。中唐时期,一些知识分子个人出版诗集,雕版印刷的历书也进入平民百姓的日常生活世界。因此,马克思对印刷术推动人类文明的重大影响给了高度评价,马克思认为"印刷术成为新教的工具,总的来说变成科学复兴的手段,变成对精神发展创造必要前提的最强大的杠杆"②。

直到近代新闻业发端之后,日报开始从商人等社会精英阶层扩大开来,成为一种平民化的信息载体。就在这时,来自日常生活世界的对象和活动也开始进入了传媒业关注的视线,正如汤姆·斯丹迪奇(Tom Standage)所说,早期报纸黄色新闻的盛行多是关注日常生活中的香艳传奇或是奇闻逸事。其实早在16世纪60年代的英国,"报告奇迹、灾难、谋杀和怪胎的新闻就特别受欢迎"③。这恰恰反映出日常生活世界与专业的媒介技术系统开始发生关联。媒介技术将整个人类的生活世界串联为一个整体。"电报、电话、无线电传真、计算机网络、汽车、飞机等,促成了人们之间的广泛的社会交往和

---

① [德]赫尔德 J G. 论语言的起源[M]. 姚小平,译. 北京:商务印书馆,2014:13.
② [德]马克思,恩格斯. 马克思恩格斯选集:第8卷[M]. 北京:人民出版社,2009:338.
③ [英]汤姆·斯丹迪奇. 从莎草纸到互联网:社交媒体2000年[M]. 林华,译. 北京:中信出版社,2016:133.

第二章
技术哲学、媒介技术与日常生活世界

社会联系。可以说,它们才真正使人作为社会关系的总和成为现实。"[1]通过以上对狭义的媒介技术演变史的简单梳理,我们发现"从远古时期到各类文化之中的人类活动,总是嵌入在技术之中"[2],但是系统化和专业化的媒介技术却是在近代才走入了人类的日常生活世界。

在当下日常生活世界中,媒介技术已经成为我们每个人在日常生活中接触最为频繁的技术形式,特别是以互联网和手机为代表的媒介技术极大地提升了人类的沟通效率。在访谈中,访谈对象专门谈到了通信技术发展给生活方式和生产实践带来的巨大改变。

> 这几年智能手机普及太快了,以前牧民进山放牧都需要带收音机,现在都有太阳能充电板和手机了,我们现在可以用微信群给牧民通知各种惠民政策,就算在深山里一般也有信号能接收到。现在牧民保护生态环境的意识增强了,每年在山里放牧三个月,国家给每家每户发草场补贴,牧民自己也种苜蓿,冬天用这些喂牲畜,这些年山里的生态环境恢复了好多。(29岁,乡镇公务员)

第44次《中国互联网络发展状况统计报告》数据显示,中国网民总量达到8.54亿人,"手机网民达到8.47亿,视频用户7.59亿,手机搜索用户达6.62亿"[3]。即时通信、网络购物、网络音乐、网络文学、网上外卖等手机应用渗透于日常生活的绝大多数场景,我们几乎每天都在使用手机、电脑。受访对象对于购物方式的改变有着切身的体验,甚至因为互联网技术发展所带来的大众购物方式的改变影响了一些受访者的生活方式。

---

[1] 陈昌曙. 技术哲学引论[M]. 北京:科学出版社,2017:163.
[2] [美]唐·伊德. 技术与日常生活世界[M]. 韩连庆,译. 北京:北京大学出版社,2012:22.
[3] 第44次《中国互联网络发展状况统计报告》[R]. 北京:中华人民共和国互联网信息办公室,2019.

我现在一般不会去实体店买衣服，都在网上买，价格还便宜。特别是现在很多平台有了 VR 全景体验，通过 VR 试衣服，我可以看到衣服的上身效果，省钱省时间。（23 岁，应届毕业生，备考公务员）

现在网络购物遍布全国，我在南疆驻村工作，农村很多农民都会在网上买东西，取快递的地方动不动还要排队。还有不少返乡创业大学生，他们通过网络直播把核桃、红枣这些特产卖到全国，并且价格高，销路也不错。（39 岁，事业单位行政人员）

2004 年，我在这个学校开了商店，到今年已经第 18 个年头了，最近打算清理一下不干了。现在学生在网上买东西越来越多了，网上有些东西确实比我们店里卖得便宜，学生来我店里主要买的是面包、牛奶、饮料，其他很多东西都可以在网上买。现在房租也高了，我也老了，熬过这个暑假我就不干了。（52 岁，小超市店主）

媒介技术的发展给生产和生活带来了诸多便利，与此同时也造成了生产领域和生活世界的边界模糊。对于被各种媒介技术笼罩的现代人来说，即使在下班后离开工作场所，回到本属于自我的日常生活世界中，其多数时间也仍然是在各种媒介设备和网络应用之间切换，社会个体仍在进行着信息的生产、交换和消费，并未能够从生产领域中完全解脱出来。媒介技术所形成的信息环境已经成为现代人生存中不可分割的一部分。尼克·史蒂文森（Nick Stevenson）在 21 世纪初就提出，"今天全球公民的生活，被包裹在与物质的和象征的传播模式的似乎是无休无止的接触之中"[①]。

对于这种包裹式的数字化生存状态，其实早在 20 世纪 50 年代，罗伯特·默顿（Robert Merton）等人在论述大众媒体的社会角色和社会变迁时，就曾一针见血地指出媒介技术的过度使用及过分的媒介消费抵消了社会改革为美国公民个体带来的社会福利。当时美国工会运动已经迫使资本家把工人的

---

① [英]尼克·史蒂文森. 认识媒介文化：社会理论与大众传播[M]. 王文斌, 译. 北京：商务印书馆, 2005: 190.

周工时由 60 小时缩短为 40 小时，童工现象也已经逐步被视为非法，全民教育逐步走向制度化。按理说美国劳工阶层应该从改革运动中获得益处，但是劳工阶层的日常生活世界依然被资本主义文化工业生产逻辑所统治，"大众传媒好像是盗取了改革胜利者的果实。人们怀着一旦摆脱枷锁，就会从莎士比亚（William Shakespeare）、贝多芬（Ludwing Van Beethoven）或康德（Immanuel Kant）他们遗存的社会文化产品中获得益处的希望，为获取休闲自由和大众教育、社会保障开展着斗争。但最后大众却转向了鲍德温兄弟（Baldwin）、约翰·默瑟（Johnny Mercer）、埃德加（Edgar）"①。默顿等人深刻地指出数代人为劳工阶级争取更多的自由时间而奋斗，大众却把这些时间用在哥伦比亚广播公司的娱乐节目上，而不是去努力考取哥伦比亚大学。20 世纪 90 年代末，尼葛洛庞帝预言人类社会正在进入一种数字化生存状态，这一观点在当时看似过于前卫和激进。短短三十年左右，媒介技术俨然成为人类数字化生存的物质基础，甚至它在对日常生活世界的塑造中取得了与生产技术同等重要的地位。

综上所述，在技术发展和生产关系的结构性变革过程中，媒介技术不仅仅是一种生产要素，同时也作为日常生活中的生存性要素而存在，媒介技术与日常生活世界之间也愈加不可分割。

（二）技术哲学对媒介技术的忽略

国内学者吴国盛认为，西方哲学传统自发端以来就习惯于把技术遗忘在思维对象之外。其实早在柏拉图（Plato）的《理想国》中就已经把理念置于本体论的最高位置，本质是绝对优先于对象的；苏格拉底（Socrates）则把哲学规定为一种理性的事业；亚里士多德视"创制科学"是全部学术的第三等级。技术被视为一种缺乏内在性的东西而受到哲学家的漠视。② 贝尔纳·斯蒂格勒（Bernard Stiegler）也提出在古希腊的理性哲学世界中，"哲学自古至今把技术

---

① Lazarsfeld P F, Merton R K. Mass communication popular taste and organized social action[J]. The process and effects of mass communication, 1971: 95-118.
② 吴国盛. 技术哲学经典读本[M]. 上海：上海交通大学出版社，2008：编者前言 3.

遗弃在思维对象之外。技术即无思"[1]。但是，他同时强调技术问题成了当代哲学论战的根本问题，并将海德格尔和哈贝马斯视作这场论战在欧洲的两个对立面的代表。

从古希腊到文艺复兴前夜，技术一直处于哲学范畴的边缘地带，这其实也体现了西方哲学坚守一种立场，即"哲学是关于世界观的学问，是人们关于世界的总体看法，哲学公认的对象是关于自然界、社会和人类思维的普遍规律"[2]。应当说，从古希腊哲学繁荣时期一直到中世纪晚期的启蒙运动，技术仍旧被视作一种延展人类改造自然能力的装备性工具，技术还并未成为人类文明所必须深入思考的哲学议题，技术真正进入西方哲学家的视野是在17世纪之后。文艺复兴后的欧洲重获新生，科学界、思想界群星璀璨、巨匠辈出，西方文明在自然科学和人文科学均取得了巨大成果。技术进步提升了人类征服自然的信心和能力，科学发展成为人类谋求财富、健康和幸福的手段，不再被作为宗教事业的陪衬。技术成为思想领域再也难以忽视的巨大存在，从此开始引领人类历史发展潮流，技术也开始进入资本家、政治家和哲学家的视野。

在技术哲学领域，马克思和恩斯特·卡普（Ernst Kapp）被公认为学科奠基人。早在1877年，卡普就提出"技术哲学"这一命题，开启了技术哲学这一新的研究领域。在马克思的思想体系中，技术也被视为实现人的全面解放的重要手段，并将生产力高度发达作为实现共产主义的必要条件，马克思甚至用手推磨和蒸汽机作为社会形态划分的标志。马克思认为"当人们还不能使自己的吃喝住穿在质和量方面得到充分保证的时候，人们就根本不可能获得解放"[3]。另一方面，马克思还认为科学技术在资本主义生产关系中的直接应用，是导致异化劳动产生的直接原因，应当说，他开启了后世技术批判的先河。在分析哲学主导的北美大陆，杜威则代表了技术哲学的另一股潮流。

---

[1] [法]贝尔纳·斯蒂格勒. 技术与时间：艾比米修斯的过失[M]. 裴程, 译. 南京：译林出版社, 2012：1.
[2] 陈昌曙. 技术哲学引论[M]. 北京：科学出版社, 2017：6.
[3] [德]马克思, 恩格斯. 德意志意识形态：节选本[M]. 北京：人民出版社, 2008：19.

第二章
技术哲学、媒介技术与日常生活世界

对于杜威在技术哲学领域中的重要地位,韦伯斯特·胡德(Weberster Hood)给予了高度评价,他认为杜威是第一个将技术作为中心问题和"将技术视为提出了真正哲学问题"的当代哲学家。① 早在密歇根大学工作时期,杜威就曾提出技术和哲学是密不可分的。而在大洋彼岸的欧洲,二战带来的巨大创伤迫使人类不得不去重新审视技术这一将"魔鬼与天使"集于一身的文明产物,思想界也出现了由理性批判到技术批判的理论转向,马尔库塞出版了《技术、战争与法西斯》,他甚至认为技术理性的过度扩张与两次世界大战的爆发和法西斯的上台存在着直接关联。

从目前现有的技术哲学文献和专著来看,马克思和恩斯特·卡普等绝大多数的研究者都将自己的研究聚焦于"技术"这一暗含较为强烈的物质性对象,对于技术哲学的研究对象并未做细致的划分,也就是未对人类目前所掌握的技术形式进行区别研究。技术哲学历来更为关注的是技术对人类社会、文化、政治和经济的塑造和整合能力,应当说这一立场基本契合了马克思关于生产力决定生产关系和经济基础决定上层建筑的基本论断。但马克思在《德意志意识形态》中就开始关注了物质生产和精神生产之间的一般关系,马克思提出人类的生产是全面的,包含物质生产、精神生产、人自身的生产和社会关系的再生产,精神生产是物质生产的派生物,它是"全面生产"或"整个世界的生产"的一个重要组成部分。②

马克思关于物质生产和精神生产的划分为我们对人类现有的技术形式进行划分提供了方向性的启示。沈继睿参照陈昌曙对技术的定义,从广义的技术和狭义的技术出发,把实体技术划分为生产技术和媒介技术③,并对媒介技术的内涵和外延做了较为深入的讨论。本书提出对人类现有技术可以做以下划分:作用于物质生产领域的技术和作用于精神生产领域的技术(即生产信息的技术)。在传统的技术哲学文献中,生产信息的技术也即本书所关注的媒介技术并未被单列作为一个独立的研究对象,学者们往往将其与生产物

---

① [美]拉里·希克曼. 杜威的实用主义技术[M]. 韩连庆,译. 北京:北京大学出版社,2010:6.
② 孙承叔. 真正的马克思[M]. 北京:人民出版社,2009:176.
③ 沈继睿. 媒介技术的哲学研究[D]. 南京,东南大学,2015.

质和能量的技术混合而论，一般看重的是技术对自然、社会和人类自身的改造，即使后来海德格尔（Martin Heidegger）和埃吕尔（Jacques Ellul）等人察觉到了技术对人性的压制和束缚，但是他们也未专门从技术分类的角度探求在肉体领域和精神领域中压制和异化是如何产生的，以及是否各有关键因素。

从人类科学技术发展史的宏观层面来考量，信息技术已经成为任何领域都无法回避的推动力量。信息技术与生命科学等其他技术形态一起成为第三次科技革命的标志，从目前以信息技术为基础的大数据、云计算、AI、物联网等技术形态的发展趋势来看，信息技术极有可能成为推动第四次工业革命的主要力量。如果我们仍然不加以区分生产信息的技术及生产物质和能量的技术，那么可能会在技术哲学中错失一个极为重要的研究焦点，不论是从人类历史宏观层面还是个体生存的微观层面，生产信息的技术也即媒介技术都应该成为目前传播学和技术哲学两大学科汇集的同位区域。因此，我们有必要去考察媒介技术与生活世界的深刻关系，技术必须被置于历史的主流之中，唯有如此，对历史过程的观察才会是正确的；也唯有如此，才能以某种方式洞察未知未来中的隐秘的潜在风险。

第三章

媒介技术的演变与日常生活世界的变迁

第三章
媒介技术的演变与日常生活世界的变迁

当上古时期的狩猎者在岩壁上刻下第一个图形的时候,当楔形文字第一次出现在两河流域的泥板上的时候,当中国人用木刻雕版印制出《金刚经》的时候,当第一张机器印刷报纸从蒸汽印刷机下线的时候,当第一封跨大西洋电报被发出的时候,当第一封电子邮件被地球另一端的收件人点击打开的时候,媒介技术就已经与我们的日常生活世界融为一体,成为推动人类社会日常生活世界演变的主要力量。

我们每天结束赖以谋生的工作回到个人生活世界,我们的视线从作为生产工具的电脑、从流水线作业平台的机器转移至电视或手机,我们的肢体摆脱生产领域中的机器控制,我们的精神和灵魂又投身于生产信息的媒介技术;我们将眼睛交给电子屏幕,耳朵交给广播,与大洋彼岸的朋友一起游戏,在社交媒体中与"网红""大V"互动,接触的信息越来越多,同时也察觉到这个世界的节奏越来越快;我们与远在天边的人们关注共同的话题,阅读同样的新闻,能否达成共识或是存在分歧已越来越不重要,因为这一切很快将在互联网世界中烟消云散,这一切都源自我们的生活世界已经和媒介技术环境不可分割。"随着越来越多的领域被渗透,互联网越来越深地介入了我们社会生活的进程,重塑着我们的自我观念、权力体系和时空体验。"①

---

① 成伯清. 自我、中介与社会:作为情感机器的互联网[J]. 福建论坛(人文社会科学版),2021(10):187-201.

一、媒介技术对日常生活世界宏观领域的改造

"媒介与技术之间有着密不可分的关系,媒介的更替往往伴随着技术的革新。"①媒介技术的发展史也是一部人类日常生活世界的改造史。从符号诞生的那一刻,日常生活世界的宏观领域便成为媒介技术的改造对象。

在探讨符号作为媒介技术的最初表现形式之前,我们有必要对符号的历史演变加以简要梳理,再去探讨随着表意符号系统的发展,不同形态符号形式对人类日常生活世界产生的影响。符号作为媒介技术的基本构成元素,从早期的口语符号到复杂的表意符号,经历了由生产和生活领域中的生存性要素,逐渐演变为一种有魔力的、不可思议的、令人着迷的权力工具的过程,被赋予魅化的符号系统成为早期人类社会权力的源泉之一。这种赋予魅化的过程在书写技术上体现得尤为显著。同时在个体生命记忆的刻写实践之中,"媒介的物质化打开了鲜活的具体化回忆的视野,同时也为抽象的知识和传统创造条件"②。印刷技术的诞生为人类社会在超越地理和血缘之外的更大范围内创造了物质基础,基于光速传播的电子媒介技术的出现促使麦克卢汉发出"部落鼓"的宣言。

(一)意义固定与权力重构:符号书写技术的赋魅

在人类漫长的文明史中,工具和符号的诞生是具有划时代意义的关键节点。人类灵长类的先祖在完成进化飞跃之前,与地球上其他生灵并没有明显的本质区别,甚至可以说与其他物种相比还不具备生存优势,他们没有尖牙利齿,没有翅膀,也没有迅捷有力的肢体,甚至连五官也十分平庸且迟钝。他们通过感觉器官感知着这个世界,随时可能面临饥饿和恐惧。他们如同其

---

① 林文刚. 媒介环境学:思想沿革与多维视野[M]. 北京:北京大学出版社,2007:30.
② [德]扬·阿斯曼,阿莱达·阿斯曼. 文化记忆理论读本[M]. 冯亚琳,译. 北京:北京大学出版社,2003:32.

他动物一样有着原始本能,但却缺乏表达描述世界和自我的有效手段。直到语言的出现,人类从此具备超出其他物种的生存本领,恩格斯认为"音节清晰的语言的产生是人类在蒙昧时代的主要成就"①。在长期与自然界其他物种的竞争和共存过程中,语言符号和非语言符号首先作为一种生存手段出现在人类祖先的社群中,人类成为所有生灵中唯一拥有复杂表意符号系统的物种,逐渐趋于理性,进而成为这个星球的主宰。人类依托语言符号建立起具有共通意义的表意系统,随之而来的则是如何将符号的意义固定在流转的时空当中,如何在代际传承文明基因,保证人类文明的火光不会熄灭。这是早期人类文明面临的根本性问题,而符号书写技术的出现恰恰弥补了语言符号技术属性上的缺陷,人类得以将口语所表达的意义固定于基于物质媒介的符号系统当中,这种固定意义的技术的出现最终引发了人类社会权力解构的重组。

"最古老的书写文字产生距今只有5000多年,而在此之前,岩画几乎是唯一的文化载体,它作为一种文化的、社会的、历史的知识源泉,成为人类生存数万年的图画记录。"②很多考古学证据表明,书写技术源自早期人类先祖在全球各地岩壁上留下的岩画。岩画是记录人类早期文明的主要依据,在全球各地区多有分布。据考证,位于中国江苏连云港市的将军崖岩画距今已有7000多年的历史,在中国北方的贺兰山、阴山、阿尔泰山等地区,岩画也较为多见。在欧洲大陆的西班牙和法国境内都相继发现距今15000年左右的洞穴壁画,壁画上所绘制的内容具有较为明显的相似性,主要传递了两种信息:"一是世俗性的经验性的,另外一种是建立在不能证明的信念之上。"③其实早在旧石器时代,人类的祖先就已经发现在山洞中绘制岩画是长久传递信息的最佳方式。据专家考证,法国的肖威特洞穴岩画距今已有40000年的历史。④ 施拉姆(Wilbur Schramm)在考证洞穴岩画与人类史前传播时认为"旧石

---

① [德]恩格斯. 家庭、私有制和国家的起源[M]. 北京:人民出版社,2018:21.
② 盖山林. 世界岩画的文化解释[M]. 北京:北京图书馆出版社,2001:5.
③ [美]比尔·科瓦奇,汤姆·罗森斯蒂尔. 真相:信息超载时代如何知道该相信什么[M]. 陆佳怡,译. 北京:中国人民大学出版社,2014:17.
④ 陈兆富,邢琏. 世界岩画:欧美大洋洲卷[M]. 北京:文物出版社,2011:67.

器时代的长者在设计洞穴时，还有更重要的一项目的，即教导年轻人一些事情，并使其永不会忘却"①。雅斯贝斯(Karl Theodor Jaspers)认为我们对史前文明缺乏认识，问题的关键就在于史前人类所掌握的媒介技术在历史长河中未能留下丰富的符号印记。除了岩画之外，史前文明为现代人类留存的能够直接解读的符号系统并不多见。语言系统这一传承信息的技术形式尚且未与书写技术结合起来，神话和生产技能经验是当时代际流传最广的集体记忆，口口相传和在物质中镌刻具象符号是当时留存记忆的主要方式。

"任何技术形态都是在一定的社会场景下，由特定的组织或个人创建和操控的，必然关涉人们之间的现实利益，进而展现出技术的权力属性。"② 而符号作为一种意识领域的技术，同样具有明显的权力色彩。按照唯物主义的技术观，符号的诞生最早可能出现在劳动生产领域，恩格斯也认同劳动创造了语言和思维的观点。因此，符号在诞生之初，首先作为人类认识自然的主观反映，是生产领域中重要的构件，同时也是人类作为理性主体开始认识世界、认识自身的起始点。莱斯利·怀特(Leslie Alvin White)指出"一切人类行为都是在使用符号中产生的。正是符号把我们的猿类祖先转变成人，赋予他们人性"③。在早期人类社会中，随着生产力的发展和人类理性的提升，社会分工逐渐形成，私有制和贵族阶层出现，人类群体中的优势者发现符号如同石斧、弓箭一样，具有一种掌控他人的能力，垄断了符号即可垄断对自然万物和社会群体的解释和意义赋予，军事首领开始追求用武器支配他人的肉体，而巫师则用符号来约束社会个体的灵魂，"欧洲历史上巫术的出现，据认为不晚于旧石器时代。中国史学工作者也把龙山文化、大汶口文化出土的有关器物，如玉琮、獐牙钩形器等作为巫师的法具来解释"④。符号开始从生产领域和生活世界之中抽离出来，成为权力机构和精神领域的关

---

① [美]施拉姆. 人类传播史[M]. 吴运怡，译. 中国台湾：远流出版社，1994：24.
② 王伯鲁. 技术权力问题解析[J]. 科学技术哲学研究，2013，30(6)：41-45.
③ [美]莱斯利·怀特. 文化的科学：人类与文明研究[M]. 沈原，译. 济南：山东人民出版社，1988：22.
④ 陈来. 古代宗教与伦理：儒家思想的根源[M]. 北京：生活·读书·新知三联书店，2009：21.

键性构件。

在学术界，我们可以为上述观点找到更多的支持者。恩格斯在论述家庭和私有制起源时也有过类似的观点，他认为早期人类社会中氏族首领集军权和神权于一身，"巴赛勒斯除军事的权限以外，还有掌握祭祀和裁判的权限"①。保罗·莱文森(Paul Levinson)就曾将字母表的出现比作一神教的权杖，符号从一种生存领域中生产性的主观产物，被改造成具有神秘和超验色彩的权力构件。刻写在物质性媒介之上的符号实现了人类主观意愿从瞬时性的声音表达转变为历时性的空间表达，表意也具备了听觉领域和视觉领域的双重属性，作为空间性符号表达系统的文字，在时间中成为一种不可更改的存在。但是，符号在后来的发展过程中，表意实践也由一种多感官的集合调动压缩至视觉领域的主体性参与。对此，扬·阿斯曼(Jan Assmann)指出，"空间上永不枯竭的视觉爆发力正符合了时间上不会减弱的持续能力"②。

"语言是最基本的信息载体。文字不仅使听觉信号变为视觉信号，它还是语言的延长和拓展，使语言打破空间和时间的限制，传到远处，留给未来。"③符号在历史中的持存问题使我们产生了面对过往历史的模糊性。对此，雅斯贝斯认为，"由于我们缺乏认识，所以史前陷入时间的深渊。史前看上去静如死水，深不可测，其深刻的意义无法理解"④。因此，人类对史前文明的认知几乎是依赖于流传至今的各类表意符号和物质实存，再加之当代人的合理想象。假设如果没有符号这一信息载体流传于世界，那么我们对史前文明的认知可能会更多地停留在口述史诗的神话时代。

"据推测，人类在距今4万年到9万年前，具有了说话的能力，大约到了新石器时代(约1.4万年至1.6万年前)，口语可以表达抽象事物和具有了简单的语法结构。"⑤更为重要的是，语言的产生推动了理性思维的迸发。"语言

---

① [德]恩格斯. 家庭、私有制和国家的起源[M]. 北京：人民出版社，2018：118.
② [德]扬·阿斯曼. 文化记忆理论读本[M]. 冯亚琳，译. 北京：北京大学出版社，2003：38.
③ 周有光. 世界文字发展史[M]. 3版. 上海：上海人民出版社，2010：1.
④ [德]雅斯贝斯. 历史的起源与目标[M]. 李雪涛，译. 北京：华夏出版社，1989：40.
⑤ [美]罗杰·菲德勒. 媒介形态变化：认识新媒介[M]. 明安香，译. 北京：华夏出版社，2000：48.

的出现标志着人类意识的一大根本转变……语言不仅仅披露已经存在的意识，事实上还创造意识，有了语言之后，人类的故事才真正开始。"莱斯利·怀特也认为语言的出现是人类文明的重大转折点，"正是音节清晰的语言，才使类人猿那种偶然动用工具的活动，转变为人类具有进步性和累加性的使用工具的活动"①。

书写符号的出现标志着人类信史的起源，同时也意味着口语文化出让了主导性地位，人类文明也告别了史诗和神话的时代。书写技术为人类带来了一种全新展现"过往"的记忆手段，社会记忆结构趋向于无限的语音符号和书写符号的双重叠加和堆积。对于语言和文字之间的对应关系，索绪尔（Ferdinand de Saussure）认为"语言和文字是两个不同的符号系统，后者唯一的存在理由是在于表现前者"②。随着书写符号系统的发展和成熟，文字符号显示出一种凌厉的威望，逐渐凌驾于口语形式之上。文字依赖于在空间中抽象表达释义，口语传播的可变性和随机性被锁死在文本空间的有限性之中，"它（文字）把拥有爆发力的语音化解为寂静的空间，把词语从赖以生存的此时此刻分离出来……"③因此，文字通过征服空间进而逐渐取得了对口语文本的优势地位。

"文字产生距离，使言语产生的结果更加精确，因为文字使语言脱离表达丰富但混乱的生存环境。"④在西方世界中，苏美尔人的《吉尔伽美什》和希腊人的《荷马史诗》让位于《汉穆拉比法典》和《圣经》这样的符号化的典籍；在东方文明中则出现了同样的情形，盘古开天和女娲造人等神话传说也逐渐被《四书》《五经》的所散发出的人性光芒所遮蔽，东西方几乎都同时出现了史诗文本经典化的过程。孔子和苏格拉底取代了多神教天空中的众神的位置，这些经典书写文本的诞生为日常生活世界中的个体提供了行为规范，社会个体不再完全对超验世界俯首称臣，因为书写符号本身所蕴含的理性和权力成

---

① [英]莱斯利·怀特.文化的科学：人类与文明研究[M].沈原,译.济南：山东人民出版社，1988：321.
② [法]索绪尔.普通语言学教程[M].高明凯,译.北京：商务印书馆，1980：47.
③④ [美]沃尔特·翁.口语文化与书面文化[M].何道宽,译.北京：北京大学出版社，2008：62, 79.

第三章
媒介技术的演变与日常生活世界的变迁

为新的神祇,宗教和神话不可置疑的地位遭到了前所未有的挑战。

国内学者周有光高度概括了语言和文字在人类历史中的重大意义,他认为"语言使人类有别于禽兽,文字使文明有别于野蛮"①。媒介技术不仅改变了人类与物质世界之间的对应和表达关系,同时也在这一过程中重塑了人类的精神世界。它掌握了书写技术,也改变了人类与神灵之间的精神隶属关系,"人们再也不用像野蛮人一样依赖于魔幻的方式来认识或祈求神灵,而对于野蛮人来说,则存在着这种神秘的权力"②。而这种对未知的魔幻力量的恐惧主要源自早期人类自身理性的匮乏,正如诺贝特·埃利亚斯(Norbert Elias)所说,"他们对他们所赖以生存的自然力几乎没有任何控制,他们完全依赖其进程是他们既无法预见也无法施加什么影响的各种自然现象,他们生活在极度不安全的状态下……"③也正是在书写技术出现之后,东方和西方同时进入"轴心时代",人类文明史迎来了第一次高峰。中国、印度和希腊的"人类几乎全都开始意识到整体的存在、自身和自身的限度……他探寻根本性的问题,面对空无,他力求解放和拯救"④。

在雅斯贝斯所谓的"轴心时代",希腊出现了以知识分子为中心的流派,东方世界中孔子正带领诸弟子周游列国,道家、墨家、法家等诸子百家思想同样也有着广阔的天地。同时,东西方的哲人对于书写符号同样保持了一定程度的警觉,苏格拉底一生坚持述而不著,其学说还是被弟子以文字的方式记录和传承,这种对文字保持距离的态度与东方的孔子是何其相似。《论语》作为儒家经典也是在孔子去世后由其弟子结集成书。在人类文明走向第一次高峰的轴心时代,文字符号获得了前所未有的魅力,知识分子却对其保持着敬而远之的态度。对于这种情形,扬·阿斯曼提出,"受过教育的书写人升格为精神领袖,传播和对文化意义形成的重心从仪式和节日转移到教育机构

---

① 周有光. 世界文字发展史[M]. 3版. 上海:上海人民出版社,2010:1.
② [美]乔治·瑞泽尔. 赋魅于一个祛魅的世界[M]. 罗建平,译. 北京:社会科学出版社,2015:88.
③ [德]诺贝特·埃利亚斯. 论文明、权力与知识[M]. 刘佳林,译. 南京:南京大学出版社,2005:222.
④ [德]雅斯贝斯. 历史的起源与目标[M]. 李雪涛,译. 北京:华夏出版社,1989:8.

和对文字的崇拜"①。在个体生命的日常生活世界中，文本的经典化是构建社会历时性的支柱，代际的身份识别和文化内在关联性都依赖于这种社会历时性来维系。基思·休斯顿（Keith Houston）在讨论人类书籍的历史中指出，文字的出现成为衔接人类历史和集体记忆的黏合剂，"古代美索不达米亚地区的苏美尔人发明的楔形文字是被赋予形式的思想，是从难免出错的人脑中提取出来的概念和记忆，是为后人镌刻的记录"②。

此外，书写技术也改变了之前的社会权力结构，为统一帝国的出现做了技术铺垫。在东方的中国也出现了类似的社会现象。正如国内学者阎步克所说，"从战国到汉初，帝国官僚行政的主要承担者和集中代表者，首推文法吏而非士人。'吏'的群体的悄悄成长，到秦帝国就沙石澄清、尘埃落定了"③。这里的"吏"主要是指掌握了书写技术的知识分子群体，而不再是春秋时期的血缘贵族和军功集团。对于中国来说，书写技术和刀笔竹简的普及，推动了自商周以来的贵族分封制的瓦解，精通书写技术的职业文官登上历史舞台，使广大国土范围大量信息下达和反馈成为现实，这也是秦朝郡县制度顺利实行的必要信息技术条件。

西方世界也出现了类似的情形，书写技术的出现造就和维系了人类历史上最古老的帝国，哈罗德·伊尼斯（Harold Adams Innis）认为书写技术的出现确保了古埃及帝国疆域的统一，并且由埃及书写系统的复杂性所造成的知识垄断保障了权力阶层的特殊地位。伊尼斯专门考证了书写技术与权力控制层面之间的关联，伊尼斯认为"写作的复杂性有利于僧侣垄断并增加控制权，有利于知识限制在特权阶级"④。其实早在古希腊时期，柏拉图就将文字与书写视为一种外在于人的异己的和控制心灵的技术。

---

① [德]扬·阿斯曼. 文化记忆理论读本[M]. 冯亚琳，译. 北京：北京大学出版社，2003：14.
② [美]基思·休斯顿. 书的大历史：六千年的演化和变迁[M]. 伊玉岩，译. 北京：生活·读书·新知三联书店，2020：75.
③ 阎步克. 波峰与波谷：秦汉魏晋南北朝时期的政治文明[M]. 北京：北京大学出版社，2009：55.
④ [加]哈罗德·伊尼斯. 帝国与传播[M]. 何道宽，译. 北京：中国人民大学出版社，2003：19.

从早期符号体系的出现到书写文字系统的成熟，人类在信息传达和表意领域完成了由语音到符号再到文字的逻辑系统的进化。人类崇拜的对象由符号背后所蕴藏的神灵力量，转化为崇拜文字符号本身，文字取代神灵成为新的神性和权力的来源。在保罗·莱文森看来，"一切技术进化都有得有失，实际上一切进化都是利弊皆有的交易。我们拥有视觉和抽象的语言，但这可能使我们成为视觉幻觉的受害者，也可能成为谎言的受害者"①。人类在完成将意义固定于时空之中的同时，也赋予了书写技术一种暗含着权力和控制的魅力，并且悄然地改变了人类诞生以来基于武力的社会权力构成系统。

（二）印刷术与制造共识：信息机械复制时代的到来

> 15世纪后半叶欧洲活版印刷术的发展，改变了西方文明的特征。如果一个出生于1453年（君士坦丁堡陷落那年）的人在他50岁时回顾过去，会发现他一生中大约有800万册图书已经被印刷，而这一数字可能超过了从君士坦丁在公元330年建立君士坦丁堡以来整个欧洲图书手抄本数量的总和。②

马克思对印刷术给予了极高的历史评价，他认为"印刷术成为新教的工具，总的来说变成科学复兴的手段，变成对精神发展创造必要前提的最强大的杠杆"③。学术界基本上沿袭了马克思对印刷术的评价，印刷术给人类社会带来的巨大推动力主要体现在文艺复兴和宗教改革方面。同时，印刷术已催生了资本主义社会中较早的行业——印刷工场的诞生。上述媒介技术的演变不但引发了社会宏观层面的变革，同时也推动了个人生活世界层面的变迁。

---

① [美]保罗·莱文森. 软利器：信息革命的自然历史与未来[M]. 何道宽，译. 上海：复旦大学出版社，2011：5.
② [英]查尔斯·辛格，霍姆亚德 E J，霍尔 A J，等. 技术史：第2卷[M]. 潜伟，译. 上海：上海科技教育出版社，2004：377.
③ [德]马克思，恩格斯. 马克思恩格斯全集：第8卷[M]. 北京：人民出版社，2009：338.

除了上述马克思所指出的印刷技术在文明和社会宏观层面的重大意义之外，本书在此试图补充的是，人类社会"制造共识"的时代应该提前至印刷技术的诞生，这种大规模的知识和经验的共享，并非仅是近代大众传媒业所衍生出的市场行为结果，它本身也是印刷术出现后的一种隐性的技术效应。在现实社会中，印刷术的诞生为人类社会创造了新的知识共同体和民族主义共同体，一种拥有"制造共识"的社会结构应运而生。

技术通常以两种方式进入日常生活，一种是技术以本身形态直接进入日常生活。例如，火的使用，"用火也使人类在智能提高、行为发展乃至社会结构的演进上发挥了重大作用"[1]。在人类早期文明中，最初的火种来自自然界，随着人类智力的开化，用火逐渐成为一种普遍共知性的技术，火的使用改变了人类饮食结构，人类由茹毛饮血进入了熟食时代，这种加工食物方式的进步甚至影响了后续人类的体质结构和器官进化。对于人类文明总体而言，火的使用不仅改变了人类作为物种的进化，同时也促进了人类文明宏观结构的改变。另一种是以成型的技术产品的方式进入日常生活世界，也即社会个体所直接应用的是某种技术产物，而不是技术本身。印刷品就是一种典型案例，在日常生活中并不是人人都掌握印刷技术，但只要识文断字都可以成为印刷产品的使用者。再如，微波炉、电视机甚至是火车、飞机都属于技术产物，我们使用这种技术产物，但是并不一定直接掌握这种技术的具体生成过程。

如果从上古时期的岩画开始算起，石刻技术则出现得更早一些。古巴伦将《汉穆拉比法典》的法条镌刻在黑色玄武岩柱之上。在东方，秦始皇也曾多次巡视天下，登泰山而勒石传世。这种以坚硬质地岩石为载体的碑刻技术在全球各地都有分布，为我们今天留下了宝贵的历史线索。早在印刷术出现之前，东西方世界都出现了印章和碑刻技术。"伊朗的哈萨、叙利亚的哈布巴·卡比拉出土的封球、滚筒印章、封泥都证明了美索不达米亚的印章在7000年前已经问世。"[2]据国内学者郑也夫考证，中国的印章技术有着2500年

---

[1] 高星. 史前人类的生存之火[J]. 人类学学报, 2020, 39(3): 333-348.
[2] 郑也夫. 文明是副产品[M]. 北京: 中信出版社, 2015: 203.

左右的历史。张秀民也认为,"战国时代印玺开始出现,印玺统称为'图章'或'戳子',又叫'印信',用它来识别真伪,作取信的标识"①。印章与印刷技术具有亲缘关系,古代印章之上一般阴文反刻持有人的名号或者某些象征符号。从技术层面上来看,它们已经可以视为一种用作私人身份标识的微型雕版,也可以视作一颗活字字模。在纸张出现不久后的东晋时期就出现了较早的碑拓技术,当时拓片的对象多是书法石刻和墓志铭之类,这应该可以算作印刷技术的原型。西亚的印章技术比中国要出现得更早一些,但是印刷术却最早出现在中国,这其中有一个重要的关联性的辅助技术要素就是造纸术的发明。

造纸术是实现文字与印刷术相结合的衔接技术。在蔡伦造纸术出现之前,书写介质主要是竹简木牍,而书写工具则是刻刀和毛笔。近年在海昏侯墓出土的竹简木牍,丰富了人们对西汉历史、文化、艺术、科技等方面的认知。从书写技术构成上来看,东西方之间存在着较大差异。早期的两河流域,冲积平原带来丰厚的黏土。苏美尔人在泥板上书写的楔形文字主要是用芦苇秆的尖端或削尖的木片。按照伊尼斯的观点,黏土作为承载文字符号的媒介甚至推动了文字的进化,黏土泥板的物理属性引导了楔形文字的书写规律,"黏土这种媒介本身就要求刻于其上的字从象形文字简化为楔形文字"②。在中国造纸术西传之前,"西方曾经长期用莎草纸和羊皮纸作为主要的书写材料"③。纸张轻便的物理属性也推动了印刷术的出现,二者作为物质媒介在推动媒介技术进步中有着异曲同工之妙。罗杰·菲德勒(Roger Fidler)认为"印刷技术和出版业的持续发展很快导致书面语言的标准化"④。西方的主要书写工具经过了从芦苇秆到鹅毛笔的技术形式的演变,其书写介质都是质地比较软的黏土泥板、莎草纸和羊皮纸,而中国早期的书写介质的质地较硬,需要

---

① 张秀民. 中国印刷史:上[M]. 杭州:浙江古籍出版社,2006:8.
② [加]哈罗德·伊尼斯. 帝国与传播[M]. 何道宽,译. 北京:中国人民大学出版社,2003:26.
③ 李彬. 全球新闻传播史[M]. 2版. 北京:清华大学出版社,2009:25.
④ [美]罗杰·菲德勒. 媒介形态变化:认识新媒介[M]. 明安香,译. 北京:华夏出版社,2000:55.

刻刀之类的工具，长期在竹简和木牍上刻字为东方文明埋下了木质雕刻的技术基因，这也为后来的木雕版的出现做了技术储备。因此，中国雕版印刷的出现有着长久的技术铺垫和文化渊源。

印刷术成为引发人类社会关系重组，推动日常生活变迁的催化因素。正如安东尼·格拉夫顿（Anthony Grafton）所说：

> 印刷术在16世纪早期的作用已经反映出其未来的双面角色：一方面通过启蒙和普及教育，对现状进行改革；另一方面，当这种技术被国家控制后，它又成为收音机和电视机被发明出来之前的用来控制人民思想的媒介。①

发现于敦煌的唐代咸通九年（868年）所印制的《金刚经》是学界公认的现存最早的雕版印刷品。雕版印刷术出现后，印刷品成本降低带来知识的普及，社会整体识字率开始提升。恰恰是在中国印刷技术出现前夕，隋代科举取士制度问世，中国中古社会开始出现专门以读书科举为业的知识分子阶层。"科举原本是天子为了与贵族斗争而创造出来的武器，可以说大概在随后唐代三百年间，科举基本完成了它的任务。"②文字和知识也由一种带有神秘色彩的符号体系变成一般社会成员皆可接触和使用，用来考取功名、测量个体理性能力的统一尺度。《四书》《五经》这些儒家经典文本不再仅是修身齐家的智慧典籍，进一步转变为中国知识分子考取功名、实现社会阶层跃迁的统考教材。当然科举制度并未立即取代门第和血缘成为获取社会地位的唯一途径，正如毛汉光所说，"士族在科举初期三百年间，利用科举制度而延长其政治地位"③。当然，相对于庶族知识分子，名门贵族在科举考试中依然保持着明显的优势。

"印刷第一次使得文本的标准制作、批量生产和规模传播成为可能，为

---

① [美]尤金·赖斯，安东尼·格拉夫顿. 现代欧洲史：卷一[M]. 陈曦，译. 北京：中信出版社，2016：13.
② [日]宫崎市定. 科举[M]. 宋宇航，译. 杭州：浙江大学出版社，2018：2.
③ 毛汉光. 中国中古社会史论[M]. 上海：上海书店出版社，2002：335.

普通大众接触文字、获取信息、表达声音以及参与政治开辟了前所未有的通途。"①科举制度的实施刺激了知识阶层对印刷品的大量需求,"随着科举制的产生与发展,教育逐渐走上了普及之路。社会对宗教、教育和其他类图书的需求十分旺盛"②。在梳理中国出版文化史的过程中,日本学者井上进也提出"随着科举考生和学者人数的增加,求知阶层的扩大,字帖、韵书、抄本的数量随之增多,书籍的种类也多了起来"③。

中唐以来,雕版印刷业也十分发达。据国内学者张秀民考证,"唐代刻书地点可考者,有京城长安、东都洛阳、越州、扬州、江东、江西,尤以益州成都较为发达"④。在中古中国的日常生活世界中,印刷术逐渐成为民众形成知识系统和达成经验共识的重要桥梁。不论是精英话语,还是草根平民的日常生活,都与印刷术产生了密切关联。《全唐诗》中收录的诗人有2800多人,现存49000余首诗作,当时知识分子诗集出版也很盛行,因此也在历史上留下了"洛阳纸贵"的典故。《中国印刷通史》详细记载了当时知识分子用雕版印刷出版诗集的盛况,唐穆宗长庆四年(824年),诗人元稹为白居易《长庆集》作序中已经提到白居易诗集的缮写模勒,售于市井,"说明当时唐代社会文化知识很为普及,元、白诗作,一开始就在民间广泛流传,而且已应用了印刷术"⑤。

到了公元9世纪,成都已经成为雕版印刷业的中心。当时除了佛经、诗集之外,在日常生活中,有着大量需求的出版印刷最多的是历书。历书在我国先秦时期就已经出现,在古代农业社会中,历书不仅仅是农时历法,同时还规定着个体日常生活世界中的婚丧嫁娶、衣食住行等各项活动时机的吉凶宜忌。"历书事关节令,直接关系到农业生产,同时又与人们的生活密切相

---

① 李军.传媒文化史:一部大众话语表达的变奏曲[M].北京:北京大学出版社,2012:113.
② 陈力.中国古代雕版印刷术起源新论[J].中国图书馆学报,2016,42(2):4-17.
③ [日]井上进.中国出版文化史[M].李俄宪,译.上海:华中师范大学出版社,2015:56.
④ 张秀民.中国印刷史:上[M].杭州:浙江古籍出版社,2006:17.
⑤ 张树栋,庞多益.中国印刷通史[M].北京:印刷工业出版社,1999:95.

连，因而历书的印量大，销量也大。"①印刷术为东方儒家世界创造了井然有序、天人合一的社会秩序与心灵法则。历书与儒家思想同时塑造了中国人的精神世界，为普罗大众提供了一种超验的行为规范，而这种基于印刷术的行为规范又不同于宗教对世俗生活的干预，它提供的是一种超验理性，而非盲从和感性。可以说儒家思想塑造了中国古代知识分子的处世立身的道德人格，而"历书"则为普通人日常生活世界中的行为规范提供了指导原则。

在西方世界，"印刷机和广为传播的印刷品给人类历史进程造成的社会、文化和政治影响不可估量……整个人口识字率上升，形成一种知识共享的文化。书面信息不再是为数不多的识字的精英阶层的专利"②。"印刷术的发明以及商业发展的迫切需要，不仅改变了只有僧侣才能读书写字的状况，而且也改变了只有僧侣才能受较高级的教育的状况。"③西方的活字印刷术则出现在宗教改革前夕，巧合的是这种大规模复制信息的技术也最先被应用于宗教典籍的印制当中。

东西方在印刷术的应用上相隔了几个世纪，这些最先应用机械的信息生产者都将机械的力量用作于思想的复制和传播。"书面语言在它们存在6000年的大部分时间内，它们被视为赠予精英统治的神圣礼物。"④而印刷技术在很大程度上扭转了这一局面，文字和符号的神学色彩和权力本性逐渐黯淡。在世俗领域，欧洲中世纪开始出现了现代意义上的大学，知识不再局限于修道院和皇家图书馆。印刷品特别是近代报纸的出现，使文字和知识进入个体的日常生活，人类历史上迎来了第一次知识大爆炸。对于当时欧洲书籍印刷业的盛况，布罗代尔（Fernand Braudel）做了如下描述："到公元1500年所谓印刷业古版书（incunabula）阶段终结的时候，200个欧洲城市里已经有1100

---

① 周宝荣．唐宋时期政府对历书出版的调控［J］．编辑学刊，1995（3）：79-81．
② ［美］查尔斯·斯特林．大众传媒革命［M］．北京：中国人民大学出版社，2014：36．
③ ［德］马克思，恩格斯．马克思恩格斯全集：第7卷［M］．北京：人民出版社，2009：391．
④ ［美］罗杰·菲德勒．媒介形态变化：认识新媒介［M］．明安香，译．北京：华夏出版社，2000：56．

第三章
媒介技术的演变与日常生活世界的变迁

多家印刷铺子,生产出了1200万本书籍、35000个版本。"①

  印刷品自诞生之初就带有强烈的日常生活属性,机械复制的生产方式释放出巨大产能,图书印刷成为一门有利可图的生意,印刷行业的目标消费群体也不再限于手抄书时期的贵族和僧侣,而是面向整个识字群体。现代新闻业的萌芽也在那个时期出现,欧洲多地出现了以印制图书和新闻纸为主业的印刷作坊。印刷品成为人类历史上较早地用机械而非手工大规模生产出来的标准统一、无差别的产品,也即严格意义上的由机械复制生产出的工业品。从更为宏观的层面看,机械在生产领域中的应用和劳动力识字率的提升可以说为资本主义工业革命奠定了基础。国内学者单世联认为,"(印刷术)它代表的是以一致的重复为基础的机械进程的诞生,提供了第一批可复制生产的商品,第一条生产流水线,第一次大规模生产"②。对于印刷业在早期资本主义工场手工业中最早实现机器化这一现象,沃尔特·翁(Walter J. Ong)也认同此种观点,他认为"凸版印刷术是第一条装配线……这第一条装配线生产的不是火炉、靴子和武器,而是印刷的书籍"③。

  古登堡的机器化的技术革新不仅仅开启了欧洲印刷产业的开端,也孕育了现代新闻业的萌芽。活字印刷术在欧洲出现不久后,1502年德国出现了以"报纸"命名的印刷新闻纸,随后定期刊物开始在欧洲各地出现。从以下史料中我们可以看出,印刷术出现后,欧洲出版业迅速成为早期资本主义生产的重要产业部门。

    据统计,所谓"古本",即一五〇〇年前的印书,总印刷量约为两千万册。欧洲当时拥有七千万居民。到了十六世纪,印刷业便加速发展:巴黎有两万五千种出版物,里昂有一万三千种,德意志有四万五千种,威尼斯一万五千种,英格兰一万种,尼德兰可能有八

---

① [美]罗杰·菲德勒. 媒介形态变化:认识新媒介[M]. 明安香,译. 北京:华夏出版社,2000:55.
② 单世联. 现代性与文化工业[M]. 广州:广东人民出版社,2001:385.
③ [美]沃尔特·翁. 口语文化与书面文化:语词的技术化[M]. 何道宽,译. 北京:北京大学出版社,2008:90.

千种。每种出版物平均印数约一千册,十四万至二十万种书共印一亿四千万至两亿册。①

随着印刷术的普及,以识文断字和数理计算为核心的现代教育雏形逐步形成并在欧洲普及。其实,中国的专业知识教育体系出现得更早一些。早在商周时期就出现了中国古代教育雏形,《礼记》中明确记载了"殷人设右学为大学,左学为小学"。周朝则设立国学和乡学,较多内容以"文艺"为主。西周末年礼崩乐坏,官学逐渐被私学代替,出现了以孔子、孟子等为代表的教育家,并且他们的弟子并不仅限于贵族阶层。到了隋唐时期,教育则成为实现社会阶层流动的最为重要的途径。这种特殊的以知识权力分配为基础的社会结构与印刷术较早出现在中国有着一定的逻辑关联。世俗化的书籍得到广泛普及,其意义还远不止于知识的普及。从更深层次上看,"书籍提供了一套远离日常经验的抽象话语和对权威具有毁灭作用的批判传统"②。

在欧洲,中世纪之后教育逐步从神学的控制之中脱胎出来,印刷品成为继教会之后在日常生活中另外一股强大的精神力量。商人和教会都发现印刷术蕴藏着巨大的能量,商人盯准了大众的荷包,开始大批量印制通俗读物,图书由一种附着文字系统和书写属性的奢侈品变成一种日常生活用品。教会也企图通过印刷品将信徒的金钱和灵魂都予以控制,教皇利奥十世(Pope Leo X)印制了大量的"赎罪券",信仰与仪式中的超验系统神圣性的生产由上帝和教会转交给资本家的印刷机器,印刷品和金钱取代了忏悔和苦修,充当了洗刷原罪的世俗媒介,而印刷机顺理成章地成为《圣经》之外攫取欧洲平民金钱和灵魂的世俗工具。另外一方的马丁·路德(Martin Luther)也将散发着油墨芳香的《九十五条论纲》宣传海报张贴到威登堡奥古斯特教堂大门之上。"《九十五条论纲》迅速以多个版本印行欧洲,两个星期内传遍整个德国,不到两

---

① [法]布罗代尔. 15至18世纪的物质文明、经济和资本主义:第一卷[M]. 顾良,译. 北京:生活·读书·新知三联书店,2002:471.
② [法]罗杰·夏蒂埃. 法国大革命的文化起源[M]. 洪庆明,译. 南京:译林出版社,2015:67.

个月传遍整个欧洲。"①这也是由印刷技术所引发的最早具有世界意义的重大历史事件之一。事实上，他在点燃欧洲宗教改革熊熊烈火的同时，也宣告了一个传媒政治时代的到来。但伊丽莎白·爱森斯坦（Elizabeth L. Eisenstein）认为欧洲宗教改革的第一人应该是古登堡，而不是路德。

印刷机不仅打破了欧洲大陆旧有的社会结构，在新大陆也催生了新的国家。欧洲殖民者在新大陆用印刷技术重新塑造了新的民族主义的国家认同，麦克卢汉也提出印刷术是新大陆现代民族主义的摇篮。在美洲新大陆，印刷出版业塑造了新的国家认同和世界构想，新闻出版业对于美国新生国家的价值观念和社会建构起到了至关重要的作用。因此，我们在重视意识形态对社会的整合功能的同时，对媒介技术在社会认同和共识塑造方面也应该给予足够重视。意识形态在政治领域为人们树立了理想信念和价值体系，而科学则将信徒转化为公民，为现代社会创立了精英形象和行动规则。在此，科学技术和意识形态有着类似的社会功能，甚至我们也可以将科学技术归为某种特殊意义上的意识形态。帕特里克·卡罗尔（Patrick Carroll）就提出"科学是建立一种意识形态的传奇过程，也是牢记过去的英雄和伟人努力反对不合理、愚昧和困惑的过程"②。

1833年9月，本杰明·戴（Benjamin Day）创办了美国报业史上著名的《太阳报》，售价一美分，首创了街头售卖报纸的销售方式。他在创办伊始宣称"要办一份人人都能买得起的报刊，并且要为公众提供当天的新闻，同时提供有利的广告媒介"。同样的情形也出现在近代加拿大国家构造的过程之中，"从建设太平洋铁路起，加拿大的政策文献和社会舆论就开始强调传播技术（铁路、电台、电视广播、电话等）是创造和维系加拿大社会进步和国家稳定的至关重要的因素"③。

---

① [美]米歇尔·艾伦·吉莱斯皮. 现代性的神学起源[M]. 张卜天，译. 长沙：湖南科学技术出版社，2012：145.
② [英]帕特里克·卡罗尔. 科学、文化与现代国家的形成[M]. 刘萱，译. 上海：上海交通大学出版社，2017：16.
③ 李昕揆. 印刷术与西方现代性的形成：麦克卢汉印刷媒介思想研究[M]. 北京：商务印书馆，2018：209.

随着印刷技术的成熟和造纸成本的降低，特别是便士报的出现，报纸在日常生活中的角色也在悄然转换，新闻业为现代人创造了"信息"这种新的生活需求。在报纸发行的黄金时期，对于很多忠实读者来说，报纸已经如同咖啡在日常生活中所扮演的角色，德弗雷在梳理殖民地时期美国报业时指出，18世纪中期新大陆多地陆续开办了报社，"到1750年，能读书的美国人大多数能看到报纸"①。更为重要的是，报纸为后来的广播、电视、互联网在人类的生存需求中建立了一个新的需求领域——"信息需求"。

印刷术出现之后，与之前书写社会中最大的不同是信息在日常生活中的地位发生了变化。在手工书写时代，文字的书写和运用多是出于人类某种功能性的需求。身处两地的朋友间的信件，诗人笔下优美的诗篇，文字符号的运用是为了实现信息的沟通或者文字被用来当作表达人类情感波动的抽象工具。在上述文字符号的运用过程中，文字表现出一种强烈的功能性、主观性和差异性。而印刷技术所带来的符号视觉空间中的同质化、标准化也加速了个体认知同质化的日常生活世界的到来。正如国内学者李昕揆所说，"现代主体的同质化与印刷视觉效应在分离化和同质化方面的体现有关。而信息与社会流动的加速则是印刷视觉效应在复制和数量化方面的体现"②。

印刷技术以及由此产生的现代新闻业几乎重新塑造了个人日常生活的精神领域。在报纸出现之前，人们所能接触的世界即他们在主观世界中反映出的世界，人们关注的信息多与其生活世界或生产领域相关，远在他方的他者的世界并不会直接卷入个人的日常生活。但从近代新闻业诞生以来，这种不相往来的生活状态发生了改变，报纸为我们共享了远方他人（记者）的眼睛和耳朵，新闻业成为书籍之后人类又一重要的间接经验的来源。在我们当下的生活中，可能并不太清楚自己城市近期所发生的一些有价值的事件，却对遥远地方的某个媒体报道事件如数家珍。此外，信息生产也由手工符号和口语符号为主的人际传播时代进入了以活字和机械生产的大众传播时代，不同

---

① 展江. 大众传播通论[M]. 北京：中国人民大学出版社，2011：36.
② 李昕揆. 印刷术与西方现代性的形成：麦克卢汉印刷媒介思想研究[M]. 北京：商务印书馆，2018：205.

地域的人们开始读到相同的文本，口语和手写文字的多变性和主体性让位于铅字的标准化印刷字体和语法书写，印刷机大批量制造出来的宗教经典或报纸，成为人类历史上第一种批量生产的机械复制品，同质化和标准化开始成为信息和知识生产领域的标杆，同时也开启了资本主义机器大工业的先河。

在日常生活的绝大多数场景中，专业媒体和社会组织致力于"制造共识"。同时，人们的行为选择呈现出同质化的倾向，个体的选择和行为在很大程度上受到商业广告、意见领袖的操纵和引导。阿格妮丝·赫勒（Agnes Heller）对现代生活中这种同质化的现象给出了清晰的界定，她认为"同质化意味着个体全神贯注于某一给定的对象化领域，把自己的活动聚焦于某个单一的、客观的、同质的行动领域"[①]。与之相反的是，在观念和认识领域，共识却日益成为一种稀缺之物，不论是在意识形态领域还是个人价值观念，冲突和对峙成为当下人类社会和生活中的旋涡。媒介技术在弥补这种意见与价值之间的断裂时显得力不从心，甚至社交媒介已经成为导致意见分歧的源头。差异和冲突将成为未来一段时期人类必须面临和解决的主要生存现实。微博和推特中的每一条信息评论区，成为数百万计的用户展示和形成差异、对峙的意见领域，并且每个人都形成了一种个人已经真理在握的心理预期，而且试图将自己的观点强加于他人，这种信息生产领域的同质化和观念领域的差异化趋势有着深刻的存在论意义上的根源。"人类在内心深处甚至是惧怕差异的，可以说对差异化的排斥源自人类的天性，同样也是人类社会冲突的源头。人类作为群体性动物，社会行动的同质化不仅意味着个体无须面对群体压力，更意味着群体结构的稳定以及成员间的彼此认同。"[②]

（三）光速传播与集体无意识：电子媒介时代的心灵控制术

需要说明的是，本节所涉及的电子媒介是指自电报发明以来的基于电子

[①] [匈]阿格妮丝·赫勒. 日常生活[M]. 衣俊卿，译. 重庆：重庆出版社，1990：62.
[②] 杜松平. 互联网时代的知识共享：个体决策攻略化与日常生活批判[J]. 编辑之友，2020(12)：50-56，84.

信号传播信息的物质媒介，包括电报、电话、广播、电视和互联网等。上述几种媒介形式从其物理属性上来看，都是依托于电子技术而发展起来的传播方式。今天，我们日常生活中随处可见的电话、电视、电脑、手机和互联网等这些电子媒介的技术起源其实都可以追溯至电报的出现。对于电报技术后续所产生的重大历史意义，查尔斯·斯特林（J. Charles Sterin）曾做了如下经典评价，"这一技术后来改变了世界并使大众传媒走上了数字时代的道路"[1]。在这之后，人类的信息传播活动进入了电与光的时代。

在讨论电子媒介对人类存在状态中的心灵秩序所带来的巨大变迁以及严密控制之前，我们有必要梳理一下自电报出现以来电子媒介的发展进程。因为任何技术的发展都不可能脱离已有的技术基础，"虽然技术突破或发明都前所未有，但任何突破或发明都不会没有源头。都与稍前的技术性稍次的人类传播模式有关系"[2]。在电子媒介技术的原初性技术形态——电报出现之后，电话、电视等通信技术相继出现，不同电子媒介技术形态之间相隔时间很短，媒介技术的演变和进化呈现出明显的加速趋势，"由印刷到电影经历了四百五十年，而电影到电视只花了五十年的时间"[3]。这种信息传播技术迭代的加速改变了人类社会日常生活的方方面面。

自从人类掌握传递和保存信息的符号系统以来，实现信息跨越时间和空间的流动和传承一直是人类所追求的终极目标。因为人类必须面对肉体无法在时空中得以永生的现实困境，但是精神可以在技术加持下转化为信息，并在时间中得以不朽。伊尼斯认为媒介在时间和空间的维度上具有明显的偏向，这个论断是极有洞察力的。从目前人类所掌握的媒介技术来看，大致都可以在伊尼斯对媒介的划分中找到自己的位置。文字和书写实现了信息在时间中的流传，印刷术实现了信息生产的机械复制，解决了手工书写技术效率低下的问题。个体虽然无法摆脱人自身的历史局限性和时空有限性，技术发明者

---

[1] [美]查尔斯·斯特林. 大众传媒革命[M]. 王家全，译. 北京：中国人民大学出版社，2014：45.
[2] [美]保罗·莱文森. 软利器：信息革命的自然历史与未来[M]. 何道宽，译. 上海：复旦大学出版社，2011：69.
[3] [美]施拉姆. 人类传播史[M]. 吴韵仪，译. 中国台湾：远流出版社，1994：210.

第三章
媒介技术的演变与日常生活世界的变迁

往往也只能看到技术创新可能使某一行业发生了变革,很难跨越历史去透视技术革新给人类社会带来的更深层次的影响,技术在人类文明史中处于如此关键的地位,但是我们往往将技术视为文明的物质基础,忽略了技术在人类社会的精神领域中所产生的剧变。

人类通过创造出符号的技术征服时间,通过创造、重组物质和能量形式的技术征服空间。具体到本书所关注的媒体技术,在电报技术发明之前,人类要实现信息在时空的跨越和传递,一般会借助物质信号的接力传输或者交通工具,烽火、信鸽、马匹、火车、轮船,它们曾经被当作通信手段的物质载体,信息的传递依赖于承载符号的物质媒介的空间位移,信息的生产与解读之间的时差。因此,在以符号和文字为主要传播形式的历史时期,信息的历时性和事件的不确定性仍然归结于这一时期物质媒介的技术属性,而这种媒介技术的物质属性在从文字符号传播向电子模拟信号传播转变的过程中逐渐淡化,在此,作为客观存在的时空性被转化成为一种纯粹的技术问题。

电报的出现使人类第一次摆脱信息传递对空间位移的依赖,人类通过电磁技术实现了将信息转化为编码,从而实现了信息在物质媒介中的光速传输。英国人和美国人几乎同时发明电报技术,1838年英国人惠斯通(Charles Wheatstone)成功地在大西部铁路(Great Western Railway)沿线架设了13英里长的有线电报通信线路。同年,美国人塞缪尔·莫尔斯(Samuel Finley Breese Morse)的助手维尔改良了原有电报雏形,并创造出莫尔斯电码,完成了电子媒介通信的基础性编码工作。1850年横穿英吉利海峡的海底电缆将英伦三岛与欧洲大陆连接起来,1866年首条跨大西洋海底电缆实现了爱尔兰和纽芬兰的跨洋通信。[1] 1876年亚历山大·格拉汉姆·贝尔(Alexander Graham Bell)发明电话,人类历史上第一次实现了远距离声音符号的瞬时传递,1895年意大利人伽利尔摩·马可尼(Guglielmo Marconi)发明无线电报,当然也有美国学者认为在1893年就已经掌握了无线通信技术。[2] 通过以上对电子媒介几种形

---

[1] [英]查尔斯·辛格,霍姆亚德 E J,霍尔 A J,等. 技术史:第4卷[M]. 上海:上海科技教育出版社,2004:445-447.
[2] [美]查尔斯·斯特林. 大众传媒革命[M]. 王家全,译. 北京:中国人民大学出版社,2014:45.

态的技术进化过程梳理，我们不难发现，在1831年迈克尔·法拉第（Michael Faraday）发明了第一台电动机装置之后不久，电力这种引发科技革命的能量形式，便被投入信息通信领域，丹尼尔·切特罗姆（Daniel Chetrom）将电报的出现称作"闪电式传播线路"。

电子媒介自诞生以来就与之前的印刷媒体的精英属性有所不同，具有强烈的日常性。1846年第一个电报站出现在美国费城，之后电报商和电报股份迅速涌入美国南部和西部。在电报的推广过程中，技术提供商通常鼓励当地民众以少许费用向其他地区拍发自己姓名，让民众来感受这种电子传播的神奇体验。当时费城一家报纸总结道"因为电报完全不同于我们所熟悉的任何东西，起初我们很难认识到它的重要性——人们只有在接触和看到它以后才能真正理解这场由于时间被超越而引发的革命"①。这是人类普通社会个体第一次接触到电子传播媒介，电子媒介传递的信息从科学家的实验室迅速地走入了个人日常生活世界。

作为第一代电子传播形态的电报，它的出现和技术扩散路径与书写技术和印刷术有着显著的不同。电报并没有像书写和印刷术那样在很长一段时期内局限于社会精英阶层。正如前文所述，在东西方世界中，书写技术在出现之初并未迅速普及，印刷术的出现也首先应用于超验领域的宗教系统，而电报带有强烈的日常性和世俗性。詹姆斯·格雷克（James Gleick）就认为这种人类历史的记录技术具有强烈的日常生活色彩，"历史（以及记录历史的方式）也同样发生了变化。电报保留下了大量的日常生活琐事……如此大规模的信息存储可谓是史无前例"②。

电子技术引发了人类记忆模式的变革，特别是后来录音和录像技术的出现，以文字和书写为主的空间化、抽象化的记忆模式，越来越遭到以影像为主的时间化、具象化的记忆呈现模式的挑战。正如贝尔纳·斯蒂格勒（Bernard Stiegler）所说，"记忆技术的历史告诉我们，它们的发展是为了增加信息

---

① ［美］丹尼尔·杰·切特罗姆. 传播媒介与美国人的思想：从莫尔斯到麦克卢汉［M］. 曹静生, 译. 北京：中国广播电视出版社, 1991：5-6.
② ［美］詹姆斯·格雷克. 信息简史［M］. 高博, 译. 北京：人民邮电出版社, 2013：146.

第三章
媒介技术的演变与日常生活世界的变迁

内容的组合流动性、信息进入载体的流动性和载体本身的流动性,以便最终增加信息的可复制性"①。这里提到一个非常关键的问题"流动性"。斯蒂格勒所指出的"流动性",这在电子媒介出现之前是难以想象的事情。电子媒介通过对文字和语言的二次编码,实现了信息在同一时空维度接近光速传播。即使在不同时空维度中,实现了人类信息或者可以称为记忆的"电子工业化"。可以说,信息传播的速度和广度最终重新塑造了人类社会形态和组织结构。

从技术的扩散路径来看,现代技术的普及一般多是从军事领域、工业领域到日常生活领域。而无线电技术的出现在军事领域、经济领域和日常生活领域几乎呈现出同步扩散的态势。广播是电子媒介中最快进入日常生活的媒介形态,收音机也可以算作现代社会最早的家用电器之一。广播所特有的媒介技术属性决定了它在与报纸竞争中的优势地位。在众多电子媒介中,麦克卢汉赋予广播十分重要的地位。麦克卢汉本人十分重视"部落鼓"这一隐喻,这个隐喻多次出现在他的其他著作之中。他将广播电台比作"部落鼓",他认为"广播是中枢神经系统,只有言语能力能与之匹敌……广播有力量将心灵和社会变成合二为一的共鸣箱"②。国内学者李军对广播特性的概括颇为经典,他认为"广播通过电磁频道的无线电波传送,将声音信息传送到全体民众。这是口语传播让位于文字传播四五千年以后,人类声音媒介与听觉器官再一次的历史大回归"③。

一战之后,不少军工技术开始转向民用领域,电子管收音机制造成本降低,一种更为形象而具体的声音媒介——收音机开始在民众中普及。收音机开始走进个人家庭,并迅速成为个人获取信息的主要渠道。1920年,美国匹兹堡KDKA电台作为世界上第一家商业电台正式开播。收音机成为电灯之外另一迅速进入家庭的电气设备,普及率迅速提升。据统计,"1925年10%的

---

① [法]贝尔纳·斯蒂格勒. 技术与时间 2:迷失方向[M]. 赵和平,印螺,译. 南京:译林出版社,2010:145.
② [加]麦克卢汉. 理解媒介:论人的延伸[M]. 何道宽,译. 北京:商务印书馆,2000:369-370.
③ 李军. 传媒文化史:一部大众话语表达的变奏曲[M]. 北京:北京大学出版社,2012:192.

美国家庭拥有收音机；仅仅五年之后，这个比例就上升到46%；再过10年，也就是1940年，美国家庭收音机的拥有率达到82%，到1950年，这个比例至少超过96%以上"①。收音机的普及标志着人类电子传播时代的到来，之后电视机的普及更为迅速。

在人类社会中，大多数技术从诞生之初往往就被附着上了权力色彩，从而具备一种作为社会控制工具的属性。或者说，技术本身在社会统治秩序之外又形成一种新的理性规则。因此，在多数情况下，技术更多地体现为一种意识形态工具或沦为意识形态的规训对象。显然，技术发明者不管作为个体或团体，在把知识外化为技术的过程中，其本身并不能完全主导这种特殊的社会实践走向，政府以及其他社会组织在科学理念转化为技术工具中起到更具有决策意义的作用。正如无线电和收音机发明者是难以想象后世会有人将收音机的普及与纳粹和希特勒的上台相互关联。当然，收音机在各同盟国内部也是社会动员最为有力的工具，罗斯福就以全国广播的形式——"炉边谈话"来鼓舞美国军民的士气，成功避免了孤立主义和失败情绪在美国国内的蔓延。珍珠港事件后的第二天，"79%的美国家庭倾听了罗斯福总统在国会要求对日宣战的演讲"②。太平洋战争中投靠日本的美籍日裔户栗郁子，以一口纯正的美式英语参与长达三年的对美宣传，以柔性宣传和情感诱导著称，甚至被美国大兵称为"东京玫瑰"。

电子媒介在人类历史上最大的冲突中也未能置身事外，正如国内学者许静所说，"有效地说服和宣传不仅能提高战争效果和减少伤亡的有力武器，而且是在美国军队没有直接占领的地方扩大美国影响的一大工具"③。在第二次世界大战中，无线电波成为人类相互厮杀和争夺的第二个战场。"第二次世界大战既是工业战，也是广播战。电子技术的广播阶段唤醒了欧洲人民的

---

① [美]罗杰斯 E M. 传播学史：一种传记式的方法[M]. 殷晓蓉，译. 上海：上海译文出版社，2005：233.

② [美]迈克尔·埃默里，埃德温·埃默里. 美国新闻史：大众传播媒介解释史[M]. 展江，译. 北京：新华出版社，2001：388.

③ 许静. "心理战"与传播学：美国冷战时期传播学研究的一大特色[J]. 国际政治研究，1999(1)：128-136.

部落能量和视野，就像当今电视在美国发挥的作用一样。"[1]其实对于广播技术在战争中的作用，米切尔·斯蒂芬斯（Mitchell Stephens）与麦克卢汉都强调了广播有着与"部落鼓"类似的作用，同时对日常生活中的每一个人来说，"第二次世界大战影响广播新闻，正如南北战争影响报纸：听众发现媒体能将新闻带回家中"[2]。

随着电子媒介技术的发展，现代新闻行业的新闻生产技术和新闻报道理念也发生了质的变化。媒介技术不仅仅提升了信息流通的速率，更为重要的是媒介技术深刻塑造了现代新闻业的成熟业态。追求信息传递的即时性，也即现代新闻价值中的及时性，新闻业对于时间和时效的重视，在资本主义社会成为一种价值追求，也构成了现代新闻行业的最为重要的行业规范。这种对时间和效率的追求也成为现代人的价值系统和生存法则。斯蒂格勒曾指出电子技术进入信息传播领域后"通过赢得速度而迅速掌握信息显得有至关重要的意义"[3]。技术变革引发了新闻价值理念的转变，电报被用于发送新闻信息之后，"倒金字塔"的新闻文本写作结构应运而生，之前富有文学色彩的写作手法逐渐被行业所淘汰。议程设置、报道框架等报道方式也在其相对应的传播理论出现之前，作为报道手法和写作技巧被记者和编辑娴熟地运用。

接近光速传输为现代新闻系统创制了一套新的时效体系，时效性成为衡量新闻价值的重要标准。媒介技术的进步同样重塑了新闻真实性的形态。摄影和摄像技术的出现为新闻真实性提供了更为直观的视觉补充和佐证。影像技术的加入进一步提升了新闻真实性的客观观感，具有文字难以企及的说服力和感染力。如果说在印刷时代，人类社会第一次实现了对机械复制的同质化的信息产品的制造和消费，那么在电子媒介到来之后，电子媒介属性和现代新闻报道手法的结合则为在社会群体中制造心灵控制和集体无意识创造了

---

[1] [加]麦克卢汉. 媒介与文明[M]. 何道宽，译. 北京：机械工业出版社，2016：121.
[2] [加]米切尔·斯蒂芬斯. 新闻的历史[M]. 陈继静，译. 北京：北京大学出版社，2014：204.
[3] [法]贝尔纳·斯蒂格勒. 技术与时间2：迷失方向[M]. 赵和平，印螺，译. 南京：译林出版社，2010：113.

可能性。这种"无意识"的共识的生产在传播实践中往往表现为通过专业性的观点、图像等去说服他人,特别是电子媒介的出现甚至在一些历史节点环节中创造了整个社会群体的集体无意识。甚至有学者将"说服"作为我们这个时代的特质,"不言而喻,我们生活在一个大众传播的时代。的确,甚至可以讲我们所生活的时代的特征就是要努力说服大众"[1]。

当然,电子媒介的出现也并不意味着之前的印刷媒介在新的传播格局中完全被弃之不用,"与其说新兴的媒介替代了旧有的媒介,不如说新旧媒体趋向于错综复杂的互动"[2]。沃尔特·翁也认为口语文化和电子时代之间并不存在两种不同媒介形式的完全断裂,"电子时代又是'次生口语文化'(secondary orality)的时代,电话、广播、电视产生的文化是'次生口语文化','次生口语文化'依靠文字和印刷术而生"[3]。因为媒介所使用的表意符号体系的复杂程度关系到人类在世俗领域"制造共识"是否能够实现。迈克尔·布若威(Michael Burawoy)和乔姆斯基(Noam Chomsky)分别从物质生产领域和信息生产领域论证"同意"或者说"共识"这种社会意识生产在维系资本主义合法统治中的重要地位。正如布若威在评价资本主义"生产的政治"时所说的那样,"我将这30年的变迁理解为伴随着从专制统治到霸权统治的、从通过强制和畏惧来压榨成果到通过同意的组织来榨取成果的过程"[4]。在信息生产领域,资本主义权力精英将通过控制媒体来"制造共识",以此作为维系资本主义社会统治的合法工具,这个趋势在电子媒介诞生之后尤为明显。共识性的经验体系伴随着印刷技术的出现而产生。继电子媒介时代之后,电子媒介主导的信息生产引导着大众走向本能主导的深渊。在某些特定的历史时期,呈现出癫狂状态和集体无意识,这在20世纪人类的历史发展进程中并不是个案,而

---

[1] [美]阿伦森 E. 社会性动物[M]. 9版. 邢占军,译. 上海:华东师范大学出版社,2007:43.

[2] [加]麦克卢汉. 古登堡星汉璀璨:印刷文明的诞生[M]. 何道宽,译. 北京:北京理工大学出版社,2013:序14.

[3] [美]沃尔特·翁. 口语文化与书面文化:语词的技术化[M]. 何道宽,译. 北京:北京大学出版社,2008:作者序3.

[4] [美]迈克尔·布若威. 制造同意:垄断资本主义劳动过程的变迁[M]. 李荣荣,译. 北京:商务印书馆,2008:3.

第三章
媒介技术的演变与日常生活世界的变迁

是多次出现,屡见不鲜。

除了集体无意识笼罩下的电子化的信息和知识的生产之外,电子媒介对时间和空间的解构,导致"地方性知识"也逐步走向消解状态。"对象共识"成为电子媒介为社会成员创造的一种更为普遍的社会知识(这在新闻写作技巧中具体表现为"议程设置"),而"意见共识"则成为当下社会中的一种稀缺资源(这在新闻写作技巧中具体表现为"框架理论")。不论是在日常生活领域还是生产领域,对于知识生产与媒介之间的关系,高宣扬提出"任何当代知识的产生和发展,都依赖于媒体传播系统及其运作"[①]。

安东尼·吉登斯(Anthony Giddens)也认为现代社会中"地方性知识"在日常生活中的地位已经不如以前那般重要,因为日常生活呈现出"脱技能化"和"再技能化"的趋势。对于"地方性知识"的退场,吉登斯给出如下论断,他认为"今天,神秘事物已经从我们生活的世界中隐退了,而且,世界如何运作的方式原则上已经能够被详尽无疑地知晓了"[②]。吉登斯对于神秘事物和地方性知识的新的替代者却欲言又止。这恰恰指向了日常生活新的知识和经验来源——基于电子媒介的专业化的媒介组织。由于媒介表意符号体系的差异性和复杂性,印刷媒介对受众的符号解读水平有一定的要求。电子媒介特别是收音机的出现,将受众阅读文字能力的这一基本的技术门槛予以消除。电子媒介完成了对所有能够操用语言符号的人类群体的信息覆盖。至少在电视机出现之前,口头传播又重新取得信息沟通领域的短暂性支配地位。以电子媒介为首的大众媒介在社会群体中成功制造出现代社会所特有的"共识"这一事物,最终取代了往昔的"神秘事物"和"地方性知识"。

现代媒介技术的本质目的在于实现对受众的说服和支配,最终在技术进化的历程中体现出心灵控制术的技术本质,媒介技术也成为表达自我和支配他人的重要技术手段。支配自身以外的物和他者是人类社会属性的最根本特征。人类从自然界脱离出来之后,首先学会的就是支配自身的肉体。因此,对于自我的支配和掌控可以看作人类理性的萌发和显现。在这之后人类学会

---

① 高宣扬. 当代社会理论[M]. 2版. 北京:中国人民大学出版社,2017:268.
② [英]安东尼·吉登斯. 现代性的后果[M]. 田禾,译. 南京:译林出版社,2014:12.

支配肉体之外的自然界和实践工具，再到学会使用暴力和理性支配其他同类。就本书所关注的媒介技术而言，这种技术的发展引发了人类权力展现和实施方式的演变，而这种权力技术的演变同时带来了社会结构的变革，"正是权力技术的变化带来了社会的治理模式和人们的生存方式的相应变化"①。如米歇尔·福柯（Michel Foucault）所说，"这种著名的自动机器（肉体）不仅仅是对一种有机体的比喻，他们也是政治玩偶，是权力所能摆布的微缩模型"②。

除了对肉体进行支配之外，追求支配他人的灵魂更是从古代的宗教到近代的心理学甚至现代科学所孜孜以求的终极技术，支配他人的思想和灵魂应当是社会控制所追求的最高层次。古代宗教的神秘主义所带来的集体无意识到近代心理学中的催眠术甚至当下的传销洗脑，都隐藏着通过某种话语技术或媒介技术来控制他人的情感、立场、观念、思想甚至灵魂的影子。雅克·埃吕尔（1962/1965）一针见血地指出，"任何人类传播模式都能成为宣传工具，都诉诸情感却损害理性"③。电子媒介的独特属性恰恰为这种心灵控制术的实现提供了技术条件。麦克卢汉认为，希特勒和他的听众都是"梦游者"的观点也表明了广播当时已经成为纳粹的电子催眠术。麦克卢汉将广播比作"部落鼓"，"他们踏着广播这种部落鼓的节拍如痴如醉地手舞足蹈，这种部落鼓使他们的中枢神经系统延伸，造成人人深度介入的局面"④。从当时大多数德国民众，甚至一些知识分子对纳粹的狂热支持来看，广播所带来的巨大魔力如同催眠术一般使德意志这个哲人辈出的民族整体陷入了狂热和集体无意识，启蒙运动以来的理性和人性在广播中声嘶力竭的种族主义呐喊与喧嚣面前完全黯然失色。

能够为上述论点提供支持的论据为数不少，在此不再一一罗列。可以说，

---

① 刘铮．"硬技术"与"软技术"：论米歇尔·福柯的技术哲学[J]．自然辩证法研究，2016，32(5)：28-33．

② [法]米歇尔·福柯．规训与惩罚[M]．刘北成，译．北京：生活·读书·新知三联书店，2015：154．

③ [美]保罗·莱文森．软利器：信息革命的自然历史与未来[M]．何道宽，译．上海：复旦大学出版社，2011：73．

④ [加]麦克卢汉．理解媒介：论人的延伸[M]．何道宽，译．北京：商务印书馆；2005：367．

人类在电子媒介技术出现之后才第一次真正掌握了不受时空限制的信息传播技术，不再局限于印刷媒介时代同质化信息产品的生产。专业化的媒介机构不再仅仅是资本主义文化工业的重要一环，作为"制造共识"和集体无意识的软性统治工具，资本主义社会统治权力实施方式除了福柯所说的"惩罚"和"规训"之外，还创造出一种让民众更为顺从的心灵控制之路，其实质是一种新的权力呈现和运作方式——"惩罚的影像化"和"规劝的符号化"。当然，随着社会治理术的完善和升级，对个体的心灵控制并不是简单地运用"电子催眠术"剥夺人的思考能力，随着电视、互联网、手机等新的媒介形式的出现，信息工业大量地为民众提供海量、烦琐、冗余的媒介产品内容，海量信息产品的选择和消费已经使人无暇思考，人们陷入了专业媒介系统所提供的同质化的思维幻觉当中。这不仅仅是一种"信息茧房"，而是将人类心灵沦陷于一种"非人"的状态，从而最终使人成为"各种各样的机器和动物，如生产机器、欲望机器、经济动物和消费动物"[1]。

二、媒介技术与日常生活世界微观层面的演变

正如前文所述，媒介作为一种技术形态，既是现代社会经济基础的重要组成部分，它不仅应用于信息生产的工业化流程之中，也是上层建筑实现柔性治理的一种特殊的技术形式，在现代社会治理中显现出巨大威力。从宏观层面上，媒介技术的演化为人类社会创造了同质化的信息产品，在社会群体中逐步实现了"制造共识"和心灵控制。在微观领域，媒介技术引发的日常生活世界的变迁则同样值得我们关注。

列斐伏尔认为日常生活世界是介于经济基础与上层建筑之间的一个独特的个人再生产的领域。一方面，媒介技术的一次又一次变革，特别是电子媒介技术的出现，深刻培塑了个人在生产领域和日常生活领域之间的时空转移

---

[1] [英]杰夫·科林斯. 海德格尔与纳粹[M]. 赵成文, 译. 北京：北京大学出版社, 2005：25.

能力，个体每时每刻都必须成为一个社会的人、集体的人，很难再回归至电子媒介未取得统治地位之前的与群体能够暂时抽离的能力和条件①；另一方面，随着电子媒介的个人化和生活化，电子媒介技术在日常生活中的应用为个人创造了在历史时空中信息纵向传播的可能性，个人凭借生活化的信息技术设备，可以将信息交付给肉身之外的物质媒介，个人记忆在物质性的媒介中得以留存，集体记忆的生产和呈现主体将会突破专业媒介组织和历史书写者，所有人的个体记忆终将汇总成为人类的集体记忆，电子媒介使用者将会拥有将灵魂注入信息存储媒介，从而具备了"精神不朽"的技术能力。当然这个"不朽"的限度还取决于我们人类所能生产出的物质媒介的跨越时间的能力。随之而来的是，个人在生存状态中的情感结构也因媒介技术的演变而随之悄然发生着改变。

（一）生产领域和日常生活世界日益混淆

在人类思想史中，很多学者都曾对社会结构做出划分。马克思将社会分为经济基础和上层建筑，并从历史唯物主义出发提出经济基础决定上层建筑的经典论断；埃德蒙德·胡塞尔则将社会分为科学客观世界和日常生活世界，并将解决欧洲近代科学危机的希望寄托于生活世界；哈贝马斯则将社会分为"系统"和"生活世界"，他把生活世界视作人类社会生存发展的基础性机构。在上述学者对社会所做划分的基础上，笔者认为人类社会也可从物质生产和人类自身再生产划分为生产领域和日常生活世界，二者同时构成人类生存和实践的空间要件。正如国内学者孙承叔所说，"物质生产、人的自身再生产和社会关系的生产是人的生活的基本内容"②。

生产领域和生活世界是人类生存和发展的两个最为基本的实践范畴，同

---

① 笔者在此想要阐述的是，媒介技术已经罗织了一张密不透风的社会网络，每个社会成员都成为这个网络的一个节点，每个个体作为一个节点，不再是一种能力和地位的体现，而成为一种义务。例如，手机这种媒介技术刚进入日常生活世界的时候，拥有一部手机是社会地位的体现，而现在个人不携带手机反而成为一种权力，携带手机保持畅通成为社会成员的一种义务。当然不排除个别社会成员对媒介技术的消极抵制。

② 孙承叔. 真正的马克思：《资本论》三大手稿的当代意义[M]. 北京：人民出版社，2009：257.

第三章
媒介技术的演变与日常生活世界的变迁

时也是人类开展劳动实践和交往沟通的主要场所。马克思认为生产活动在人类社会存在和发展过程中具有最为根本性的地位。对于生产领域和生活世界的关联,马克思早在《政治经济学批判序言》中就做出经典概括,"物质生活的生产方式制约着整个社会、政治生活和精神生活的过程。不是人们的意识决定着人们的存在,相反,是人们的社会存在决定人们的意识"①。1883年3月,恩格斯在马克思墓前对这位思想巨人伟大的一生给予了高度的评价,其中一条认为马克思高度概括了生产活动与生活实践二者之间相互依存的关系。

> 正像达尔文发现有机界的发展规律一样,马克思发现了人类历史的发展规律,即历来为繁芜丛杂的意识形态所掩盖着的一个简单事实:人们首先必须吃、喝、住、穿,然后才能从事政治、科学、艺术、宗教等等;所以,直接的物质的生活资料的生产,从而一个民族或一个时代的一定的经济发展阶段,便构成基础。②

在此,马克思同时深刻地揭示了生产领域对生活世界所发挥的基础性作用。马克思将生产领域定义为人类社会生产的第一历史前提。他提出"人们为了能够创造历史,必须能够生活。但是为了生活,……因此,第一个历史活动就是为了生产满足这些需要的资料,即生产物质生活本身"③。在资本主义大工业生产过程中,生产领域往往是以空间的方式显现出来的。在马克思的政治经济学中,空间在生产力与生产关系中一般作为土地或厂房等生产资料。因此,作为生产资料的空间是人类劳动实践的实施场所和改造对象,是所有生产关系发生和实现的起始点,任何有价值的劳动实践活动都不能脱离空间这一基本要素,而劳动价值体现在劳动者在实践过程中实现了空间要素和时间要素的结合。另外,作为生产要素的空间同时也在生产着人与人之间

---

① [德]马克思,恩格斯. 马克思恩格斯全集:第2卷[M]. 北京:人民出版社,1995:82.
②③ [德]马克思,恩格斯. 马克思恩格斯全集:第3卷[M]. 北京:人民出版社,1995:776,31.

的生产关系和社会关系。

　　列斐伏尔则从空间维度入手发展了马克思的政治经济学批判。他认为资本主义社会的空间具有多重属性,"空间不再仅限于作为一种生产资料,空间同时成为维系资产阶级统治的政治工具、消费对象,甚至是对阶级斗争的介入"①。他提出资本主义大生产已经由实现对"物的生产"的垄断进入对"空间生产"的垄断阶段,空间生产也成为资本主义意识形态的主要生产方式。不难发现,列斐伏尔空间批判思想有着强烈的马克思主义色彩和渊源,其实对于空间维度在资本主义大生产中的作用和影响的强调,这一思想火花萌发于《共产党宣言》。早在1848年,马克思就已经发现空间因素对资本主义生产关系扩张的重要影响,地理大发现以及随之而来的资本主义市场的急速扩张成为导致封建社会迅速瓦解的主要因素。因此,空间问题更是成为列斐伏尔对资本主义生活世界展开批判的重要维度,他以空间为切入点对当下资本主义社会进行了严厉的批判。他的批判已经明显地指出,空间已经成为资产阶级在生产领域和生活世界中实现对无产阶级双重控制的工具。资本主义社会通过技术官僚体系和控制空间的生产和分配,实现了对生产领域和生活世界中所有空间流动的支配。

　　资本主义生产领域的物质生产除了要获取工人创造的剩余价值之外,同时以工资的形式为劳动者自身再生产提供物质基础。基于从生产领域中获取的物质产品,个人的日常生活世界才能够得以延续。而日常生活世界则是社会成员再生产和社会关系再生产、个体交往实现的主要场所。在点对点的通信技术,特别是家用电话和手机移动终端的普及之前,生产领域和生活空间之间具有清晰的分割和界限,但媒介技术最终改变了这种生存状态。对于技术与生活世界的关系,斯宾格勒(Oswald Spengler)认为技术自出现以来就已经成为人类社会总体的生活方式。机械、电子、生物、化学等各个领域的技术不仅作为人类社会生产领域的生产工具,同样也极大地改造了人类生活世界的面貌。如果以技术效应发生的场所来对技术形式做一区分,在此我们可

---

① 包亚明. 现代性与空间生产[M]. 上海:上海世纪出版集团,2003:49-50.

以得到三种技术形式。第一种是作用于生产领域的生产技术,第二种是作用于日常生活世界中的生活技术,第三种则是同时作用于生产领域和生活世界的媒介技术或称之为信息技术。这种划分方式也正好对应了诺伯特·维纳(Norbert Wiener)将信息、物质和能量并列为人类社会存在的三大必需要素。

媒介技术或者说信息技术对人类日常生活的塑造,显然不仅仅在于传播学者和广告商所热衷的传播效果。正如国内学者陈蕾所说,"传播学的社会服务面向将从传播中的社会控制转化为传播中的生存探索与生命实现"[①]。除了传播效果之外,媒介技术对人的存在状态的改变也是我们必须面对的现实。"虽然人类规划并设计着技术,但是实际上并不能对它的发展进行监控,技术几乎改变了人类生活的所有方面。"[②]正如梅罗维茨(Joshua Meyrowitz)在分析电子媒介技术对人类社会行为影响时所说的那样,"新媒介或新的媒介类型可能重新构筑社会场景的方式……或者在物质场景中将人重新定位,或将其隔离在不同的场景,或将其合并进相同或相似的场景"[③]。梅罗维茨认为媒介技术为空间赋予了社会属性,其实他的场景理论与戈夫曼的拟剧理论在很多方面存在共通之处,在绝大多数存在沟通和交流需求的场景中,我们都可以较为清晰地划分出"前台"和"后台"的行为区隔空间。梅罗维茨认为媒介技术对社会行为空间的划分产生了明显的效果,他指出媒介技术营造的场景模糊了社会个体公开行为和私下行为的边界,促使不同公共场景走向融合。

另外,其他不少学者也持有类似的观点。20世纪50年代,雅斯贝斯(Karl Theodor Jaspers)已经敏锐地发现媒介技术对人类交往行为和时空观念的改变。他认为"由于报纸、现代旅行、电影、无线电等而造成的人类对时间和空间的技术征服,使人类普遍的交往成为可能"[④]。人际交往也即社会关系的再生产主要发生在日常生活世界之中,梅罗维茨关注到电子媒介对人际行

---

① 陈蕾. 回返"生存":超越媒介技术迷思[J]. 现代传播(中国传媒大学学报),2021,43(2):49-56.
② [俄]罗津 B M. 技术哲学:从埃及金字塔到虚拟现实[M]. 张艺芳,译. 上海:上海科技教育出版社,2018:4.
③ [美]约书亚·梅罗维茨. 消失的地域:电子媒介对社会行为的影响[M]. 肖志军,译. 北京:清华大学出版社,2010:66.
④ [德]雅斯贝斯. 现时代的人[M]. 周晓亮,译. 北京:社会科学文献出版社,1992:11.

为所造成的影响，我们不妨沿着他的思路，将目光进一步投向与人际交往同等重要的劳动生产领域。应当说，电子媒介技术重组了人类沟通和交往的社会环境，对空间的自然属性进行了区隔与划分，在沟通过程中逐步走向消解。特别是社交媒体的出现，正如梅丽莎·格雷格（Melissa Gregg）所说，信息通信技术"打破了工作与家庭、生产与隐私、个人与职业之间的传统壁垒，……（劳动者）他们付出并牺牲了情感劳动、个人时间和空间以及其他亲密关系"[①]。劳动者无论是在家中还是在劳动场所，在移动通信技术诞生之前，生产领域和生活世界之间存在着较为清晰的分界线。个体在生产领域中从事体力或脑力劳动，以获取维系自身再生产和社会关系再生产所需的物质材料，一旦劳动行为中止，个体可以实现从生产领域也即劳动空间中抽身出来，回到日常生活世界，实现体力和精力上的恢复。然而，这种分界随着通信技术的发展变得日益模糊，技术系统赋予了每个用户单独的通信联络编码。在现实生活中，手机已经成为个体生存必备的技术设备，有的人拥有两部甚至三部手机。附着于移动终端的各类社交软件，在其基本的社交功能之上，又植入了劳动控制关系的功能，甚至各大 App 开发商还专门开发企业版本的即时通信 App，用于随时随地实现对劳动者的空间定位和位移监控。

> 我爸在企业上班，跑奶制品市场，因为奶制品是速销品，所以每天电话特别多，有时候老总一个电话，我爸连饭都来不及吃就走了，吃饭、睡觉时间很少。（23岁，应届毕业生）

如今，微信群、钉钉群不断增加，基于生产关系和社会交往而产生的信息分发及劳动者的人身控制并没有随着劳动者脱离生产领域而停止。在笔者的访谈过程中，不少受访者都提到了手机等即时通信工具的普及模糊了工作和休息时间，甚至在心理上也一直要保持"在岗"的生理直觉，否则就会跟不上社会发展的节奏。

[①] Shank D. Technology and emotions[M]//Stets, J., Turner, J. (eds) Handbook of the sociology of emotions: Volume II: Handbooks of sociology and social research. Dordrecht: Springer, 2014.

· 第三章
媒介技术的演变与日常生活世界的变迁

像我这样在基层工作的人，加的微信群多，即使是休息时间也要隔半个小时看一次手机信息，就是不能当时处理事情，也要知道有这件事情。以前电话通知事情麻烦，现在方便多了，但是随时要看各种群，不然有可能会耽误事情。(29 岁，乡镇公务员)

甚至有受访者向笔者反映，由于工作性质的需要，个人的电话和微信一般会向顾客公开，但是由于无法鉴别他人的具体企图，有时还会因为个人信息的公开受到骚扰和电信诈骗。

以前没有手机的时候，不知道第二天有多少活要干。现在不少顾客会打电话发微信提前预约，有的顾客工作忙，晚上 12 点约第二天 9 点来理发，我也不好意思拒绝，说实话有时候也挺烦的。前两年有些时候，晚上太晚我就不回家了，住在店里，甚至还有男顾客故意半夜打电话不说话，怪吓人的。最近我还接到了电信诈骗电话，说我的银行卡被冻结了，我犯法了，要我把钱转到一个卡里，我当时吓得都快哭了，多亏店里顾客提醒，我才赶紧去派出所报警，因此避免了上当受骗。我觉得这些事情与我把手机号公布出去有关系。
(49 岁，理发店店主)

媒介技术实现了对劳动个体的随时随地的追踪，即使脱离了生产领域和劳动岗位，但仍然脱离不了生产关系对劳动者的掌控，这是移动通信发明以来对生产领域和生活领域最大的改变。电子媒介带来的不仅仅是信息传播领域中滞后性时间感的丧失，电子媒介在空间领域所造成的改变也是前所未有的。电子媒介使人与人之间随时随地交换信息成为一种现实，消除了之前信息在不同个体之间分享所存在的空间区隔，并且随着可视通信技术的出现，消失在远距离信息传递过程中个人的主体性又重新回归至交流之中。在目前的技术条件下，个体无法在物理空间中实现瞬时位移，从而在社会行动中所形成的这种空间隔阂是无法改变的，但是电子媒介却可以在沟通领域实现"去空间化"的接近于即时性的信息交换与互动。

> 我很小的时候就跟着亲戚出来开打印店了，那几年手机还很少，我工资低，没有手机，店里只有个固定电话，顾客要打印东西，下班了就没有人接电话。现在我自己开店10年了，老顾客都有我的手机号和微信，随时可以找到我，有时候好不容易休息一天，但顾客的电话不断，如不来开门的话就得罪了顾客，赚不到钱，心里也挺郁闷的，挺烦的，但是做生意知道有钱赚不去赚又感觉不行。(32岁，打印店店主)

特别是在社交媒体普及之后，肢体和大脑劳动的中止并不意味生产实践和机器社会对人的支配的停息，生产领域和日常生活世界间的清晰可见的分割场景正在或者说已经消失。通过以点对点的通信技术为基础的通信工具，可以实现对多个劳动者在生产劳动领域中的肉体控制，通过实时的信息送达和反馈，实现了对暂时脱离生产领域的劳动者的全面控制。同时也有受访者提出这种工作状态与生活状态的混淆并不能一概而论，因为其与每个人所从事的职业属性有关。

> 这种工作和生活分不开的情况其实也与工作性质有关系，我老公在银行工作，他们的业务都需要在专门的内部办公网络上操作，所以下班后人几乎可以彻底放松下来，其他像保安等工作也是这样。(42岁，暂未就业)

特别是当下基于互联网和移动终端的数字劳动，劳动对象、劳动过程、劳动关系、劳动成果与传统的资本主义生产大不相同，劳动工具和生产场所甚至都不再归属于资产阶级，劳动者本身就拥有计算机和网络，劳动资料的归属已经不再是数字劳动关系中的核心问题，生产资料的占有和垄断主要出现在平台和渠道，并且这种平台和渠道与传统资本主义生产关系中的实体生产资料有所不同，垄断者只是把控了网络环境硬件和软件，对劳动者的人身控制是离散的、点状的，流水线中集中的劳动生产在数字资本主义中已经成为过去。与传统资本主义大生产布满流水线的生产领域相比，数字劳工的实践场所可以是企业提供的特定空间，也可以是拥有网络的任何地方。正如克里斯蒂安·福克斯（Christian Fuchs）所说，"物质和信息的数字劳动可以在各种各样的社会生产关系中产生"[1]。

（二）媒介技术与个体情感结构的流变

马克思对人的本质做出了经典定位，人的本质是一切社会关系的总和，同时这些社会关系的总和又取决于人的社会属性和自然属性。感性和理性是人类处理一切社会关系的指导原则，社会属性和自然属性又对应着理性和感性这两种情感结构，理性规划着人类的生存和发展，感性则是人类所有意义和价值的源泉。在日常生活世界中，感性有着更为直接的表现形式。它构成并支配着个体的情感结构，并且这种人类所特有的情感结构，一般是在人类的生产实践和日常生活、精神交往等过程中发展起来的。当然，这种感性的情感结构并不仅限于亲情、友情和爱情，也包括信念、意志等体现人的社会属性的多个方面，但本节主要关注的是个体在日常生活世界中微观层面的人与人之间的情感互动体验。

感性是人类情感体验结构中的重要主导因素。但是，自古以来感性并不是唯一影响人类个体情感结构的因素，情感不仅是一种在人与人之间心理和生理体验的互动显现，同时也是一种人类社会属性和社会制度的产物。自从私有制和阶级出现以来，情感作为人类的一种社会意识结构，同样受到社会存在的制约，而本书所关注的媒介技术正是社会存在的重要形式。作为社会存在的物质力量表现，社会个体的权力地位和货币财富在情感结构中的支配性作用贯穿了人类整个文明史。随着商品经济和市场交换行为的出现，

---

[1] [英]克里斯蒂安·福克斯. 交往批判理论：互联网时代重读卢卡奇、阿多诺、马尔库塞、霍耐特和哈贝马斯[M]. 王锦刚, 译. 北京：中国传媒大学出版社, 2019：61.

作为人的自然属性的情感甚至成为一种具有交换价值的商品。对此，马克思早在《共产党宣言》中给出了答案，"资产阶级……它使人和人之间除了赤裸裸的利害关系，除了冷酷无情的'现金交易'，就再也没有任何别的联系了"①。

二战之后，人类情感结构和个人情感状态的演变也引发了学者们的关注，按照乔纳森·特纳（Jonathan H. Turner）的文献考证，奥古斯特·孔德是最早将情感引入解释人类世界是如何在情感的支配下运作的社会学家。但是直到20世纪70年代以来，情感才逐步成为社会科学一个新的研究领域。②

"在不同的发展阶段、不同的社会形态下，人与人之间可能发生的关系以及由此产生的情感效应各不相同。"③这种社会现象到了资本主义历史时期后尤为明显。资本主义诞生以来，物化不仅表现在人对物质生活的追求上，人类情感结构同样也呈现出明显的物化趋势。商品社会中，个人情感状态的物化或者说商品化几乎成为一种不可逆转的趋势，一切事物都拥有了标价。不论是流水线生产的商品，还是滚滚红尘中的个人情感，都具备了价值和交换价值。对此，马克思早有过批判。乔治·卢卡奇的物化理论揭示了资本主义的本质就是将一切社会关系转变为商品的过程，个人情感的理性化、商品化迫使其原有的自然属性愈发渺小。这种情形在当下的个体之间的情感关系中体现得尤为显著，"当代人以消费品乃至奢侈品作为他们情感关系的象征性表达，爱情因此被物化和商业化"④。

情感在人的在世存在中具有不可取代的地位，同时又受到多种因素的影响。正如威廉姆·雷迪（William Reddy）在解释"情感体制"（emotional regime）时所指出的那样，"情感作为个体生活的中心，深受社会的影响，故而具有莫大的政治意义"⑤。其实除了他所强调的政治因素这一制度秩序之外，技术

---

① [德]马克思，恩格斯. 共产党宣言[M]. 北京：人民出版社，2018：30.
② [美]乔纳森·特纳. 人类情感：社会学的理论[M]. 孙俊才，译. 北京：东方出版社，2009：1.
③ 成伯清，李林艳. 激情与社会——马克思情感社会学初探[J]. 社会学研究，2017，32（4）：1-21，242.
④⑤ 成伯清. 当代情感体制的社会学探析[J]. 中国社会科学，2017（5）：83-101，207.

第三章
媒介技术的演变与日常生活世界的变迁

作为一种理性存在，同样在人的生存领域形成一种隐性秩序。技术对于人的存在状态中情感的影响是隐性而深刻的。随着人类社会生产力和生产关系的发展，在财富和权力之外，技术已经成为改变个人情感结构的新的重要维度。

对此，不少学者都给出了自己的深刻反思。马丁·海德格尔将技术放置于人生中最为重要的地位，作为现代人命运"座架"的技术，已经成为真理显现的方式，成为形而上学的完成形态。弗里德里希·德绍尔（Friedrich Dessauer）则将技术与感官情感体验相互关联，他认为技术是凡人在尘世中最伟大的体验。雅克·埃吕尔认为"当今人的观念、判断、信仰和神话都已经从根本上被其技术环境改造了……，现代人的心灵状态完全受技术价值的支配"[1]。他的关于技术和人的存在的哲学思考，也因这一学术立场被学界称为"心灵之技术状态的现象学"。这些资源都可以成为本书研究技术与人类情感结构变迁的理论基础。

人的情感诞生并投射于时间和空间之中，同时这种在心灵深处的体验又受制于主体间的时空区隔和精神交流的技术手段。"时间"与"空间"同时又是研究媒介技术改造人类文明的宏观层面的主要议题，这种宏大的研究主题往往更能引发学者们的关注，但是时间和空间中的媒介与情感之间的关联却往往被学者们所忽略。对此，伊尼斯、麦克卢汉、保罗·莱文森等媒介环境学派的学者们都给出了极具魅力的学术观点，笔者也曾从媒介技术入手，对安东尼·吉登斯、大卫·哈维（David Harvey）、曼纽尔·卡斯特（Manuel Castells）的时空观进行过专门的比较。[2] 这些已有的学术观点对于今天我们从媒介技术的变革出发，来探讨人类情感结构的演变做了理论铺垫。

古往今来，处于不同媒介技术环境中日常生活中的每一个鲜活的生命，每一代社会成员，他们的情感结构是否亘古不变，则并未引起太多的关注。其实对于人的心理体验结构的转变，马克斯·舍勒（Max Scheler）从现代世界社会形态与精神形态的转变入手，提出了"心态是世界的价值秩序的主体方

---

[1] 吴国盛. 技术哲学经典读本[M]. 上海：上海交通大学出版社，2007：121.
[2] 杜松平. 个人时间体验、集体记忆与社会时间压缩[J]. 青年记者，2018(15)：33-34.

面。一旦体验结构转型,客观的价值秩序必然产生根本性变动"①。应当说,这是非常敏锐的理论见地,深刻地揭示了情感体验在人类社会秩序中的重要地位。

近年来随着人工智能领域的研究不断深入,机器学习等信息技术领域为人工智能赋予情感结构成为一个热门议题。但是,技术对人类情感的干预又处于一种什么样的状态,将会达到什么程度,媒介技术对人类的情感结构的改变并未引起学者们明显的关注,他们忙于研究如何为机器制造灵魂,从《木偶奇遇记》中的匹诺曹到斯皮尔伯格(Steven Spielberg)的《人工智能》,都在探索如何为人造物赋予人性,编织灵魂。同时又忽略了机器和技术正在悄然改变着我们人类自身灵魂的现实。

当然,也有学者对信息技术与个人情感的关系进行了专门的研究。国内学者肖峰较早地关注了信息技术发展与人类情感问题,他主要着眼于人工情感(artificial emotion)的发展趋势、人性化意义以及由此可能引发的一系列人文意义的讨论和社会问题,例如虚拟情感真实性、情感趋同化复杂化等问题。他尚未提及信息实现光速传播之后所引发的某种情感体验类型的消失。汪丁丁提出信息技术的更新迭代导致"我们内在的情感生活与我们外在生活技术方面,二者之间可能不协调,甚至是不可能协调"②。媒介技术进化所带来的日常生活中个人情感结构的演变正在悄然发生,但是尚未引起学界专家和社会个体的足够重视。关于技术对于情感特别是爱情观念的影响,受访者给出了较有价值的真实感受和观点反馈,特别是对社交媒体依赖比较严重的青年人。

> 我感觉抖音这样的 App 可能会偷听我说话,每次它推送的短视频都和我的心情特别接近,有时候和我男朋友吵架了,它就会一连给我推送好几个关于分手的视频,我自己也会产生要不要分手的念头,我的朋友也有这样的想法。(19 岁,本科在读)

---

① 刘小枫. 现代性社会理论绪论[M]. 上海:华东师范大学出版社,2018:16.
② 汪丁丁. 信息技术与情感生活[J]. IT 经理世界,2011(22):114.

第三章
媒介技术的演变与日常生活世界的变迁

> 现在男女朋友分手更简单了，可能是一个微信或者一条语音就可以结束一段感情。朋友之间也是这样，在微信上话很多，可是见了面又感觉没有那么多话说，大家都拿着手机，感觉现代人的情感表达都要通过手机为中介。（22岁，研究生在读）

自语言和文字诞生以来，人类的信息传播和情感表达几乎是一个同步的过程。声音和各种视觉符号成为人类表达情感的主要载体，人们用嘶吼、呢喃、谩骂、诅咒，用音乐、诗歌、雕塑来表达自己的心理状态和情感波动。特别是在古今中外的文学作品中，对亲情、友情和爱情的符号表达更是数不胜数。"思念"则往往是这三种情感结构的共通话题，本书主要关注了人类众多情感类型中的"思念"这种情感状态。社会分工和生存需求迫使具有情感关系的不同个体无法始终处于同一时空范围之内，生离死别、爱恨情仇不可抗拒地被嵌入人的生命历程和情感体验当中，从而成为日常生活世界的一种常态。具有情感关联的不同主体无法同时在场，因此对媒介技术表达出强烈的依赖。跨越空间的情感表达，往往是以某种具体的物质媒介为依托。正如唐诗有云，"马上相逢无纸笔，凭君传语报平安""洛阳亲友如相问，一片冰心在玉壶"。对于媒介技术的情感沟通的变化，不同受访者给出的答案也不尽相同，这可能和性别差异、工作性质等因素相关。

> 我一个人在外地生活，每天都会和爸妈视频，看看他们和家里的环境，就没有那么想家了。现在有微信，所以就很少写信写日记了，有时心情不好的时候也不想让别人知道，会发一条只有我自己能看到的朋友圈，把朋友圈当作一种日记。我周围也有朋友会尝试陌生人社交软件，甚至孤独的时候一直打游戏。（33岁，硕士，公务员）

> 媒介技术的进步，反而使得工作节奏、生活节奏加快，与家庭成员及他人的感情也会变淡。（38岁，本科，自主创业者）

在电子媒介出现之前，空间是横亘在分处两地的主体实现瞬时沟通的不可逾越的屏障，在当时的媒介技术环境中，信息的沟通受制于空间的限制，人们无法随时获取亲人、爱人当时的生存状态。不仅如晏殊在《蝶恋花》中所叹"欲寄彩笺兼尺素，山长水阔知何处"，还有陈陶《陇西行四首·其二》"可怜无定河边骨，犹是春闺梦中人"的哀伤。个人的遭遇、死亡、诞生、离别等交往和沟通场景往往会成为古人咏叹命运无常的主题。"相思"或"牵挂"这种人类独特的情感体验则因主体间的时空限制而得以滋生。文字、音乐、绘画等不同的情感表达方式所产生的信息交换的延迟性造就了人类情感结构中最为刻骨铭心的情感体验，从而留下了"我住长江头，君住长江尾。日日思君不见君，共饮长江水""相见时的颤抖，别离后的不安"这样的千古名句。媒介信息技术作为语言和符号的承载物体，或按照麦克卢汉的观点，媒介技术本身即一种信息。因此，媒介技术的变革重塑了人类的情感结构和表达方式。从人类借助符号来表达自己情感状态那一刻起，不论是诗词歌赋还是日常生活中的只言片语，技术化的理性规则已经渗透至人类情感表达的各类符号体系之中，从本质上看情感表达所附着的符号本身即一种系统化的技术体系。

但是现在的媒介技术系统如微信等私人化的社交媒体平台已经赋予了使用者随时展示自我生存状态的信息发送能力，彼此间的生存状态的不可知性在逐渐消解。

> 我和我妈之间的关系比较微妙，我知道她很关心我，但是我们很少打电话、发微信，我每天会发一个朋友圈，然后分组只让她一个人看到，如果一切正常的话她就知道我一天过得还可以，给我点个赞。她也是这样，我们之间的这种沟通方式很默契，微信保持了我们之间的距离又不会隔断，其实挺好的。(42岁，博士，暂未就业)

从社会存在决定社会意识的基本原理出发，媒介技术发展必然也会带来个人情感结构的改变。特别是电子媒介和光速传播的引入，电话和手机的出现使得交流双方实现了符号意义层面上的同时在场，空间和时间再度从交流场景中抽离出来，对于这种交流场景中的"时空压缩"的出现和"延迟性"的消除，很早之前就有学者对此表现出隐忧。刘易斯·芒福德就认为"迟滞、思想和行动的分离对理性的决策是绝对需要的"[①]。他担心电子媒介所带来的光速传播有可能会损害人的理性。海德格尔也对信息的光速传播保持警醒，他说当"光速时间的技术信息这一范例可能像控制论那样成为当代技术的知识，这将成为一个独一无二的事件"[②]。

如果我们以电子媒介的诞生作为划分人类情感结构的分界线，我们会发现，"他者"的生存状态的不确定性正在一点一点地从我们的日常生活世界中消失，无法同时"在场"的主体间的生存状态通过电子媒介实现了同步链接，信息实现光速传播的同时，也将分布于不同空间条件中的个体当下的生存状态传递至全球各地。电子通信技术出现之后，人类社会的信息传播进入了光与电的时代，而个人情感结构的演变也同样是宏大文明层面技术发展在个人生存状态中的微观映射。

因此，电子媒介不仅塑造了人类物理生存环境，同样也在以下两个时空维度上引发了人类情感结构的演变。首先超视距和不在场沟通场景中的"思念"这种情感状态在逐渐走向消亡。每一个社会个体，从其出生到死亡，亲情、友情和爱情是个体感性生命经历不可或缺的情感体验环节，肉身生命的有限性和社会生存现实的复杂性导致了不同个体不可能一直处于同时在场的时空状态。换言之，对于处在情感结构中的他者的生存状态缺乏确定性的感知，是"思念"这种情感状态产生的主要心理认知因素。在访谈过程中，有受访者就提出互联网技术的发展方便了家人之间的情感互动，特别是语音识别技术的出现，降低了老年人的数字鸿沟效应。

我从小跟着奶奶长大，她现在80多岁了。因为我在外地工作，

[①] [美]保罗·莱文森. 手机：挡不住的呼唤[M]. 北京：中国人民大学出版社，2004：49.
[②] 张一兵. 数码记忆的政治经济学：被脱与境化遮蔽起来的延异——斯蒂格勒《技术与时间》的解读[J]. 教学与研究，2017(4)：50-56.

两个月才回家一次,有时候她想我了,不会用智能手机拨号,就让我姑替她拨号,有时候给我打电话时我正在忙,也不能好好陪她说话。现在打开电视就能自动联网,她发来语音让我打视频电话,就能随时找到我了。她经常和我视频,就没有以前那么不放心我了。
(29岁,本科,乡镇公务员)

在实现信息的光速传播之前,具有特定含义的信物和书信成为情感沟通和表达的主要承载物,空间上的位移和时间上的滞后是跨越空间情感表达的主要特征。而电报、电话和手机这种基于光速传播的通信工具的出现,深刻改变了人类的情感结构和沟通模式。保罗·莱文森认为,电话自诞生以来,就成为人与人之间情感交流和沟通的必备之物。他认为"早在手机问世之前,电话就已经产生了一个令人惋惜的后果,那就是预示着伟大情书的终结"[1]。在此,保罗·莱文森已经发现了人类情感沟通和表达中存在着信息交流上的迫切性,而电子媒介的出现恰恰通过瞬时沟通的实现,消除了对彼此生存状态的未知和不确定性。"时空对于信息的障碍瞬间就被摧毁了。人们的交往,遵循的是手机模式,以至于别的信息传递方式很快就被取而代之。"[2]如果人们通过信息技术即可获取满足情感需求的信息,互联网和社交媒体的出现,则在很大程度上加速了人与人之间的思念或者挂念这种情感状态走向消失的进程。

相对于电话和手机,互联网和社交媒体中的情感表达也发生了较为明显的转变。在电话和手机时代,情感交流中双方依然是以现实社会关系为基础的,彼此之间处于熟知状态,也即现实生活中的交往与沟通是双方实现情感表达和沟通的基础,双方处于固定的、熟知的情感结构之中,并且这种情感表达依然是以文字和声音上的互动来实现的,具有明显的对象性和直接性。互联网和社交媒体的出现则正在消解情感沟通过程中的现实社会基础。媒介

---

[1] [美]保罗·莱文森. 手机:挡不住的呼唤[M]. 何道宽,译. 北京:中国人民大学出版社,2004:102.
[2] 汪民安. 论家用电器[M]. 郑州:河南大学出版社,2015:126.

第三章
媒介技术的演变与日常生活世界的变迁

技术改变了人类有史以来的社交模式，将人类社会带入了"陌生人社交"的时代。在日常生活中，通过社交媒体平台发布内容，如新浪微博、Facebook、抖音、Vlog等，我们可以随时获知自己挂念或者暗恋的某个个体的生存状态。在这里，个体所思念或者牵挂的对象范畴也发生了变化，有可能是现实生活中我们暗恋的某人，也有可能是某一领域中的知名人士。"思念"这一情感状态所映射的对象范围已经从个人日常生活世界扩展至陌生人社交领域，这二者之间甚至并不一定处于"熟知"和"共鸣"的状态，主体间的思念或者挂念这种情感状态的产生，不再依赖于双方之间的彼此熟知和认同，处于情感链条中的一方甚至并不知晓另一方的存在，出现一种单方面的情感关系结构。

相较于电话和手机时代，网络社会中的情感表达方式呈现出模糊和多意的趋势。除了言语和文字这些传统的情感表达方式之外，以表情包为代表的网络世界特有的情感表意系统也风靡网络情感表达空间。社交媒体中普遍流行的"点赞"和表情包的使用，已经在很大程度上承担了情感表达的功能。而这种情感表达方式的内涵更具有多义性和模糊性的特征，我们很难揣摩对方在网络世界中表意符号使用行为的真实意图。媒介技术对情感表达方面的影响，有受访者给出了他们自己的内心感受和真实体验。并且比较有趣的是，在这方面女性受访者的体验往往比男性受访者更加敏感和深刻。

> 以前向一个人表达好感，我们都要打电话、发短信，感觉比较正式。现在有了微信就不同了，以前需要说出来，现在可能用几个表情就可以表达。在微信上说"我想你了""想看看你"，好像不是那么正式，成年人的情感表达更随意，甚至可以说更暧昧了，也可以说将社会关系搞得更复杂了。当然，微信中的情感互动和现实接触还是不一样的。（39岁，事业单位行政人员）

> 微信沟通挺方便的，但是我感觉还是替代不了现实中的身体接触，亲人、爱人之间的拥抱等情感行为在网上是实现不了的。（42岁，博士，暂未就业）

网络表意系统与某人社交媒体中的互动次数和频率,都可以透视出彼此间的情感互动和挂念程度,像《越人歌》中的"山有木兮木有枝,心悦君兮君不知"。这样的情感隐匿表达已经成为人类情感结构中的前尘往事。光速信息传播和互联网出现后的情感表达更加多样化,同时改变了人类的精神状态和心灵沟通方式。"思念"正在成为人类情感结构中的一种稀缺资源。在此,我们很难设想,在未来的某一时期,"思念"这种情感状态是否会随着媒介技术和沟通手段的发展而从我们的情感结构中消失。

综上所述,人类的情感结构可以视作一种受制于特定技术环境的生理反应和心灵秩序,或者说是一种基于不同技术条件之下的社会属性的状态表达。媒介技术的发展在逐步改变或者压缩我们曾经拥有过的情感体验和情感结构,其实早在《爱的秩序》中,马克斯·舍勒就已经指出"现代人不再将整个情感生命视作一种富有意义的符号语……而是将其视为完全盲目的事件,它们像是随意的自然演化一样在我们身上进行"①。

三、加速与压缩:媒介技术与人类时空观感的嬗变

除了上一小节讨论的情感解构的变化之外,越来越快的社会节奏(个体的时间体验也呈现出加速状态)已经成为当下一种普遍的生存状态。正如哈特穆特·罗萨(Hartmut Rosa)所言,"我们发现可以对'加速'的讨论牵涉生活的速度、历史、文化、政治生活、社会,甚至时间本身"②。我们又很难为这种现象的出现锚定一个确切的时间节点,当下我们中的大多数人可能都会有着时间匮乏的紧迫感,人们不得不同时忙于多个事项,必须要学会一心多用,甚至一手多用。直到深夜睡眠之前,我们还要忙于回复多个微信群、钉钉群里的工作安排。对于不少人来说,除了睡眠时间,我们已经进入了一种被迫

---

① 马克斯·舍勒. 资本主义的未来[M]. 刘小枫,主编. 北京:生活·读书·新知三联书店,1997:中译本导言15.
② [德]哈特穆特·罗萨. 新异化的诞生:社会加速批判理论大纲[M]. 郑作彧,译. 上海:上海人民出版社,2018:10-11.

地"永久在线"状态,失去联系成为一种必然会引发冲突或损失的突发事件,甚至成为一种彰显社会地位的特殊权力。我们开始怀念没有手机的生活,开始怀念"从前车马慢,书信很远"的生存状态,但是又不可能再回到过去那种技术条件之下。

技术的发展导致人类对外在于自身空间和时间的感知发生了改变。电子媒介出现后,事件、叙述与记忆的关系不再遵从文字时代的规则,斯蒂格勒指出技术规划了人类社会记忆生产的流程,他认为"事件是发生在'输入'之前,而'输入'又发生在'接收,或者'阅读'之前,这便设定了'过去',也就是'当下'(时间)的呈现方式"①。对于"媒介"与"时空"的相关性问题,目前国内外已有很多学者从媒介与社会时空关系生产,媒介作为一种新的时间标准,媒介加速社会节奏而带来时空紧迫感等方面加以研究,但尚未对当前人类社会和日常生活中普遍面临的时空紧迫感和时间节奏加速产生的根源做深入探讨。

(一)时间问题的理论溯源

"时间"作为西方哲学史上的基本概念,贯穿于整个哲学史的发展历程。早在古希腊时期,很多哲人就已开始关注"时间"。亚里士多德较早地对"时间"做出经典论述,他秉持一种绝对时间观念,认为时间是一种客观存在,时间是用来度量物质运动的工具,时间对于宇宙中的所有事物具有同一性;奥古斯丁(Saint Augustine)关于"时间"的观点较具有代表性,他认为时间是心灵的延伸,强调时间主体内在性。他以个体经验作为时间参照系,对时间的度量只不过是度量记忆存留下来的印象。康德则预设时间是先验的存在,"空间和时间是主观的,是我们知觉的器官的一部分"②。

在客观社会实践中,"时间"也是生产关系中的核心问题,"马克思认为人的解放的实质上变现为自由时间的涌现,自由时间的利用程度和利用方式

---

① [法]斯蒂格勒. 技术与时间 2:迷失方向[M]. 赵和平,译. 南京:凤凰出版传媒集团,译林出版社,2010:139.
② [英]罗素. 西方哲学史:下[M]. 何兆武,译. 北京:商务印书馆,2015:270-271.

是衡量人类进步的主要标志"①。未来社会,人的全面解放的关键在于个人对时间自由支配的实现。17世纪以来,社会学逐步从哲学中分化出来,早期社会学家关注更多的是秩序、稳定、状态问题,对与"时间"概念密切相关的变迁、冲突、周期等问题并未予以足够的重视。在早期社会科学范式中,"时间"多被视为一种外生变量或自然常态。因此"在现代社会分析中,时间一直是某种缺席的变量"②。伊曼纽尔·沃勒斯坦(Immanuel Maurice Wallerstein)敏锐地发现早期社会科学方法论最大的失误就在于对"时空"概念的无视。吉登斯也曾对早期西方社会理论对"时空"问题的忽视进行了批评。多伦多学派伊尼斯在论述20世纪报业经济史中也暗藏着这样的观念,他认为西方文明具有强烈的空间偏向,忽视了时间的延续、积累和传承。

当然并不是所有社会学家都忽略了"时间"问题的重要性。涂尔干就较早地把"时间"问题纳入了社会学研究范畴。他在《宗教生活的基本形式》中提出,时间是一种集体意识的产物,只有人类具备某种时间概念,时间才会最终被内化为一种抽象的、非人格化的社会制度。马克思提出剩余价值来源于工人阶级的剩余劳动,却被资产阶级无偿占有,从政治经济学角度揭露了资本主义生产关系的剥削本质,阐明了资产阶级和无产阶级之间阶级斗争的经济根源。另外在《1857—1858年经济学手稿》中,马克思提出"用时间消灭空间"的观点,可以说这是现代社会学"时空压缩"理论的雏形;索罗金(Pitirim A. Sorokin)和罗伯特·默顿发展了涂尔干的"时间"理论,他们认为时间不仅是集体意识的产物,并且时间单位通常是由集体生活的节奏所确定的,时间具有不连续性、相对性和特殊性的异质性特征,社会时间与物理时间之间存在质的区别。乔治·古尔维奇(G. D. Gurvitch)进一步推动了对社会时间异质性的探索,他强调"时间"是社会现象与社会结构展开的绝对基础,社会结构处于永恒的变革之中,"时间"引起的变革是社会学研究的中轴,并基于类型学

---

① 景天魁. 时空社会学:理论和方法[M]. 北京:北京师范大学出版社,2012:3.
② [英]约翰·哈萨德. 时间社会学[M]. 朱红文,译. 北京:北京师范大学出版社,2009:1.

对社会时间进行了八种分类。① 甚至哈尔特穆特·罗萨认为现代化进程必然伴随着人类时间观念的变迁。

那么，在哲学和心理学领域，是否存在这样的理论困局，即在日常生活世界中人的主观时间体验是否存在"时间压缩"。如果存在，它是如何实现的。笔者认为媒介作为人类重要的记忆方式，单位媒介存储的信息量的增大，恰恰是造成人类主观领域内单位"时间"流逝速度加快和压缩的重要原因。人类对时间的主观体验主要依赖于对记录在各类能够表达信息的媒体中所传达的信息的反思和重现。接下来的小节将着重讨论媒介作为人类社会集体记忆的承载者，在不同历史时期不同程度的媒介信息存储量和读取量在人类主观世界中对时间压缩的时间体验的影响。相对于物理时间，本节着重探讨的是主观时间或心理时间，另外本章中所用"媒介"一词取其广义上的意义，泛指一切能够存储、表达信息的物质载体，而不单局限于新闻媒介。

（二）个体微观心理层面的时空压缩

如今"时空压缩"这个术语已成为多个学术领域的热点话题。波德莱尔（Charles Baudelaire）早就感叹过现代性就是短暂、流变、偶然事件；它是艺术的一半，另一半则是永恒与不变。显然他更为关注的是"时间"问题。20世纪60年代以来，社会理论的批判焦点逐渐由"时间"转向了"空间"，甚至后现代理论家做出"时间是现代的，而空间是后现代的"的论断，"时间"问题有可能再次面临被冷落的风险。但大卫·哈维、吉登斯和曼纽尔·卡斯特却较为关注时间问题对人类社会变迁和个体层面所造成的冲击，他们从各自的研究立场对时空问题做出了经典论断，三人是当代社会时空问题研究的集大成者，其研究成果对我们探讨日常生活世界中的"时间压缩"具有奠基性的意义。

大卫·哈维受列斐伏尔的空间生产理论影响较深，其理论重心主要侧重于"空间"问题上。但他仍然十分重视"时间"在资本主义历史进程中的重要地位。大卫·哈维认为"时空压缩"（time-space compression）是：

---

① [英]约翰·哈萨德.时间社会学[M].朱红文，译.北京：北京师范大学出版社，2009：57-60.

标志着那些把空间和时间的客观品质革命化了,以至于我们被迫、有时是用相当激进的方式来改变我们将世界呈现给自己的方式的各种过程。我使用"压缩"这个词语是因为可以提出有力的事例证明:资本主义的历史具有在生活步伐方面加速的特征,而同时又克服了空间上的各种障碍,以至于世界有时显得是内在地朝我们崩溃了。①

吉登斯则提出与之相对应的时空理论,他对当代人所面临的"时空"问题做了如下论述:"个体生命的跨度是不可逆的有限时间,但个体的日常体验亦即人们的实践意识却是可逆的、无限的时间。同时,作为人类实践中不断结构化而成的长时段,也是可逆的无限时间。"②另外,在标识时间和空间的技术领域,计时器和地图绘制技术的进步导致时间的表达逐渐同具体地点和社会行动相分离,出现了没有任何在场事物的"时间"和"空间",最终实现了"时间"和"空间"的同时空虚化,导致社会关系出现"脱域"的现象。吉登斯创见性地论述了人们如何借助社会关系跨越时空的伸延,超越个体"在场"的局限性的问题。在吉登斯理论体系中,"时间"才是根本性的问题,因为"统一时间是控制空间的基础"③。

曼纽尔·卡斯特尔则从信息技术和社会变迁的角度,考察人类时间观念的历史演变。信息技术革命催生了原有社会关系的重构和社会结构的变迁,基于信息技术革命的网络社会中的"时间"和"空间"结构也发生了相应的变化。网络社会的日常生活世界速率大大加快,流动性和不确定性成为网络社会的主要特征,客观事物和社会关系的变化、发展的节奏和次序已经被压缩得无法分辨,原有反映事物变化序列的时间观念已经把握不了网络社会的时间,即出现了"无时间之时间"。卡斯特尔提出,"我们社会里的每件事物的加速,无情地压缩了人类一切活动领域中的时间。压缩时间直到极致,形同

---

① [英]大卫·哈维. 后现代的状况[M]. 阎嘉, 译. 北京: 商务印书馆, 2003: 300.
② 田启波. 吉登斯现代社会变迁思想研究[M]. 北京: 人民出版社, 2007: 62.
③ 刘少杰. 后现代西方社会学史[M]. 北京: 北京大学出版社, 2014: 267.

第三章
媒介技术的演变与日常生活世界的变迁

造成时间序列以及时间本身的消失"①。上述学者都把时间和空间作为分析社会结构和社会变迁的维度,不难发现各自的理论体系对时间和空间的侧重各有不同。哈维的"时空压缩"理论较为侧重对空间的批判,而在吉登斯的"时空分离"理论中"时间"居于更为显著的地位,卡斯特在信息技术进步和流动的空间及权力层面上做出了理论推进。

麦克卢汉认为媒介如同人体器官一般,可视为感知世界的尺度。媒介有其自身规律,以其独特的方式反过来影响和制约人类社会的发展,改变了人类的日常观念、生活方式和社会结构。人类社会不同时期的生产力水平不仅造成其社会成员在物质产品生产领域的能力差异,同时对社会成员所能掌握的信息存储、读取水平也影响巨大。人类在改造客观世界的社会实践和主观世界的精神活动中,除了身体(大脑记忆)记忆传承形式之外,社会实践活动在各类物质承载体(如美术、建筑、书籍、音乐、仪式等)中留存信息,这部分信息内容同样是构成人类社会集体记忆的重要部分。

更为重要的是,物质记忆实践可以在更长的历史长河中存留下来,物质媒介的持久性为后人提供了一种时间线上的叙事线索。生物学意义上的时间是不可逆的,过去、现在和未来彼此对抗,但是在人类个体心理层面上,记忆活动是一种心理的时间旅程,是以某种方式重新复活过去所发生的某些事件。"作为记忆的主体,我们能够从当下的时空中解脱出来,重新体验过去,并随意地将我们自己投射到未来。"②"我们可以看出,生活和社会中的时间,是与闪闪发光的星空中的时间非常不同的东西。"③物理学中的时间是统一的、同质的,而人类所特有的社会时间或者个体层面上的心理时间与之存在明显差异。时间在自然科学中的不可逆性和在人类心理层面上的可回溯性,使我们有必要从社会宏观层面和个体层面上去探讨媒介技术的发展与"时间压缩"的关系,这应该是研究"时间压缩"问题的必由之路。

---

① [美]曼纽尔·卡斯特尔. 网络社会的崛起[M]. 夏九铸, 译. 北京: 社会科学文献出版社, 2001: 530.
② [英]约翰·哈萨德. 时间社会学[M]. 朱红文, 译. 北京: 北京师范大学出版社, 2009: 27.
③ [美]丹尼尔·夏特克. 追寻逝去的自我: 大脑、心灵和往事的记忆[M]. 高申春, 译. 长春: 吉林人民出版社, 2011: 3.

索罗金和默顿认为物理学中不同的参照系会产生不同的时间体系，但心理学领域中的时间概念却完全不同于物理学的时间概念。在心理学领域中，时间并不是被构想成"以一种不变的速度流动，不受物体快或慢的影响"，而是被看作"一种时期内的具体事件的数量和重要性的影响"[1]。他们提出时间流逝的"快"和"慢"与一定时期内的具体事件的多少和重要性相关。在人类文明近万年的历史长河中，过去的事件已经不复存在，事件的属性信息却在人脑和物质媒介中被留存下来。人类之所以会产生历史已经远去、昨日难以重现的时间观感，在一定程度上是由于当下的我们对过去那个历史长时段所能掌握的信息甚少，只能从有限的存留下来的信息中去把握过去的人和物的梗概信息，其细节则已经无从获取。时间流逝的结果就是在我们可获取的信息中越来越多的与事件相关的信息逐渐被淡出，蕴藏于物质媒介中的信息密度对于人类的记忆来说变得越来越稀薄。因此，个体的主观时间观感主要来源于媒介中蕴含的信息，时间的客观长度是不可更改的，但物质媒介中所存储的信息量的增加，必然带来时间密度的提高和时间流逝速度的加快。总之，正如前文所言，人类对于时间流逝的体验与大脑意识中处理信息的密度有着明显的相关性。[2]

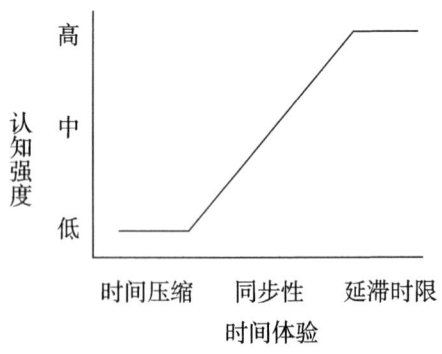

图3　时间体验与认知强度之间的理论关系

阿尔弗雷德·舒茨(Alfred Schutz)对此也持有类似的观点，他认为在越短

---

[1] [英]约翰·哈萨德. 时间社会学[M]. 朱红文, 译. 北京：北京师范大学出版社, 2009：35.
[2] Holmer Nadesan, M. M. G. Flaherty, A watched pot: how we experience time[J]. Human studies, 2002(25)：257-265.

第三章
媒介技术的演变与日常生活世界的变迁

的时间内享受越多的丰富内心生活体验的事件，就越美好。每个时间单位内所体验事件的数量在增加，就会出现"体验在压缩"的现象。[1]"过去"显然不能被原景还原，然而随着我们对物质媒介中信息存储的读取能力的增强，人类对过去事物和人物的过往细节的把握能力则更强大。文字出现之前，记忆与记忆承载者的肉体生命息息相关；文字和印刷品的出现使得社会记忆的存储、传播与个体生命体记忆模式相分离，人类的记忆模式摆脱了生物生命有限性所造成的时空限制。远古时代以来，我们在回忆过去时，除了诉诸个人脑海记忆，更多的是依赖外界物质媒介所蕴含的信息。时间节奏因人类从物质媒介中信息读取量的增加而变得富有弹性。

进入互联网世界后，特别是社交媒体的广泛普及，大量个人用户通过社交媒体平台发布海量信息，这些信息几乎涉及社会和日常生活世界中的各个领域。海量信息的留存弥补了历史事件信息的不确定性，后人通过电子记忆存储系统，可获得比之前任何一个时代更多的海量文字、图片和视频，这些信息都是作为过去的"时间"在历史中的"结晶"，它们充分填充历史细节，确定性的增加无疑会拉近过去历史与当代人主观感知之间的距离。对于这种社会心理现象，弗拉赫蒂（Flaherty）和乔森（Joinson）也先后给出相似的理论分析，他们认为，"时间的加速并不令人惊讶，因为人们在网络环境中参与对话或特定行为的抑制程度较低（Joinson，2007），也因为不同的环境和情绪情况导致个人体验时间的方式不同（Flaherty，1999）"[2]。

具体而言，一个世纪的时间距离在不同时期的社会成员的主观感知中呈现出不同的时间长度，随着物质媒介中所蕴含的信息量的加大，人们对过往时间中的历史细节的把握会越来越清晰。莎士比亚早在他那个时代就已经感觉到时间结构正在发生变化，预料到后代对时间将会出现不同的体验。受访者普遍反映，在刷抖音的过程中时间过得特别快，甚至有受访者认为因过多地刷抖音浪费时间，导致睡眠时间不足而影响工作状态，也会因此产生内疚

---

[1] [德]哈尔特穆特·罗萨. 加速：现代社会中时间结构的改变[M]. 董璐, 译. 北京：北京大学出版社, 2015: 146.

[2] Shank, D. Technology and emotions[M]// Stets, J., Turner, J. (eds) Handbook of the sociology of emotions: Volume II: Handbooks of sociology and social research. Dordrecht: Springer, 2014.

的心理。

> 休息的时候拿起手机刷抖音、刷剧,特别是现在有播放加速功能,感觉时间就过得特别快。(33岁,硕士,公务员)

因此,在人类现有技术条件下,物理学意义上的"时空压缩"暂时难以实现。相对于物理学上的"时间",心理时间主要由个体主观感觉的绵延所填充,个体对时间的主观感觉主要来源于媒介中蕴含的信息。时间的客观长度固然是不可更改的,但是在日常生活中,蕴藏在物质媒介中的信息量的加大,所产生的时间密度的提高和时间流速的加快,必然造成"时间压缩"的主观观感。

(三)社会宏观层面时间节奏的加速

其实学界已有学者察觉到媒介技术与日常生活中的时间节奏存在着较为明显的关联性。希瑟·A.霍斯特(Heather A. Horst)从人类学的角度考察日常生活中的新媒介技术时就曾指出,"正如之前对收音机和电视的研究表明,新的媒体科技将改变日常生活的基础结构和节奏"[1]。人类自从学会结绳记事和创造表意符号以来,生产力的每一次飞跃不仅增强了人类改造客观世界的能力,同时也为人类社会提供了新的信息生产、存储和传播的手段。马克思认为制造和使用工具并进行生产劳动是人类社会存在和发展的基础,而生产工具作为生产力发展水平的重要标志,与社会形态有着密切的联系。马克思曾说:"手推磨产生的是封建主为首的社会,蒸汽磨产生的是工业资本家为首的社会。"[2]马克思从生产工具的维度上对人类的社会形态进行了划分,丹尼尔·贝尔(Daniel Bell)和纽尔曼·卡斯特等人也都有过对人类社会形态类似的划分,分别提出"后工业社会"和"网络社会"的概念。阿斯曼夫妇(Aleida Assmann, Jan Assmann)着重对媒介技术发展史与社会记忆结构展开反思,他

---

[1] [英]丹尼尔·米勒,希瑟·霍斯特.数码人类学[M].王心远,译.北京:人民出版社,2014:78.

[2] [德]马克思,恩格斯.马克思恩格斯选集:第1卷[M].北京:人民出版社,1976:108.

们认为媒介是人脑在记忆领域的衍生，每一次媒介技术发展都会给人类的知识结构、记忆存储机制以及社会交际形式带来极大变化。关于媒介技术与集体记忆的生成与唤醒，从受访者的口述史资料中也有所反映。

> 我年轻的时候在伊犁霍城县插队当知青。虽然我是女的，但性格很要强，生产队里的啥活我都会干，当时干活很辛苦。那时候我国和苏联的关系很紧张，我们还要参加民兵训练。我是妇女里的积极分子，经常组织大家读书、看报。我的一些战友后来有返城当工人的、上大学的、当兵的，全国各地都有。这么多年过去了，现在还能经常在电视、抖音上看到有关知青题材的内容，我也经常会回想起当年那些老战友，还有当地的老乡。我们现在还有战友微信群，要在以前没有手机的时候，很多战友可能一辈子也联系不到了。(65岁，已退休)

阿斯曼夫妇的主要贡献是文化记忆理论，他们认为通过电子媒介把记忆从时间中解放出来，进而延展了集体记忆的时间轨道。他们主要着手解决了"我们是谁"和"我们从哪里来，要到哪里去"的文化认同问题，但并没有进一步对电子媒介与时间加速、时间压缩等方面进行论证。

空间是人类开展实践活动的场所，因此空间一直是比较容易引起关注的问题，并且其本身也具有强烈的实践性。因此，正如国内学者杨沐所说"空间是实践的显现性或肯定性；时间是实践的隐匿性或否定性"[1]。在人类社会现有的技术条件下，作为客观实在的"空间"的压缩在物理学上也是同样难以实现的，随着生产力的发展和交通运输工具在单位时间内空间位移速率的极大提升，人类征服空间的能力必然会在空间的主观观感上造成地理距离压缩的趋势。"常常可以看到自从引入火车和蒸汽船之后而不断增强的空间的萎缩，它是越来越快地跨越距离的结果。"[2]从大卫·哈维所假设的空间的压缩

---

[1] 杨沐. 时空的新内涵界定[J]. 福建论坛(人文社会科学版)，2008(11)：34-37.
[2] [德]哈尔特穆特·罗萨. 加速：现代社会中时间结构的改变[M]. 董璐，译. 北京：北京大学出版社，2015：37.

可以明确地提出，由于时间的加速而导致了通过时间造成的空间的消失。对此，索罗金和默顿也认为，"建立在物理学基础上的计时方式以相对同质的单位不可动摇地向前推进，而社会时间是以变化着的节奏展开的，有时候快，有时候慢，有时候出现暂停"①。

自大众传播媒介诞生以来，人类社会产生了专业信息的生产传播机构，这里的信息生产机构并不单单涉及新闻机构。专业化、规模化的信息生产活动在人类时间长河中保存了大量信息，这些信息的生产、存储、传播活动不仅深刻引导了人类社会的发展方向，也在更深层次上塑造了人类社会的时空面貌。大众媒介普及后，海量新闻信息被记录在各类媒介之中，特别是进入电子信息传播时代以来，人类生产、存储和传播信息的能力出现数量级跃升，大数据技术、互联网云存储等技术使信息真正具备了可复制性、海量存储、传播成本低的特点。人类社会数据生产量成几何级数叠加，与社会个体之间共享数据信息的同步性成正比。

> 对于大数据之大，谷歌前首席执行官施密特有一种流传甚广的说法，可以帮助我们形象地加以理解：人类从直立行走到 2003 年所创造的知识，总计才五艾字节（一个艾字节相当于十亿 GB）；到了 2007 年，短短几年间的数据存储已经超过了三百艾字节。据统计，到 2015 年，全球网络数据流量将接连翻番，达到每年九百六十六艾字节，这标志着人类从数据的"池塘"走向了数据的"海洋"。②

"对时间的迷醉主要源于人们能够直接感知到速度的提升，它是被技术所催迫，以技术为媒介的。"③个体心理层面的时间压缩与社会宏观层面的时间节奏加快，二者之间有着明显的逻辑关系。对人类社会来说，社会时间能

---

① [德]约翰·哈萨德. 时间社会学[M]. 朱红文，译. 北京：北京师范大学出版社，2009：49.
② 曹卫东. 开放社会及其数据敌人[J]. 读书，2014(11)：73-80.
③ [奥]赫尔嘉·诺沃特尼. 时间：现代与后现代经验[M]. 金梦兰，译. 北京：北京师范大学出版社，2011：15.

第三章
媒介技术的演变与日常生活世界的变迁

够在主观世界产生具有经验性和象征性的社会意义和情感体验。不同时期的个体对社会象征的体验注定是不同的。社会时间的不均匀，造成了社会呈现出周期性和节奏性。社会现象往往是一种参考框架，时间单元被集体生活节奏（比如说社会现象的运动、时间的变化）所固定；"由于信仰和习俗的差异，社会时间因而异质；将社会时间作为方法论范畴将会有助于对社会周期的揭示。"[1]因此，不同时期媒介所能生产和存储的信息量的大小，决定了不同时期的个体从媒介获取的信息量的大小。因此，相同时间的长度，对于处在不同媒介技术发展时期的人们来说，所产生的时间观感是有差别的，时间的流逝会因为媒介信息量存贮的差别，在人类对时间的诊断中产生弹性。

> 我感觉现在人们的时间观念增强了，已经没有模糊时间了。钉钉打卡、各种直播、限时秒杀，都在提醒我们时间要具体到每一分每一秒。(22岁，研究生在读)

媒介技术的发展所带来的海量信息，势必会在人类社会宏观层面上造成"时间压缩"的主观体验。而上述社会时间中所呈现出的周期性和节奏性，又恰恰受社会技术发展水平的制约和规定。从媒介技术演变史来看，信息传播速度成为制约社会时间周期性和节奏性的关键因素。媒介技术的进化不仅仅在个体层面上造成时间压缩的心理体验，同时还具有更为重要的宏观层面上的意义。因为"时间"无论是作为一种社会制度，还是作为一种在个体微观层面上的心理意识，都构造着我们的社会生活直观感受和集体生活的节奏。第一次工业革命造就了现代时间制度，工业社会追求提高各类社会行动的同步性和风险的可控制性，统一的计时制度可以增强社会集体和个人行动的同步性和一致性，并且个体间的行为协调过程多是在时间中而非空间中去完成的。信息的光速传播化身人类社会的神经系统，社会成为一部精准运行的巨型机器，并且这部机器的整体运行处于一种加速状态，一切都是以"更快"和"更

---

[1] 景天魁. 时空社会学：理论和方法[M]. 北京：北京师范大学出版社，2012：63.

好"为价值标准。"'一切越来越快'在现代化的各个阶段都被作为基本体验,即一切都在不断流动中,因此未来是开放的、未知的,不再能从过去和现代中推导出来。"①不少受访者都认同社会节奏加快的观点,并且给出了自己的亲身感受。

> 我在校外培训行业工作,大概从2010年起,我感觉工作节奏越来越快,要争分夺秒才能不被市场淘汰。我总感觉时间不够用,工作干不完,行业竞争压力也很大。(38岁,本科,自主创业者)
>
> 我感觉社会节奏越来越快了,可能是与社会大的技术环境有关,我们单位的工作虽然有计划,但也很难按部就班,日常工作中也有各种deadline。(33岁,硕士,公务员)

电子存储技术的出现使时间维度再次胜出空间维度,显示屏的应用直接使信息呈现方式由前书写、印刷时代的固定性转变为电子时代的流动性,基于逻辑思维模式的书写符号重新让位于视觉和听觉,"在场性"又重新踏入人际交往之中。"在所有文化中,都存在着某种时间计算的既定模型及为自身空间定位的方式。"②因此,正如吉登斯所提出的那样,"时空分离"既是现代性的动力之一,也是人们在现代社会中的生存状态和生活体验。人们的时间观念是对他所处时代生存状态的体验或感受,不同时代的人生存状态不同,其时空体验也是不同的。从目前媒介信息存储技术的发展趋势来看,人类社会将逐步出现一种电子线性时间观念,正如齐格蒙特·鲍曼(Zygmunt Bauman)所说,一切都朝向一个不知结局的、失去确定性的未来驶去,整个社会时间结构在悄然发生改变,社会集体层面表现为社会节奏加快。德国学者罗萨甚至将这种加速现象视为人类社会出现的一种新形式的异化表现。

---

① [德]哈尔特穆特·罗萨. 加速:现代社会中时间结构的改变[M]. 董璐,译. 北京:北京大学出版社,2015:20.
② [英]安东尼·吉登斯. 现代性与自我认同[M]. 赵旭东,译. 北京:三联出版社,1998:17.

第四章

重构与选择：
日常生活世界中人的媒介化认知与实践

第四章
重构与选择:日常生活世界中人的媒介化认知与实践

对于生活在当下互联网社会中的人们,"数字化生存"并不是一个全新的命题。早在20世纪90年代,尼古拉斯·尼葛洛庞帝出版了《数字化生存》一书,他兼具科学家和思想家的双重身份,犹如互联网时代的技术先知,为我们描绘了即将到来的、令人心驰神往的网络社会,并将"数字化生存"这种全新的生存状态引入了学界和日常生活世界。应当说1995年尼葛洛庞帝写下《数字化生存》之时,互联网社会已经初现端倪。也就在这前一年,1994年中国也接入全球互联网,那一年被视为中国互联网元年。

如果从当下的媒介技术发展来看,我们再检视尼葛洛庞帝关于"数字化生存"的预言,不得不被其理论的超前性和前瞻性所折服。"数字化生存"在当时还暂时停留在科学实验室和前卫学者的预言之中,离公众的日常生活似乎还有着一段遥远的距离。毕竟新的技术真正进入社会应用和公众日常生活,一般都需要经历技术创新扩散过程。但是互联网进入日常生活并未让我们等待太久,从其诞生之初便带有电子媒介技术所特有的日常属性。尼葛洛庞帝本人也表示,当年他们在麻省理工学院的媒体实验室(media lab)利用电脑所进行的在当时那个年代看似神奇无比的实验,正是为了使之成为今天我们日常生活世界的平常之物。

一、日常生活世界中的认知重构

从人类文明发展史来看，认知不仅仅是人类所特有的一种心性活动和精神反思，认知直接面对的是对外部世界和自我存在的最终解释，最终事关人世间的秩序安排和超验世界的永恒真理。因此，自神学及哲学诞生后，解释人类应当如何认知世界和自我，成为其话语体系的首要任务。

在马克思主义哲学中，认识世界和改造世界是人类的最基本的实践活动，是人类社会生存和发展的基础，也是马克思主义哲学的核心议题。在马克思的认识论中，实践居于决定性地位，实践是认识的基础、来源和发展动力，而认识是通过实践对外物完成对象观念化和观念对象化的主体自觉活动。在古代东方儒家文明世界中，认识更是被提升至实现精神世界圆满的成圣之道，是君子自省、知性知天的德操修行。对此，亚圣孟子曾提出，认识关乎君子德操的最高境界——天人合一。他认为"认识的根本路径是从主观精神出发，通过反观、内省自身的心性，而求得知性、知天，最终达到天人合一"[1]。

工具在实践过程中往往以技术的形式出现，在人类认识世界和改造世界中成为人的器官功能的延伸，同样在人类文明进程中扮演着至关重要的地位。对此，马克思提出制造和使用工具是人和其他动物的本质区别。在人类文明的技术进化过程中，技术往往以工具的形式在实践中得以呈现，人的主观意志、肉体（劳动力）和技术（工具）三者的结合，创造了人类文明社会所有的物质财富和精神财富，甚至也包含了我们为自己创造的神。因此，实践工具也是体现人类改造和认识世界的能力的重要指标。

"在辞源学上，认识论一词的英文 Epistemology，它由希腊字 Episteme，即知识转化而来，指关于知识的学说。"[2]在传统认识论中，不管其出发点是主观主义还是客观主义，往往都是从人这一主体出发，来考察实践和认识之

---

[1] 姜国柱. 中国认识论史[M]. 武汉：武汉大学出版社，2008：28.
[2] 欧阳康. 马克思主义认识论研究[M]. 北京：北京师范大学出版社，2012：2.

间最基本的关系,对于处在实践和认知主体之间的中介之物并未给予足够重视。工具或者说其本质的技术形式,往往被当作改造或认识世界的手段,而忽略了它本身也反映出人类认知世界的基本途径。

因此,这里需要指出的是,主体和客体之间的中介物一般都是以某种技术形态而呈现的。不同技术时代,人们对于世界本质的认知不同,对于世界本质的解释体系也截然不同。对此,国内学者肖峰指出人类对世界本质的认知随着技术发展而发生变化,"信息时代以前的世界是以物质性的原子为基础的,而信息时代来临后世界的基础则转移到信息的比特,形成了对世界的信息化解释"[1]。另外需要说明的是,本章主要考察日常生活世界中的实践主体认知方式和媒介技术之间的关联,并非专业科学实践中研究者凭借专业设备对世界的观察和认识。

(一) 从具身认知到符号认知

认知是人类所特有的意识能动活动。"人的感觉想象能力和设计计算能力并不只是约束了我们能做什么,而是也能使我们在技术上扩展某些肉身限制。"[2]语言和工具诞生之后,主体认知世界呈现出一种逐步中介化的过程。在认识世界和感知世界的过程中,人们往往凭借某些工具或通过某种中介物来观察和认识外部世界。在人类认知中介化的过程中,大致经历了由主观感官系统到抽象符号系统再到专业化技术系统的演变过程。因此,人类认知世界的方式和途径也深深打上了媒介技术变革的烙印。每一次媒介技术的升级迭代,必然会引发人类认知世界方式的变革。

"身体是心智的基础,身体在人类认知及相关社会活动中具有首要作用。"[3]因此,可以说肉体是认识发生的基础。"在人类的认识史上,人的思维的产生和发展经历着一个漫长的由低级到高级、由简单到复杂、由肤浅到深

---

[1] 肖峰.信息技术哲学[M].广州:华南理工大学出版社,2016:122.
[2] [英]克里斯·希林.文化、技术与社会中的身体[M].李康,译.北京:北京大学出版社,2011:192.
[3] 於春.传播中的离身与具身:人工智能新闻主播的认知交互[J].国际新闻界,2020,42(5):35-50.

化的历史发展过程。"①在人类文明的史前时期，认知活动的主体——人类自身与认识对象处于直接统一的时空场域之中，认知的发生基于肉身的感觉器官对认识对象的直接体验。在那个时期，人类祖先与地球上的其他生灵一样，与自然界中的万物混为一体。人类认知外部世界和自身的范畴大致与其生存环境及其自身相一致，认知活动和实践活动基本上是同时同步进行的，也可以说认知本身就是为了直接服务于生存性的实践活动。培根的经验论、认识论与史前人类对外部世界认知的过程十分接近，"培根认为所有的知识都最终来自实际的经验、观察，是归纳的"②。那时，我们的祖先主要通过视觉、听觉、触觉、味觉、嗅觉等感官来认知和感受周遭世界及其自身，与其他动物对世界的感知方式并无根本性的区别，这是一种以人类自然属性为主导的认知方式。这一时期，人类认识世界的方式可以称之为"感官认知"，也可以称为"具身认知"。

在这一时期，人类认知世界的范围与其生存的自然环境相互重叠，对外部世界所有事物状态和属性的感知、把握和认识都伴随着感官同时出场，作为人类自然属性的"五感"皆会参与对世界的认知和把握的过程之中。外部世界在他们的意识中与其自身并无明显界限。这一时期，一切可以被肉身感知到的事物和现象，都成为人类认知的来源，人类基于此认知的情绪表达也多是一种本能反应。自然界中太阳东升西落、季节更替、火山爆发、野果苦涩、同类的体温，种种来自外部世界的现象和感受，构成了早期人类对世界认知的来源。这种直接经验"首先是由作为直观内容的感觉组成，其形式由空间的广延或时间的持续而构成"③。因此，这种经验或认知也被康德称为"感性直观"。

据罗杰·费德勒对史前人类语言能力的考证，"从头盖骨化石上搜集到

---

① 姜国柱. 中国认识论史[M]. 武汉：武汉大学出版社，2008：1.
② 常艳，邓红风. 语言与认知[M]. 北京：科学出版社，2015：20.
③ [英]海姆伦 D W. 西方认识论简史[M]. 崔建军，译. 北京：中国人民大学出版社，1987：64.

· 第四章
重构与选择:日常生活世界中人的媒介化认知与实践

的解剖数据可确认,距今4万到9万年前,现代人类获得了说话的身体能力"[1]。人类社会早期的生存状态只能说是基于现代人知识范围内的理性推断。制造工具和使用语言几乎相伴而生,而对于工具与语言之间的关系,查尔斯·辛格(Charles Singer)认为"人类在学会制造工具的同时,似乎也开始使用某种形式的语言。语言和工具是相互联系的"[2]。德里克·德克霍夫(Derrick de Kerckhove)也认为"语言是我们的第一种技术"[3]。自语言和符号诞生以来,它们就成为外在客观世界与内在主观逻辑系统之间的中介,人类开始进入通过技术中介物认识世界的历程。与此同时,人类真正具有了关于自我的意识。在人类社会中,语言以及符号系统的出现所产生的重大意义,学术史上留下了诸多经典论断,同时也成为语言学、社会学、人类学、传播学等学科中的共通话题。除此之外,笔者认为语言和符号作为一种基础性的表意系统的诞生,不仅是表意系统的升级和完善,同时也改变了人类认识世界的方式。认识不仅是人类生存活动的一种应激反应,人类在处理自然界和人的关系过程中,开始以人的主体性地位,学会用语言或者其他符号系统,赋予外部世界和人类自身以社会性的意义。

在传播学的学术传统中,作为意志和观念的抽象表达,语言和符号首先被视为信息的载体,传递意义和实现交流往往是学者们关注的焦点。特别是在实证主义占主导地位的传播学行政学派的研究中,谋求如何巧妙运用语言和符号技巧以及获取最佳传播效果,是其学科安身立命之根本。媒介环境学派也主要关注了符号系统与物质媒介相结合以及由此产生的历史意义的问题,他们更多是从人类文明宏观层面去考察,对于个人生存状态并未给予同等地位的关注。另外需要强调的是,媒介环境学派的哲学立场是植根于马克思主义的。从伊尼斯和麦克卢汉的媒介理论中,我们可以明显地体察到,他们在

---

[1] [美]罗杰·费德勒. 媒介形态变化:认识新媒介[M]. 明安香,译. 北京:华夏出版社,2000:48.
[2] [英]查尔斯·辛格,霍姆亚德 E J,霍尔 A R. 技术史:第一卷[M]. 王前,译. 上海:上海科技教育出版社,2004:57.
[3] [德]德里克·德克霍夫. 文化的肌肤:半个世界的技术变革和文化变迁[M]. 何道宽,译. 北京:中国大百科全书出版社,2020:59.

很大程度上都受到了马克思唯物主义的影响，他们关于媒介属性的研究大多都强调了物质（媒介）第一性，意识（信息）处于从属地位。不少学者认为媒介环境学派具有强烈的技术决定论的色彩，多多少少与他们的这一哲学立场有着千丝万缕的关系。

语言和工具诞生之后，人类在认识外部世界的过程中获得了直接经验的同时也得到了间接经验。我们使用望远镜来观察远方，使用显微镜来观察微观世界。这些观察工具在使用过程中并未再额外添加外在主体性和主观性，世界图景被中介之物与观察者的主观意识直接相连，工具在此延伸了人的器官和神经系统。这些属于主体直接观察和认识世界的过程。此外，我们在日常生活中会阅读书籍、报刊，与各种符号体系发生意义互动。那么在互动的过程中，我们同样也在通过他人塑造的符号意义空间去认识世界，形成对外部世界的"再经验化"的认识，也即从他人对世界的主观认识和判断中，获得关于外部世界的间接认识。认识工具作为人与认知对象之间的中介之物，则是以信息技术或媒介技术的形态出现的。

如果从技术史的视角去考察人类社会性的起源，那么工具和语言应当可以被视作人类最早掌握的技术形态。这两种工具的出现满足了人类在实践活动和交往活动中的需求，人类的社会性也就此产生。对于认识与技术之间的关系，肖峰认为"技术与人的认识具有着天然的联系，它既是人类思维认识水平的标志，也是认识发展的推动因素"[1]。可以说，认识这一主观能动性活动，本身就是通过技术中介物将外物在人的头脑中观念化的过程。人类认识、感知世界的历程与媒介技术演进史相伴相生。尼尔·波兹曼（Neil Postman）则认为媒介技术在很大程度上决定了人类的认识水平，甚至他认为媒介技术发展水平决定了人类认识论的演变。他指出"任何认识论都是某个媒介发展阶段的认识论。真理和时间一样是人通过他自己发明的交流技术同自己进行对话的产物"[2]。随着人类认识世界水平和掌握客观规律的提升，人类可以创造

---

[1] 肖峰. 信息技术哲学[M]. 广州：华南理工大学出版社，2016：108.
[2] [美]尼尔·波兹曼. 娱乐至死[M]. 何道宽，译. 南宁：广西师范大学出版社，2004：30.

出更为丰富的认知技术手段,而技术的提升反过来又拓展了人类的认识方式、认识内容。

国内学者王伯鲁认为"原始技术的萌芽和发展大致经历了动作技术、使用外物技能和制造工具技术三个阶段"[①]。这种对技术划分的出发点是技术实体论,未能观照人类主观世界的技术形式。因为学界学者将语言视为一种技术的观点不在少数。麦克卢汉就认为语言或口语是人类为了适应生存环境而最早创造出来的一种技术形式,尼尔·波兹曼则更进一步将语言视为如同电视或者电脑一般的复杂技术系统,是一种隐性的技术。继语言之后出现的文字系统则有着更为浓厚的技术色彩,如果说语言还仅是一种包含感性和随机性的表意工具,那么文字则是标准化的、空间化的语言。德里克·德克霍夫将西方拼写文字字母表视作语言技术系统的起源,他提出"经过五千年的发展和提炼的字母表已成为最重要的概念,占据了人类文化的思想、心灵和机体,直到电能的到来"[②]。地球上开始迸发出文明的火种,人类意识之中出现了"自我"的概念。布瑞·格特勒(Brie Gertler)认为"人们的自我概念来自人们对时空中的自我以及周边环境的知觉经验"[③]。也即人类开始意识到自己是有限时空之中的肉身存在。在此之后,人类的认识对象开始由自然实在拓展至人生世界、人类自身的生存状况,也就是说人自身开始成为认识对象,认识对象不再仅限于"天然自然",在经由工具改造世界的过程中,继"人工自然"成为认识对象之后,人自身也具有了被认识和观察的意义。

语言与工具的使用,在人类文明史中具有同等重要的历史意义。劳动使人从自然界中分化出来,而技术活动则把人和动物区别开来。语言和工具诞生之后,文明史就此展开。从本质上说,语言和工具都是人的主观意志的外在体现,拓宽了人类认识世界的视野,提升了改造世界的能力。人类真正从自然界中脱胎出来,成为具有自我意识和社会属性的实践主体。显然,语言

[①] 刘大椿. 从辩护到审度:马克思科学观与当代科学论[M]. 北京:首都师范大学出版社, 2009:74.
[②] [德]德里克·德克霍夫. 文化的肌肤:半个世界的技术变革和文化变迁[M]. 何道宽,译. 北京:中国大百科全书出版社,2020:36.
[③] [美]布瑞·格特勒. 自我知识[M]. 徐竹,译. 北京:华夏出版社,2013:10.

和符号特别是文字系统出现之后，人类认知世界的方式、广度和深度都发生了重大的转变。较之具身认知方式之下对外部世界的认知，人类获得了一种新的经验获得方式——间接经验。个体对外部世界状态和性质的感知不再仅限于肉体生命的时间限度，经验从而形成，并附着于语言和文字符号系统，在社会群体中得以流传。正如创世神话和上古史诗在先民中口口相传那样，个体不仅可以通过具身与时空的结合，将主观意志和时间感知置于外部世界，从而获得经验和认知，而且可以通过与他者以语言或符号体系之间的意义互动，获得自身未曾切身体会过的认知和经验。

换言之，在某一时空范围内，个人经历和认知在拥有了语言和符号这样的表意系统之后，就不再仅是来自外部世界的短暂的刺激，这种刺激经由个体主观意识加工成为可以存储的信息。从此之后，个体记忆和社会记忆作为人类独有的社会现象得以产生。语言和其他符号系统使得个人具备了将已经成为过去的事件再次在意识中重现的可能性，并且可以在同类间复述意识中的个体记忆，从而构成了社会集体记忆的信息来源。因此，也可以说，个体记忆和集体记忆这两种记忆模式几乎是在语言的基础之上同时出现的。当然，在很长的一段时间之内个人记忆还无法成为集体记忆生产的主流，直到互联网社会中社交媒体的出现，个体才拥有了制作电子记忆的手段。从理论上讲，网络社会的集体记忆真正成为每个人的集体记忆，这是人类历史上前所未有的。在之前的任何历史阶段，记忆的构筑与传承多是一种显著的符号选择和权力彰显。

（二）从技术认知到媒介认知

"技术不只是改造世界的手段，也是一种认识，不仅有对世界的实际的（物质形态）掌握的一面，也有对世界认识上的掌握的一面。"[1]随着人类社会生产力的发展，技术形式和技术属性更加专业化，人类的认知方式也日趋多样化。人类经历了从具身认知向符号认知转换之后，抽象符号系统逐步成为

---

[1] 李火林，徐海晋. 科学技术与人的存在[J]. 浙江社会科学，2000(5): 93-97.

第四章
重构与选择：日常生活世界中人的媒介化认知与实践

人类认知外部世界的主要途径。技术和科学先后出现，也在一步一步剥离人类感官在认识世界中的全过程参与。对此，赫伯特·马尔库塞（Herbert Marcuse）认为"新科学在致力于建构世界的物理数学结构过程中使自身个人及其感官从身体中抽离出来"①。从某些方面来说，人类所掌握的认知技术也都可以看作生产力发展水平的重要体现，所以伊尼斯以媒介技术的发展水平对人类文明阶段做出了划分，在这里媒介技术已经被他下意识地归入了生产力的范畴之内。也就是说人类社会的生产力发展不仅体现在改造外部世界和人类自身之上，认识世界和认识人类自身的技术也应该成为生产力的组成部分。

在表意符号系统出现之后，具身经验得以在时间和空间中实现延展。人类不断提升的思维逻辑能力也为复杂认知提供了有利条件。越来越精密复杂的技术和工具从人类的逻辑思维中脱胎出来，这其中既有改造外部世界的实践活动的工具和技术，也有发展成为现代复杂的机器系统。人类也不断地创造出认识外部世界和人类自身的技术工具。因此，人们从日常生活世界中的各类符号系统中获取了对外部世界的间接经验。更为重要的是，技术作为一种新的认知方式，对人类文明的整个社会结构和个体生存状态都产生了颠覆性的影响。国内学者孙玮也表示，"每一项媒介技术的发明与应用，都改变了身体感官认知世界的方式，也创造了人与世界的新型关系"②。

如果按照构成世界的三种基本要素对技术进行划分的话，我们可以将人类文明现阶段的技术分为三种形式，即生产（改造）物质的技术，生产（改造）能量的技术，生产（改造）信息的技术。在前两种技术形态中，需要说明的是基于物质和能量作为宇宙间的客观存在之物，其存在于世的物质性并不是完全取决于人类现阶段技术的可视、可感等能力范围之内，其存在的本质是不以人的主观意志和感官能力为转移的。也就是说，即使没有主体性的参与，物质和能量在宇宙之中也是恒在的。信息则与上述两种存在有着完全不同的本质属性。信息作为人的意识的产物，是主观对存在的反映。因此，信息的

---

① [美]马尔库塞. 马尔库塞文集：第五卷[M]. 黄晓伟, 译. 北京：人民出版社，2019：133.

② 孙玮. 论感知的媒介：兼析媒介融合及新冠疫情期间的大众数字传播实践[J]. 新闻记者，2020(10)：3-14.

产生过程，不论是否有中介之物——技术的介入，都带有强烈的主观色彩的。换言之，技术之物与外部世界发生互动的过程中，认知技术规定主体感官所能抵达的视觉和听觉的界限，决定了客体在主体观念之中的空间和时间呈现方式和排列顺序。因此，感觉和听觉的时间持续性和视觉领域空间的有限性都是认知领域的重要特性。在人类的技术认知过程中，望远镜的出现消除了空间对视觉感知的限制，事物在外部世界中的空间位置已经无须经历肉体在某一时段的位移即可被主体所感知和观察，技术实现了将主体性投掷到肉眼视线之外的事物之上。同样作为认知事物的视觉器械，显微镜则带有明显的视觉抽象特征，将事物内在的微观世界结构呈现在视觉领域。对于这两种科学原理类似的视觉装置，卡尔·米切姆（Carl Mitcham）区分了二者之间的本质区别。"前者（望远镜）提供的是关于物理可能性的人工经验，而后者（显微镜）则为想象的可能性提供了人工手段。"①

稍后出现的以听觉为基础的电话技术，与视觉增强技术在对时空因素的消解方面有着类似的功能，甚至可以说这种听觉功能的提升更为强劲。声音的光速传递使得交流过程中的主体无须再同处于同一时空范围之内。但是较之视觉增强技术，二者之间还是存在着明显的本质区别。视觉认知技术具有显著的物质性，是一种以外部世界为主要对象的认知技术，而听觉技术则倾向于主体性，更多地表现为主体与外部对象的互动。汉斯·约纳斯（Hans Jonas）提出"认知过程本身是与技术过程相互作用而向前发展的，只要认知的驱动力存在，技术就必定会跟着它一起往前发展"②。因此，媒介技术的发展水平决定了人类从符号系统和媒介环境中所体现的认知水平。

媒介认知与之前的技术认知最关键的区别在于，媒介技术以一种专门的认知系统而出现，人类从媒介认知中所产生的对外部世界的感知，多是一种技术化的、系统化之后的他者的主观认知的再次呈现，认知和经验并非直接从外部事物进入主体的感官领域。在媒介认知的过程中，人类主体的个人意

---

① ［美］卡尔·米切姆. 通过技术思考：工程与哲学之间的道路[M]. 陈凡，译. 沈阳：辽宁人民出版社，2008：239.
② 易显飞，黎昔柒. 信息技术哲学认识论研究：现状与评析[J]. 科技管理研究，2017，37（1）：257-261.

第四章
重构与选择：日常生活世界中人的媒介化认知与实践

志和观念所留存的对象，是其他主体已经完成的对外部世界的主观认知，而不再直接凭借认知工具，将主观意识直接置于外物之上。传统客观认识论中主体与客体的直接对立，在此已经转化为不同主体之间的经验交换和互动。

从媒介认知与信息载体的对应关系来看，信息的附着物或者说信息的载体本身也是一种人造的技术形态。例如，我们从书籍中获取知识和经验，而无须亲自验证这些知识的确证性和经验来源，因为在此之前已经由其他社会个体为我们完成了对此事物的性质和状态的多次验证，从而这些经验被归纳为人类社会各个领域的知识。而在阅读书籍的过程中，纸张是一种技术载体，同样文字也是一种人类表意技术体系。我们阅读书籍与原始人对岩壁上的岩画的认读有着本质的区别。作为符号的岩画所依托的石壁是一种外在于人的天然之物，而非人的创造之物。这种创造之物和天然之物有着本质上的区别，亚里士多德对此早已做出区分，他认为任何自在之物都具备其自身天然的运行法则，而人造之物的运行法则却是人为之所注入，为人所规定的。如果遵循麦克卢汉的思路，纸张本身就是一种信息，或者进一步说，纸张本质的物质性存在就可以成为一种信息表达。

保罗·维利里奥（Paul Virilio）指出，"如今，技术已全面攻破人的防线，不留死角地进入我们的日常生活……全时全息地进入我们的感觉空间"[1]。从前文分析中我们发现，其实不论是从具身认知到符号认知，还是从技术认知到媒介认知，每一次认知方式的变革过程都呈现出一种主体性的"抽离"与"回归"之间的动态平衡。而媒介技术正是在认知过程中平衡主体和客体之间对立或互动的关键因素。特别是在当下网络社会中，媒介认知过程中的这种趋势表现得尤为显著。互联网和移动终端早已成为人们认知外部世界的主要经验来源，算法推送、机器人写作以及 ChatGPT，这些在几年前似乎还是遥不可及的经常出现在科幻作品中的数字技术，几乎在一夜之间进入了我们的日常生活。专业化的新闻机构和社交媒体日夜不停地为我们灌输着这个世界在发生着什么，失去着什么。我们从各种尺寸的屏幕中去认知外部世界

---

[1] 胡翌霖. 面对技术的后见之明[N]. 中国科技报，2020-07-09(7).

和他者，视觉形态的呈现从岩壁上、纸张上移植到电子屏幕，认知来源的物理介质发生质的改变。保罗·维利里奥提出"肉身在场"已经被光速传播瞬间击垮，海德格尔的"此在"与"在"在光速传播时代几近土崩瓦解。"古代的地平线在显示器的范围内折叠了起来，因为电光学代替了我们的眼镜的光学！"①

而这些屏幕所呈现的不仅仅是各种图文信息，它们有着深藏其背后的技术理性和逻辑规则，甚至人们正在表现出一种摒弃用感官直接观察外部世界的意愿和能力。对此，国内学者芮必峰等认为"我们对媒介设备的依赖很大程度不是由我们个人决定的，而是由社会的发展形势以及当前的社会交往环境所决定的"②。在信息技术发达程度至此的社会中，很多人上班时间面对着电脑，下班途中手机成为劳动者精神放松的玩具，回到住所电视占据了休闲时间，最后又是手机陪伴我们入眠。这些媒介技术形式显然已经不处于技术认知阶段，技术在认知过程之中只是起到了辅助性功能。正如国内学者肖峰所说，"信息技术对于人的认知还在从外置性技术辅助走向内融性技术渗透，使得人的认知不仅是'涉身'的，而且是'涉机'的"③。也即我们正在面临着一种主观脱离客观，主观直接面对着技术化、数字化之后的认知现实。

在当下的日常生活世界中，我们所接触到的绝大部分信息并非直接来自具身认知或人际交流，某个熟练掌握媒介信息技术的个体可能会对发生于全球各地的事件如数家珍，但是对于发生在自己所居住社区的事件却知之甚少，这种认知范畴的"短视"和"残缺"并不能都归咎于互联网平台的算法推送，通过媒介来对世界形成一种技术性的认知是这种认知模式形成的根本原因。媒介技术在此过程中形成一种俯视认知的视角。我们可以观察到远方的世界，但是我们却已经很难低头俯视自己的脚下。凯斯·桑斯坦（Cass R. Sunstein）

---

① [法]保罗·维利里奥. 解放的速度[M]. 南京：江苏人民出版社，2004：5-6.
② 芮必峰，孙爽. 从离身到具身：媒介技术的生存论转向[J]. 国际新闻界，2020，42（5）：7-17.
③ 肖峰. 信息、信息技术与信息认识论[J]. 长沙理工大学学报：社会科学版，2013（1）：6-11.

第四章
重构与选择:日常生活世界中人的媒介化认知与实践

所谓的"信息茧房"还隐藏着一个更为宏观的效应,即信息技术的发展可能会逐步将主体从认知过程之中抽离出来,直接经验将会成为人类感知领域中的稀缺之物,而间接经验则逐渐构成了人类最主要的经验来源。其实对于认知过程中直接经验的剥离,刘易斯·芒福德在《机器神话》中早有察觉,他用日常生活中的各类手册取代了人们亲自去往博物馆这个例子来说明间接经验对直接经验的取代。而保罗·维利里奥则更为直截了当地指出,"在今天数字化资本主义的网络信息技术之下,我们的生物感官被电子义肢替代了,电子图像、电子音响和电子感触器隔开了我们与世界的直接接触"①。

当然,现阶段我们还无法对这种认知模式的转换做出价值判断,具身认知的抽离会对人类的生存状态产生何种影响,我们只能交给时间去处理这一命题。但是令人十分不安的是,认知模式的转变,会不会导致人在选择和决策中越来越像机器,而我们所创造出来的机器则越来越像我们人类,最终人性和机器理性在技术的发展中相互颠倒在世界中所处的原有位置,人变成机器,而机器最终成为人。

二、日常生活世界中的不确定性与信息拜物教

自人类从自然界中脱胎出来之后,人类就开始进入由必然王国向自由王国飞跃的无限的历史进程。理性犹如天际边的一道闪电,划破命运之不确定的人的生存迷雾。可以说,理性在自然界中的诞生是人类社会所有意义的源头,虽然人类是万物之灵长,能够为地球上的万事万物赋予意义,在世代的繁衍生息中创造文明。但人类理性的增长始终是有限度和范围的,在征服自然的过程中并未获得必然性的充裕和偶然性的摒除。即使在技术如此发达的现代社会,理性的我们只能活在当下,我们如同我们的祖先一样,认知自然科学规律的能力得到显著提升,但对人生存中的不确定和未来的多样性依旧

---

① 张一兵. 远托邦:远程登录杀死了在场——维利里奥的《解放的速度》解读[J]. 学术月刊, 2018, 50(6): 5-14.

一无所知，这也成为人类生存中痛苦和烦恼的源泉。人类所掌握的真理和规律，从目前看来也仅仅限于无机物的世界之中，即使是这样，我们也未曾摆脱对命运和未来的无力感，康德甚至认为这正是由于人类肉体的有限最终注定了我们的先天命运，"自然威力的不可抗拒性迫使我们（作为自然物）自认肉体方面的无能"①。

（一）媒介技术演变与人类确定性来源的转移

在人类社会中，作为技术形式的工具和符号，不仅仅塑造了个体社会属性和宏观层面上的人类文明。从更为本质的层面上去考量，技术本身也可以被看作一种消除人类在实践和交往过程中不确定性因素的理性强化手段。正如克劳德·香农（Claude Elwood Shannon）所说，信息是消除不确定性的东西。按此逻辑，信息量与不确定性应该呈现负相关的关系。其实马克思早在一百多年前已经预言了现代人所遭遇的这种生存状态，一切坚固的东西都烟消云散，也有后现代理论家将"流动性"定义为人类的最终宿命。

对于确定性的追求和对命运的掌控，并不仅仅是当下现代人所面临的一个特殊的生存议题，从古至今命运的不确定性始终令人神伤惆怅。两千多年前，贾谊在《鵩鸟赋》中便早有生死祸福之问，其言"天不可预虑兮，道不可预谋；迟速有命兮，焉识其时！"宋人吕蒙正也在《命运赋》中感叹世事难料，人生无常。"文章盖世，孔子厄于陈邦；武略超群，太公钓于渭水。"人类文明重要组成部分的宗教和哲学，以及自然科学，都是以处理人在存在中的不确定性为主要任务，只是在解释范式上分别走向了神学和科学。"从古希腊到中世纪，对确定性的追求经历了一个由外向内的过程，人类最终将自己的本质异化在神圣形象之中。"②马克思在界定哲学所面临的历史任务的时候已经给出答案，"真理的彼岸世界消逝之后，历史的任务就是确立此岸世界的真理"③。关于确定性的丧失和生活中的不可控性这个问题，受访者给出趋向

---

① 朱光潜．西方美学史［M］．北京：人民文学出版社，2014：371．
② 王荣．马克思拜物教批判的哲学革命品质［M］．北京：人民出版社，2018：214．
③ ［德］马克思，恩格斯．马克思恩格斯选集：第1卷［M］．北京：人民出版社，2009：4．

第四章
重构与选择:日常生活世界中人的媒介化认知与实践

一致的答案,特别是年纪较小的受访者,多表现出焦虑的状态,他们表示日常生活世界中的确定性在下降,不可控的事物和际遇明显增加。

> 现在接收信息的渠道越来越多了,但我感觉消息太多反而让我更加焦虑,最近抖音上推的都是洪水、台风,感觉人活着好难,我们啥也控制不了,啥事说来就来了。(19 岁,本科在读)
>
> 我个人感觉不确定的东西变多了,疫情导致一些人失去了工作机会,这种突发事件让人措手不及,公务员考试的时间安排可能也和往年不一样,打破了很多计划安排。(23 岁,应届毕业生)

自文明的曙光在地球上出现之后,无论是宗教还是科学,都立足于解决生存状态中的偶然性问题,甚至每种对于偶然性进行解释的话语体系都在争夺对世界万物和人类社会的解释权力。这些话语体系总体最终呈现为科学、宗教和政治。在西方世界中,直到文艺复兴之前,科学和宗教的关系长期处于紧张的状态,"从历史上看,宗教曾经是科学的主要敌对者,但是经过几个世纪的冲突,科学与宗教终于在欧美国家划定了各自的边界"[1]。但是在中国却有着不同的情形,作为本土原生宗教的道教甚至间接推动了早期试验化学的诞生,本书在此不展开讨论。也可以说,宗教和科学,如果哪一方能够相对完善地处理人生存之中不确定性这个核心问题,那它就将成为一种主流意识形态在精神领域和权力领域占据上风。

因此,从目的论来看,宗教和科学在此汇合,人类调用主观能动性对生存中无情的命运进行抗争,二者都体现了人类内心对秩序和规律的渴望。自人类文明发端以来,无论是宗教还是科学,都始终相信"这个世界的背后有个无限的世界,它给出了秩序、永恒以及我们确实能够理解的这个世界的界限"[2]。因此,命运对于人类来说,从本质上可以将其视作一个技术性问题,

---

[1] 田鹏颖,陈凡.社会技术哲学引论:从社会科学到社会技术[M].沈阳:东北大学出版社,2003:14.

[2] [法]萨克森豪斯.惧怕差异:古希腊思想中的政治科学的诞生[M].曹聪,译.北京:华夏出版社,2010:31.

是一个在技术加持下消除人类生存中不确定性的持续性的过程。我们所谓的命运，只不过是主体主观能动性受到社会关系、资本、技术等条件的限制，而无法改变生存状态中的既定的事件秩序和关系构成。因此，对技术的掌握和使用程度往往也会成为铸就个体甚至人类总体命运的主要因素。

正如马克思所言，工业革命以来，机器释放出了巨大威力，人类社会在短短一百多年间就创造出了之前社会财富的总和。这种突飞猛进的进步甚至让鲍德里亚（Jean Baudrillard）认为消费取代了生产，成为资本主义社会更为核心的基本问题。我们必须承认的是，人类总体生存状况较之工业革命之前改善显著。但是，如果从生存价值和精神意义层面去审视近现代人的生存状态，物质生活的改善和信息的海量增长并不一定能促成人的全面解放和本质的实现。平庸和琐屑反而成为人生的基调，汉娜·阿伦特（Hannah Arendt）对现代人这种介于平庸和不确定性之间的摇摆状态进行了经典概括，"他（现代人）的好激动和缺乏准则；他的消费能力，相伴随的无判断力，甚至无辨别力；特别是他的自我中心以及致命的与世隔绝（alienation from the world）"[①]。正如马克思之后的马克思主义者，卢卡奇、赫勒和列斐伏尔等人所关注的那样，平庸、单调和意义的匮乏又成为当代理论家和普罗大众都无法回避的问题，人的全面解放在很长的历史时期已然成为一种价值追求而不是一种可以轻而易举实现的社会现实。诺伯特·维纳（Norbert Wiener）把上述现象的出现归咎于工业革命后技术对人类社会的重构，上述如同悖论一般的现象的出现恰恰源于第一次工业革命，在第二次工业革命之后愈发明显，前者的核心增强了人类的体力，而后者则放大了人类的脑力或智力[②]。

因此，不论是在生产领域还是在我们的日常生活世界之中，技术和确定性之间存在着天然的逻辑关系。在人类文明现有的技术领域中，几乎绝大多数的技术是为了消除人类生活和交往中的混乱、失序和不确定性。信息领域中的媒介技术在这方面的技术特性尤为显著。医学技术实现了治愈某些疾病

---

① [美]汉娜·阿伦特. 过去与未来之间[M]. 李雨钟, 译. 南京：译林出版社, 2014：185.

② [英]维纳 N. 人有人的用处：控制论与社会[M]. 陈步, 译. 北京：北京大学出版社, 2010：23.

第四章
重构与选择:日常生活世界中人的媒介化认知与实践

甚至可能延迟人的生命;时钟的发明则为每个社会成员提供了准确、同步的时间,并有助于形成强制性的社会秩序;火车等交通工具的出现使我们实现了在规定的时间之内到达某一特定目的地;而电报等光速通信工具的出现则在更大程度上消除了社会事件和个体生存中所存在的不确定性。本节的关注焦点正是媒介技术的发展与人的生存状态,因此下文将着重论述人类如何在每次媒介技术变革之中,从命运的奴隶转向数字化生存中的确定性的增长,以及由这种海量确定性所衍生出的日常生活中的平庸与乏味。

致力于对客观真理的探索和本质的把握,进而改造和征服客观世界,可以说这是人类的天性和本能,这一特点在西方文明中表现得尤为明显。"西方思想的历史在其本性上就是试图消解各个方面的'拜物教'。我们需要没有幻想的真理,没有神话的历史。"[1]在历次媒介技术系统出现重大变革时,也同时伴随着人类崇拜对象的转移,意味着确定性这种决定人类生存状态之物似乎赋魅于我们所掌握的媒介技术之中,无形中媒介技术被置于人类命运确定性生产者之上。在此过程中,媒介技术充当了将人之主观能动性转化为神性的中介之物。正如尤瓦尔·诺亚·赫拉利(Yuval Noah Harari)所说,"随着意义和权威的源头从天上转移到人类内心,整个宇宙的本质也随之发生改变"[2]。

在人类媒介技术史的考证中,文字往往被作为媒介技术系统的发端,而语言则可能被视作有机体所特有的生理功能。对此前文也有梳理,也有学者将语言与技术相互关联,视为一种以声音为基础的符号表达系统。在语言诞生之初,人类早期为周遭世界万物指定特定的声音符号时,就已经觉察到所创造和掌握的符号系统,难以完成对外部世界中的无限存在赋予意义。然而,这种外部存在的无限性迫使人类的理性在多数情况下对事物和自身的控制形同虚设,人类的有限理性尚且无力应对自然界和人类社会中随机出现的各种偶然性,我们无法改变生死,甚至无法控制自我。因此,我们的祖先被迫开

---

[1] 夏莹. 拜物教的幽灵:当代西方马克思主义社会批判的隐性逻辑[M]. 南京:江苏人民出版社,2014:6.
[2] [以色列]尤瓦尔·赫拉利. 未来简史:从智人到智神[M]. 林俊宏,译. 北京:中信出版社,2017:210.

始崇拜能够给予人类意义世界赋予确定性的事物，日月星辰、山川河流、风雨雷电成为早期人类社会的自然崇拜对象。这些物质性载体中所显现出的信息被作为一种超验经验系统来指导早期人类社会的决策和行动。早期人类社会的原始拜物教——自然崇拜也就应运而生。

文字系统出现之后，人类加快了追求确定性的历史步伐。保罗·莱文森指出，"（文字）它是声音和记忆的代替者，将声音和记忆在空间和时间中进行传递"[1]。早期文明中的自然崇拜已经无法满足人类对确定性需求的增长，以书写技术为核心的经典文献迅速将游吟诗人、史诗传唱者这些口语时代的崇拜对象加以掩埋，经典文献的出现终结了人类历史上的神话英雄时代。因为人用书写逻辑和文字秩序为自身创造出一个体永远无法企及的否定性的"崇高客体"，文字符号几乎成为所有宗教神祇的魅力生产核心要素，成为人类新的确定性的来源。

印刷技术被不少学者视作推动人类社会变革的动因。伊丽莎白·爱森斯坦就将欧洲出现的活字印刷术定名为"传播革命"，并将其视为近代西方文明的变革动因。出现于隋唐之际的雕版印刷术推动了佛教在中国的传播，科举取士和印刷技术的出现同时提升了古代日常生活世界中社会成员的识字率，能够进入精英阶层门槛的人不再是拥有门阀身份和高贵血统的少数人。而15世纪古登堡的活字印刷技术，率先吹响了向欧洲教廷挑战的号角，识字率的提升和《圣经》的普及瓦解了基督教在西方世界中掌管灵魂的权威地位，文艺复兴、宗教改革、启蒙运动和科学革命相继应运而生。出乎意料的是，世俗社会从神学束缚中脱离之后，又重新陷入科学主义的牢笼。科学的工具理性取代了之前文字时代的神性，科学成为一种新的宗教形式，成为人们新的崇拜对象。因为科学取代宗教，为人类社会摆脱物质匮乏和精神蒙昧提供了一种精确的确定性。从那时开始，我们很少有人会去怀疑科学实验和数学计算所产生出的确定性，而是将其视作一种类似于神一般的真理性存在。

---

[1]［美］保罗·莱文森. 人类历程回放：媒介进化论[M]. 何道宽，译. 重庆：西南师范大学出版社，2017：91.

第四章
重构与选择：日常生活世界中人的媒介化认知与实践

特别是在当下的网络社会中，以媒介技术为基础的各种信息系统成为我们当代人日常生活世界中最为主要的确定性来源，进而将这种并不确定的意义来源作为崇拜对象。媒介技术每一次革命，人类社会的信息量都会出现成几何倍数增长。随之而来的是，我们凭借越来越庞大的数据和信息，来压缩命运之境中处处隐藏的偶然性。当然，这种对确定性的追求如同人类的自然属性一般，推动了科学和理性事业的进步，成为人类文明的原初动力。

从目前人的生存状况来看，媒介技术的进步给日常生活世界制造了海量数据信息。但是令人费解的是，生活在当下信息时代的人类个体，每天所接收到的信息可能超过了古人一生所能接触到信息的总和。目前，人类在很多领域运用各种技术形式已经能够触及事物本质，在一定程度上消除不确定性和随机性，但是对于人的生存领域中的命运起伏和未来的未知，我们依然如同几千年前的祖先一样无能为力，我们始终无法通过机器的计算和验证来推断人生所要经历的从生到死的生命轨迹，更始终无法摆脱有机生存中的巨大的不确定性。科学替代宗教成为新的神性的来源，但是这种价值体系转移也引发了自启蒙运动以来的矛盾和现代性的危机。正如米歇尔·艾伦·吉莱斯皮（Michael Allen Gillespie）所说，"这种把神的属性转移到其他存在领域并非没有危险。它发展到一个极端便会导致这样一种看法，认为人是像神一样的超人，只要运用意志就可以实现理想世界"[①]。我们急切地企图利用各种技术手段特别是信息生产技术，极力消除这种不确定性，但最后我们也往往清楚，这一切最终都是徒劳的。所以，这也是目前作为神学的宗教在全球各地仍大有市场的根本原因所在。

（二）拜物教的变式：从商品拜物教到信息拜物教

对某种事物的迷信和崇拜在一定程度上可以给社会个体带来安全感和心灵慰藉。人类对外在事物的崇拜也经历了一个从具象到抽象的过程。进入资

[①] [美]米歇尔·艾伦·吉莱斯皮. 现代性的神学起源[M]. 张卜天，译. 长沙：湖南科学技术出版社，2012：358.

本社会以来，拜物教呈现出高级发展阶段，商品和货币符号取代了山川河流，成为人们顶礼膜拜的新的"神物"。"从宗教意义上来说，拜物教源于人类的图腾崇拜。在商品社会，商品长期以来被作为图腾来崇拜，究其本质，是在商品社会中，人和人的关系被物化为物与物的关系……"[1]

商品拜物教、货币拜物教和资本拜物教是马克思对资本主义本质展开理论体系批判的重要组成部分。不管是商品、货币还是资本，三者间的逻辑递进体现出马克思的拜物教理论体系批判的逐步深化，这也与马克思在写作《资本论》过程中仍然保持的政治经济学的学术立场有着很大的关系。《资本论》第一卷中有关拜物教的部分在马克思整个理论体系中占据了极为重要的地位。对此，卢卡奇也曾给予极高评价，他认为"《资本论》关于商品拜物教性质的篇章隐含着全部历史唯物主义，隐含着无产阶级的全部自我认识，也就是对资本主义社会的认识"[2]。尽管后世学者对异化理论抱有不同的看法，但是异化理论和拜物教理论共同构筑了后来西方马克思主义的理论根基。

《资本论》中关于拜物教的阐述，连接了马克思早期《1844年经济学哲学手稿》和后期《资本论》中的思想体系。笔者认为，事实上马克思写作《资本论》的目的暗含着要通过《资本论》中大量的以政治经济学的量化研究，来论证其早期《1844经济学哲学手稿》和《共产党宣言》对人类未来社会设想的科学性和必然性，从而为资本主义生产方式必将灭亡的论断提供科学论证。

马克思的拜物教理论将社会物质生产结构作为其理论的出发点，而让·鲍德里亚（Jean Baudrillard）在居伊·德波（Guy Debord）"景观社会"批判性理论的基础上，将批判引向了资本主义后期消费社会中的符号系统。马克思和鲍德里亚处于资本主义发展的不同时期，马克思的理论研究对象主要是资本主义大工业生产的起步阶段。在这一时期，商品生产和资本流通是资本主义生产关系最为核心的活动。而鲍德里亚则生活在垄断资本主义阶段，随着晚期资本主义生产和消费领域发生了结构性转变，拜物教理论批判的核心也从物的价值转移至符号价值，批判理论工作重心也随之从马克思时代的生产领

---

[1] 李独奇. 我国货币拜物教及其图腾崇拜研究[D]. 厦门大学，2008.
[2] [匈]卢卡奇. 历史与阶级意识[M]. 杜章智，译. 北京：商务印书馆，1999：263.

域转向了日常生活世界。从逻辑对应关系上来看，商品拜物教的主要源头是资本主义生产领域，而符号拜物教则主要发生在日常生活世界的物质和符号消费行为之中。因此，鲍德里亚坚持"必须从符号学的立场出发才能解释消费的深层逻辑"[1]。

鲍德里亚一直热衷于证明自己与马克思之间存在着明显的理论决断，但是他始终无法否认马克思对其思想的深刻影响。因此，其理论也可以被视为晚期资本主义社会"技术理性强力支撑的商品拜物教导致了'批判的停顿'"[2]。马克思在《资本论》中便已经提出"商品社会"的概念。在此基础上，鲍德里亚提出了当前资本主义处于消费社会阶段。鲍德里亚的这个论断是有现实意义的。在当下垄断资本主义阶段，尽管全球贫困发生率依然很高，但是西方社会的确已经摆脱了物质匮乏的历史阶段，消费取代生产成为社会物质生产流通环节中的最大问题。

同样，在商品的消费环节中，使用价值在个人功能性的需求中已经接近饱和，从而不得不让位于鲍德里亚所推崇的符号价值，进而鲍德里亚提出了劳动和需求双重符号化的问题。随着对物的使用价值本身的崇拜发生了转移或者说扩散至使用价值所承载的符号之上，拜物教的本质蕴含的对人生存中确定性的追求的本质也在悄然发生改变。正如国内学者张一兵所言，"在鲍德里亚视域中的社会生活中，不是客观存在，而是人通过'物'的操持表意和通过编码来建构社会"[3]。

鲍德里亚在《符号政治经济学批判》中，多处涉及差异性的符号系统生产与现代大众媒体所制造出来的拟像需求以及符号消费之间的关联。甚至在《媒介的挽歌》的开篇，他认为"革命的理论从来不涉及符号的交换，除非作

---

[1] 宋德孝. 商品拜物教批判与符号拜物教批判：马克思与鲍德里亚[J]. 唯实，2009(6)：21-25.
[2] 项荣健，王峰明. 马克思对商品拜物教的批判及其当代启示：对《商品的拜物教性质及其秘密》的文本学再解读[J]. 学习与探索，2016(8)：37-43.
[3] [法]让·鲍德里亚. 符号政治经济学批判[M]. 夏莹，译. 南京：南京大学出版社，2015：代译序 7.

为一种具有实用功能的使用：信息、传播、宣传"①。其实他提到的"革命的理论"已经隐约指向了马克思，并且进一步指出马克思的经典生产力理论未将意指关系和符号消费纳入其分析范畴，甚至认为马克思的批判理论在晚期资本主义社会已经失去了对社会现象的普适性和解释度。他还指出马克思的经典生产力分析模式已经无法对晚期资本主义消费社会中的符号和信息的生产给予终极性的论断，如果仅仅局限于对上层建筑的批判逻辑，那么对于符号开展政治经济学的批判也将失去理论上的可能性。因此，鲍德里亚借用了汉斯·恩泽斯伯格（Hans Enzensberger）的"媒介解放"理论，给出的解决方案是"让媒介重新进入生产力的逻辑，不再是一种批判性的行为，因为这样做只是将媒介牢牢锁入革命的形而上学之中"②。他放弃了对媒介生产力的政治经济学批判，而将信息生产的社会物质结构和劳动本身做了抽象化的处理。正如伦纳德·维塞尔（Leonard P. Wessell）所言，"形而上学关注的是那些涵盖一切的原理，它们决定了理论家将如何把世界理解为一个整体"③。

　　鲍德里亚认为"马克思的拜物教理论主要论述的是商品、货币问题，今天拜物教已经延伸到一切生活领域，而不只是经济生活领域"④。在此我们也必须承认，鲍德里亚从晚期资本主义中人的生存状况出发，对马克思的拜物教理论做出了推进。但是，他过于武断地否定了商品使用价值的核心地位，提出了"物远不仅是一种实用的东西，它具有一种符号的社会价值，正是这种符号的交换价值才是更为根本的……"⑤，他试图用抽象的符号系统来取代社会物质生产结构。在此，他也暴露了其理论体系的最大软肋，就是他坚持要把消费过程中的主体和使用价值加以虚化，进而实现最终的符号化。他几乎完全忽视了隐藏在符号系统之后的生产关系和个体所处的生产力发展时期。对此，国内学者于萍认为鲍德里亚"错误地以消费取代生产作为社会存在与

---

①②⑤ [法]让·鲍德里亚. 符号政治经济学批判[M]. 夏莹，译. 南京：南京大学出版社，2015：226，227，2.

③ [美]维塞尔. 普罗米修斯的束缚：马克思科学思想的神话结构[M]. 李昀，译. 上海：华东师范大学出版社，2014：59.

④ 仰海峰. 拜物教批判：马克思与鲍德里亚[J]. 学术研究，2003(5)：31-37.

发展的根本动力,从而走向历史唯物主义的对立面"①。

从人类早期自然拜物教,到宗教拜物教的出现,再到马克思三大拜物教理论体系的建构完成,人类对存在于宇宙和社会中的确定性追求,都蕴藏在对自然万物、宗教神祇和物质生产关系的崇拜中。鲍德里亚的理论的确放弃了拜物教对确定性的追求。符号是鲍德里亚批判当下资本主义消费社会的武器,但是与其将鲍德里亚的理论归结为符号拜物教或者能指拜物教,不如说鲍德里亚挥舞符号这把"利剑"开辟了一条晚近资本主义批判的新路径。鲍德里亚的理论可算是独树一帜。正如国内学者张一兵所说,但还远远谈不上具有哲学革命层面上的意义。因为,当下出现的信息拜物教已经超越了鲍德里亚所重视的符号系统,意义不再是崇拜产生的根源。最为重要的是对信息实现无休止地占有,及占有的过程,而非符号本身的意义结构。大量地占有信息不是验证事件顺序的确定性,而是为了从消费过程中去证实自己的存在,信息的消费更多的是存在主义上的意义,而绝非消除不确定性。正如弗洛姆所说,"我所占有的和所消费的即是我的生存"②。

其实从人类历史上看,这种崇拜对象的转移现象并不少见。"崇拜的事物最初与自然奇迹相关……后来,当自然让位于技术,崇拜就逐渐与人造世界相关联。"③在媒介技术发展史的进程中,电话、广播、电视等技术形式的出现都曾经引发了一段时期内的技术崇拜。在当下的网络社会中,鲍德里亚所说的符号拜物教也逐渐出现了向以互联网为基础的信息崇拜的转移,符号必须具备某种可以随时向公众展示的媒介技术属性,才能够获得公众对其的迷醉与留恋。或者说,大众迷恋的并不是符号,而是媒介技术本身。与鲍德里亚所说的不同的是,网络社会中的这种信息崇拜,并不局限于符号崇拜时期所特有的彰显社会地位等独特的价值使用方式,主要表现为大众沉醉于充斥在日常生活世界中的海量的信息,不会太过关注这些信息的使用价值和符

---

① 于萍. 基本需要的神话与使用价值拜物教:评鲍德里亚对马克思政治经济学基础概念的批判[J]. 北方论丛,2018.
② [法]弗洛姆. 占有还是生存[M]. 北京:生活·读书·新知三联书店,1989:32.
③ [加]文森特·莫斯可. 数字化崇拜:迷思、权力与赛博空间[M]. 黄典林,译. 北京:北京大学出版社,2010:21.

号价值，符号价值所强调的独特性、独占性这种差异化的符号使用策略淹没在无穷无尽的数据海洋之中，人们只是追求对信息的无尽占有和消费，消费社会中形成一种新的崇拜对象——信息崇拜。然而我们对于这种新出现的崇拜对象褒贬不一，以互联网技术为核心的社交媒体已经成为电子技术崇拜的最新圣物，我们赞誉互联网为人类文明开创的新纪元，又因其所唤起的深重罪恶而将其妖魔化。

三、日常生活世界中的媒介技术与个人选择

自古以来，人类的个体选择就一直受制于无知、天命、神意和理性不足。可以说，我们一生的最终命运和结局，大半是与我们人生中的无数次选择息息相关。正如国内学者李超杰所说，"人产生了在多样性中寻求统一性，在短暂的背后寻求永恒的愿景和冲动……"①因此，选择不仅是个人的生存实践，同样在哲学层面具有重要的意义。一方面，个体所具有的理性认识往往决定了选择和决策的尺度；另一方面，个体所处的媒介技术发展历史阶段，也成为个人选择的重要限制因素。特别是在电子媒介出现之后，媒介在我们的日常生活选择中扮演着越来越不可或缺的角色。

（一）个人选择与形式理性的语法化

人类有史以来所有的文明成果，都是基于曾经在地球上生存过的每一个生命的无数选择汇集而成。选择和决策造就了人类宏观文明史，同时也生成了我们个人的存在方式。媒介技术作为一种生产、存储和传播信息的技术形式，其信息传递的功能往往更容易被人们所重视。其实在更深层次中，媒介技术同时也可以视作为人类提供决策依据的工具。"人们又要依靠媒介来理解、筹划未来的生存活动，媒介技术逐渐成为人们理解社会、诠释信息、做

---

① 李超杰. 理解生命：狄尔泰哲学引论[M]. 北京：中央编译出版社，1994：11.

第四章
重构与选择：日常生活世界中人的媒介化认知与实践

出决策的必要条件。"①日常生活世界中的个人选择成为人生存和再生产的主要实践活动。随着媒介技术的不断进步，人类所面临的选择的可能性也是日益丰富。正如马克斯·舍勒所说，现代社会最大的变化是人的"实存"的变化，"现代性不仅是社会文化制度的转变，……不仅是人的实际生存的转变，更是人的生存标尺的转变"②。

工业革命在很大程度上缓解了人类社会长期以来所面临的物质匮乏的状况，信息革命则为我们解决了信息匮乏的问题，提供了海量信息供我们决策参考。商品和信息过剩而不是匮乏，成为现代社会的重要标志。如果我们从媒介技术发展史来考量信息生产量，印刷技术的出现是一个重要的转折点，自此人类掌握了扩张精神和控制灵魂的机器。电子媒介特别是互联网问世以来，人类文明的信息生产能力更是呈几何倍数增长，所以有学者将人类信息生产能力作为划分文明阶段的做法，也是有其合理性的。

第46次《中国互联网络发展状况统计报告》显示，截至2020年6月，我国网民规模达到了9.4亿，手机网民规模达到9.32亿。③ 从全球互联网使用数据来看，目前互联网用户已经超过45亿，社交媒体用户已突破38亿大关。④ 同时，信息的生产和消费模式已经与互联网诞生之初大为不同，生产和消费本属于两个相互独立的过程，现在几乎已经被合二为一，单纯的消费者和生产者的身份区分不像其他商品领域中那么显著。可以说，当下互联网社会一天的信息生产量，可能已经超出工业革命前人类历史生产和消费的信息的总和。更值得我们注意的是，经验在信息社会中也变成一种商品。对此，登辛（Denzin）认为"'栩栩如生的经验'自身已经成了资本流通中的最终产品，后现代文化的制造者们有选择地选取了栩栩如生的体验，把它们商品化并推

---

① 芮必峰，孙爽. 从离身到具身：媒介技术的生存论转向[J]. 国际新闻界，2020，42(5)：7-17.
② 刘小枫. 现代性社会理论绪论[M]. 上海：华东师范大学出版社，2018：19.
③ 第46次《中国互联网络发展状况统计报告》[R]. 北京：中华人民共和国互联网信息办公室，2020.
④ Digital 2020(2020年全球数字报告)[R]. 法国，加拿大：We Are Social，Hootsuite companies，2020.

向了社会的成员"①。

  正如前文所言,技术作为人的主观能动性的外显,其本身就与不确定性有着逻辑上的对立关系,这种特质在媒介技术中体现得尤为明显。电子计算机的出现标志着人类技术发展史经历了一场质的革命。工业革命中所产生的机械系统进化成为基于以海量数据处理为基础的二进制的机器思考,AI技术的出现更是增强了机器学习和思考的发展前景。其实目前已经出现了一种新的机器替代人的形式,由机器替代人类从事体力劳动发展到由机器为人类做出决策和选择。当下媒介技术介入个人决策和选择过程,与之前潜移默化的传播效果的影响模式发生了质的变化。早在20世纪40年代,西奥多·阿道尔诺就已经指出了媒介技术引发了主体间的经验复制以及随之而来的主观世界和客观世界的混淆,"(它)复制经验客体的技术越严谨无误,人们现在就越容易产生错觉,以为外部世界就是荧幕上所呈现的世界那样,是直接和延续的"②。

  在日常生活世界中,现代人已对这种现象习以为常,手机购物软件中的广告算法推送,朋友圈中的网红景点美食推荐,小红书中的各种攻略,甚至连如何获得优质睡眠都可以从我们周遭的信息环境中找到最优推荐。

> 我经常在抖音中看到一些有关健康养生的视频,我也会跟着学,可能是年纪大了,惜命吧。我买第二套房子的时候也是看了他人朋友圈分享的信息,觉得价位、地段都能接受,就拉上我老公十天把房子买下来了,要在以前要考虑好长时间才敢做决定。(49岁,中专,理发店店主)
>
> 我觉得抖音中一些视频还挺有用的,疫情期间我店里复印机坏了,要在以前我就找人来维修了,现在维修人员进不来,我就自己

---

① [美]乔纳森·特纳. 社会学理论的结构[M]. 邱泽奇,译. 北京:华夏出版社,2006:230.
② [德]马克斯·霍克海默,西奥多·阿道尔诺. 启蒙辩证法:哲学断片[M]. 渠敬东,译. 上海:上海世纪出版集团,2012:113.

· 第四章
重构与选择：日常生活世界中人的媒介化认知与实践

在抖音上跟着视频学维修打印机，现在一些小问题我自己都能解决了，还挺实用的。(32岁，高中，打印店店主)

我会把朋友圈当作一个资源库，经常可以看到别人发的美食、美景。上学的时候，我也会去分享，但是现在不会了，因为大家工作都很忙，可能不会太关注，也可能关注的人会觉得我在炫耀，现在顾虑多了。(33岁，研究生，公务员)

正如鲍德里亚所批判的那样，"社会秩序的基本法[是]……逐步地实现对生命和死亡的控制"[1]。互联网特别是社交媒体的兴起，彻底地改变了之前社会知识和经验的共享模式。但是"体验越丰富，时间愈延长，指引行动的经验、记忆却与之成反比"[2]。知识、经验或信息的流动，不再是从先前的单向发展成多点散发的模式。知识共享中的社会壁垒的坚冰被媒介技术日益消解。不可否认的是，社交媒介在较大程度上破解了权力和资本对信息生产和流通的垄断，同时技术平台作为一种新的权力结构逐渐浮出水面。社交媒体已经将信息的生产和传播由一种权力结构转化成为一种素养和能力。

古希腊的理性精神和希伯来的宗教传统共同构成了现代西方文明的精神支柱，是西方日常生活世界中个人理性和感性的源头。而在东方儒家文明中，儒家和法家思想构成了东方人价值体系的主要支撑。对个人而言，在日常生活世界中，感性和理性往往相互交织，共同构成了我们的决策和选择的依据，而信息又是个体理性的重要来源，因此基于信息收集和处理的理性在人的生存中始终居于基础性地位。

随着启蒙运动及后来的工业革命的不断深入，社会现实发生了翻天覆地的变化，以叔本华(Arthur Schopenhauer)、尼采(Friedrich Wilhelm Nietzsche)等为代表的思想家开始对理性主义发起挑战，马克斯·韦伯(Max Weber)也发出了另外一种关于"理性"的声音。韦伯认为相对于法理型的权威，"理性

---

[1] [美]乔治·里茨尔. 社会的麦当劳化[M]. 高永平，译. 上海：上海译文出版社，1999：258.
[2] 师曾志. 数智时代的认知加速与算法游戏：以生命传播的视域[J]. 台州学院学报，2021，43(2)：6-15.

是另一头危险的野兽……理性化试图根除随意性,为每一个社会行为提供一种清晰而充分的理由"①,也即他所关注的现代社会的"形式理性"和"实在理性"的问题。韦伯提出"形式理性意味着,人们为达到一定特定目标而对最佳手段的搜集由一些规则、规定以及更大社会机构所决定"②。韦伯敏锐地发现现代社会理性的疯狂扩张,在很大程度上挫伤了人的个性。理性规则在生产领域和日常生活世界中实现无缝对接,从而人类社会成为一个牢不可破的理性牢笼。罗伯特·默顿也认为"人们在塑造自己行为形成各种态度时,常常取向的不是自己人群体,而是别的群体"③,也即在早期社会学的理论体系中占据重要地位的"首属群体"。

社会科学的魅力在于不同时代的人可以对同一事物或者社会现象赋予意义。韦伯所言的"宏大社会结构"和默顿的"首属群体",同样也是笔者结合当下媒介技术发展,开展理论构造的对象。无论是"社会结构"还是"首属群体",作为宏观层面上的社会对象还可以进一步划分为生产领域和生活世界。形式理性是生产领域运行的必然法则,然而我们在关注和研究日常生活世界时却未必可以全盘接受。

吴国盛在20世纪90年代就已经指出,"技术时代人的生活完全由时间控制着,过去、现在和未来十分清晰而确定地展现在眼前"④。在当下互联网社会中这种趋势日益显著,专业媒介和个体用户在网络空间中生产海量数据,已经成为我们日常生活中决策和选择的另一种形式的"参考群体"。刘少杰认为"人们在不确定状态下的决策并非都像新古典经济学认为的那样是精致的理性选择,而是依据某种未经计算而形成的信念,这些信念是以不确定事件

---

① [美]兰德尔·柯林斯. 发现社会:西方社会学思想述评[M]. 李霞,译. 北京:商务印书馆,2014:209.
② [美]乔治·里茨尔. 社会的麦当劳化[M]. 高永平,译. 上海:上海译文出版社,1999:32.
③ [美]罗伯特·K. 默顿. 社会理论与社会结构[M]. 唐少杰,译. 南京:凤凰出版传媒集团,译林出版社,2008:392.
④ 吴国盛. 技术时代的时间意识[EB/OL].[2018-06-13]. https://www.sohu.com/a/235564447_472886.

或者不确定信息为依据的"①。来自各种互联网应用之中的间接经验为我们提供了解决日常生活中几乎面临的所有问题的方案,在日常生活世界中,我们也习惯性地愿意顺从地"验证从网上得来的信息和知识,并将此用作个人在社会和政治生活中的认知原则"②。

通过对受访者的深度访谈,笔者发现日常生活中的大众对于经验的共享存在着迫切的信息需求。"人类作为群体性动物,社会行动的同质化不仅意味着个体无须面对群体压力,更意味着群体结构的稳定以及成员间的彼此认同。"③我们几乎无须再去为一些从未尝试过的选择或决策冒险,媒介技术的发展所带来的海量信息已经将很多过去我们要去验证的事件的最优解决方案呈现出来,我们要做的只是对号入座,选取行动方案即可,个人的批判性、偏好性等主体性的特征在决策和选择中显得愈发无关紧要。这种放弃自我理性判断而采用现成的方案照章办事的现象,再一次验证了韦伯思想的敏锐度。互联网不仅仅从事信息的生产和传播,同社会宏观系统一样,也在一刻不停地输出着韦伯所说的"形式理性"。

其实对于个人选择与社会日常生活世界的多样性走向丧失的这一问题,很多学者早有觉察。20世纪90年代,阿尔文·托夫勒(Alvin Toffler)也关注到了生活世界中多样性的逐步丧失,甚至他将问题归结于大众媒体。"大众传播界同时也在散布着标准化的形象。因此,千万的人看相同的广告,相同的信息,相同的小说。"④而赖特·米尔斯(Charles Wright Mills)提议将对社会生活多样性的关注纳入社会学的主要视野,他认为"社会科学应当关注的是人类的多样性。这种多样性构成了人类过去、现在和未来分别生活于其中的全部社会世界"⑤。另外,这种基于互联网信息生产和传播所产生的形式理

---

① 刘少杰.海量信息供应下的预期判断与选择行为[J].中国人民大学学报,2018,32(1):157-164.
② 徐贲.人文的互联网:数码时代的读写与知识[M].北京:北京大学出版社,2019:22.
③ 杜松平.互联网时代的知识共享:个体决策攻略化与日常生活批判[J].编辑之友,2020(12):50-56,84.
④ [美]阿尔文·托夫勒.第三次浪潮[M].黄明坚,译.北京:新华出版社,1996:47.
⑤ [美]赖特·米尔斯.社会学的想象力[M].李钧鹏,译.北京:生活·读书·新知三联书店,2005:142.

性，在社会群体中受到从众心理、身份彰显、阶层划分等社会功能的影响，进而形成一种约定俗成的如同语法化的"形式理性"，遵从来自各种媒介技术所提供的间接经验，从而放弃自我选择和判断成为一种不容置疑的理性法则。

（二）海量数据与形式理性：在确证性的追求中消解命运

中国很早就将烟火作为传递信息的技术形式，克里米亚战争第一次在人类历史战争中应用了电报技术，二战爆发后德国人进攻法国，首次给每一辆坦克安装了无线电通信设施，以便随时分享信息。这些信息技术的应用都为战争决策提供了有力的情报支援，甚至影响了整个战局的走向。因此，信息的多寡以及对信息的处理能力几乎一直与人的命运相互交织。如果事先我们已经掌握了相关信息，那么理性判断和选择就会消除很多生存中的不确定性和偶然性。而由事物混沌状态所衍生出的偶然性，是人类一直以来通过社会制度和技术手段努力加以驯化的对象。

媒介技术对人的命运有怎样的影响和改变，有受访者给出了相关的回答。当然，我们并不能将个人的命运完全归结为被某种技术形式所左右，毕竟个人作为原子化的社会成员，要顺应时代的发展。

> 我在伊犁霍城县当知青的时候，是妇女突击队队长，有一年三月份春天化雪时，我带着十几个战友穿过一片雪地。当时过膝深的雪和冰水混在一起，我们就这样过去了，结果我感冒了，没有及时看，落下了肺病，咳嗽了好长时间，经常要去县医院抓药。有一次拿药的途中，从县城的广播里听到可以考大学了，我非常激动。因为肺病，我请了两个月病假在家复习，结果我考上大学回城了。（65岁，事业单位退休）

媒介技术不断升级进化，不论是在生产领域还是在日常生活世界中，我们逐步占有了大量数据和信息，并且具备了事先评估事件的走势和成败概率

第四章
重构与选择：日常生活世界中人的媒介化认知与实践

的计算能力，而这种计算能力也正在一步步取代基于个人感性和生物本能的理性判断。本书所关注的个体选择主要指的是依据价值观、知识和经验以及所掌握的情报信息去进行行动方案的选择。社会个体在决策或者选择中都会评估所掌握的信息，预测事件的结果，因此个体所掌握的信息量以及对信息的分析处理能力事关选择的结果。无论是组织还是个人，其决策和选择活动一直依赖于信息的生产和技术的发展。对于个人来说，基于信息所做出的不同的选择和决策，最终构成了每个人不同的命运和遭遇。

海德格尔是较早关注技术与命运相互关联的学者。他认为要真正理解技术的本质，就要避免把技术仅仅视为中介之物。对于技术的本质与命运的关联，海德格尔有诸多论述都涉及了人类依托于技术所做出的选择最终形成人类命运的"座架"。他严厉地指责"技术的制造使世界井然有序，其实恰恰是这种井然有序把任何秩序(ordo)都拉平为制造的千篇一律……"[1]海德格尔甚至认为技术的本质关系到现代人类文明最终的真理和命运。他指出"直到现代，技术的本质才开始展开为全体存在者的真理的命运，而在这之前，技术的分散的现象和企图始终还交织在文化和文明的广泛领域中"[2]。技术问题同样是马克思哲学体系中极为重要的一环，甚至马克思将未来共产主义的实现、对异化状态的超越和人的全面解放都寄希望于技术的高度发展。对此，法国学者阿克斯劳斯(Kostas Axelos)就认为"技术是马克思全部思想的关键和核心"[3]。海德格尔与马克思关于技术的思考有着强烈的理论互补性，前者更为关注技术在个体命运中的"座架"作用，而后者则从人类宏观历史层面，去揭示技术在文明尺度上的革命性的历史推动作用，但是二人在对待技术的价值立场上却存在着较大的差异。

进入现代社会以来，社会系统的复杂性和自然系统的不可控性，迫使我们越来越依赖信息在决策和选择中的参考价值。媒介技术发展直接的效应表现为，可供个体在日常生活世界中作为辅助决策的信息不再是稀缺资源，信

---

[1] [德]海德格尔. 海德格尔存在哲学[M]. 孙周兴，译. 北京：九州出版社，2004：190.
[2] [德]冈特·绍伊博尔德. 海德格尔分析新时代的技术[M]. 宋祖良，译. 北京：中国社会科学出版社，1993：102.
[3] 乔瑞金. 马克思技术哲学纲要[M]. 北京：人民出版社，2002：21.

息数量的增加降低了偶然性对于个体生存状态的影响，人类也正在竭尽所能地从命运的奴隶向选择多样性的自我转变。詹姆斯·霍普伍德·金斯（James Hopwood Jeans）认为科学已经赋予了人类在尘世建设乐园的能力，"科学的时代已经破晓，文明已清楚地认识到，人本身就是他自己的命运的主宰者，是其灵魂的拯救者"①。

正如丹尼尔·R. 黑德里克（Daniel R. Headrick）所说，"我们这个时代不是史上第一个信息时代，因为人类一直以来就需要并使用信息"②。从口语、结绳记事到书写符号、印刷技术，再到今天的互联网时代的数字化生存，信息和媒介技术始终扮演着人类确定性源头的重要角色。个体或者组织的决策和选择不再仅仅依赖于以神祇这类超验存在的崇高客体，在移动终端、人工智能和算法推送等媒介技术形式加持的今天，日常生活世界中的个体生存已经演变为一场基于数字计算和机器理性的博弈选择，并且这些数字化技术成为我们打开人生无数种可能性的钥匙。我们一生所将遭遇的一切情感体验、生存状态都将成为基于信息处理之后的预期结果。媒介技术的发展增强了我们在命运面前的自信，仿佛我们不再畏惧命运，因为信息处理和算法终将会成为人类未来命运的本质。

命运的本质在于混沌和无常，人类理性掌控之内的过程和事件，几乎从未被我们视作与命运相关；而生老病死这样无法预测和回避的事件，我们都会将其归结为命运。因此，可以说我们对命运的畏惧主要源自对未来事件信息的不确定性。"我们的存在不仅取决于我们（偶然）的行为，而且还充满大量意外，完全不受我们自由选择的控制。"③值得我们深思的是，媒介为现代人类的生存状态提供了海量可供选择的决策参考信息，而这些参考信息是已经被知识共享者提前验证过的事件信息。其实早在 20 世纪 80 年代，伽

---

① [英]怀海特 L A. 文化的科学：人类与文明研究[M]. 沈原，译. 济南：山东人民出版社，1988：321.
② [美]丹尼尔·黑德里克. 追溯信息时代[M]. 崔希芸，陈秀丹，胡晓姣，译. 石家庄：河北出版传媒集团，河北教育出版社，2016：260.
③ [荷]约斯·德·穆尔. 命运的驯化：悲剧重生于技术精神[M]. 麦永雄，译. 南宁：广西师范大学出版社，2014：57.

达默尔(Hans Georg Gadamer)就已经发现了信息技术对个人选择多样化的抑制性。

> 现代的信息技术已经造成了各种各样的可能性,这些可能性使得信息选择至今在想象不到的范围内也成了必要的事情。然而,任何选择意味着在别人名义下活动,不可能有其他的活动,不管谁做出选择都要抑制某些东西。①

如果在未来的某一天,来自互联网中的他者间接经验可以为我们将要面临的事件提供所有的选项,并且这种选项已经他者验证,并以信息的形式共享至网络空间中,那么一切可能性皆处于可计算和可预测的范畴之内,我们将个体甚至人类文明的总体命运从神的掌控之中,交由一堆计算机硬件和应用程序来处理,机器在未来的某日是否会成为我们命运的新的主宰者。异质性被海量信息带来的同质化选择和决策所摒弃,"由于不再能够与他人或自己有所不同,个体变成了一种对时间、空间、政治、性等都漠不关心的东西。我们生活在一个极端无趣的时代"②。除了做出趋利避害的保守选择动机之外,个体迫于社会心理压力和趋同性所产生的社会行为的同质化,也是我们不得不去面对的问题。正如埃瑞克·弗洛姆(Erich Fromm)指出的那样,"人的生命不可能以重复他的同类的生活模式来度过,他必须主动去生活。人是唯一会感到厌烦、感到自己被逐出天堂的动物"③。

19世纪以来,西方社会开始通过基于各类统计数字社会制度的设计来驯服人类社会所面临的各种偶然,尽力消除无知和无序。因此,概率代替价值成为现代社会治理标准之一。而媒介技术恰恰是这种社会统计系统的强有力的盟友,甚至在互联网主导信息生产和消费过程的当下,大数据的总体样本特性已经表现出替代传统社会统计系统的趋势。伊恩·哈金(Ian Hacking)察

---

① [德]伽达默尔. 科学时代的理性[M]. 薛华,译. 北京:国际文化出版社,1988:64.
② [美]乔治·瑞泽尔. 后现代社会理论[M]. 谢立中,译. 北京:华夏出版社,2003:151.
③ [美]艾瑞克·弗洛姆. 健全的社会[M]. 孙恺祥,译. 上海:上海译文出版社,2011:17.

觉到现代文明企图用数学语言来描述整个社会的运行机制,"有关我们的好恶的统计无情地被罗列成数表。运动、性、音频、药物、旅行、睡眠、朋友统统逃脱不了被统计的命运"[①]。甚至近代以来的科学主义者认为我们无力处理混乱和无序,是因为我们的理性认知还未能深入事物的内部本质,屈服于偶然和无序是一种无能和无知的表现,甚至是一种未开化的原始迷信。

当然也有很多哲学家都对这种计算理性发出过警告,西美尔在论述货币原则时指出,"计算理性的发展保证着不同出身和精神气质的人们彼此之间理解的容易程度,而其反而是过去时代所特有的内心感受的质量的下降,精神生活的平均化"[②]。换言之,人类社会中存在着逐步失去千差万别的人性的可能,成为被人工智能、算法等技术所豢养的一堆基于血肉之躯而失去灵魂的机器宠物,那么单调和平庸最终将会成为人类意义世界之中的主色调。哈贝马斯也极为忧虑这种理性极端主义的过度使用,依赖于媒介技术或者说信息技术,"决策权被完全授予计算机,以此来寻求最合理最有效的行动路线"[③]。我们似乎找到了千百年来孜孜以求的生存中的确定性,我们似乎已经望见命运的背影,未来人类有可能会通过技术对事物秩序的事前呈现和预测,将一切体验和实践掌握在自己手中。如果那样,我们在获取和掌握确定性的同时,也终将在这种完全目的性生存中失去人之为人的灵魂。

---

① [加]伊恩·哈金. 驯服偶然[M]. 刘钢,译. 北京:商务印书馆,2017:7.
② 于海. 西方社会思想史[M]. 上海:复旦大学出版社,2004:305.
③ [美]乔纳森·特纳. 社会学理论的结构[M]. 邱泽奇,译. 北京:华夏出版社,2006:200.

第五章
日常生活世界的异化与媒介技术批判

第五章
日常生活世界的异化与媒介技术批判

"异化"问题并不仅仅是一个现代的或后现代意义上的问题,从人类脱离自然状态之后就已经出现。"异化"作为一种理论话语,一种人的生存状态,自马克思以来就成为西方思想界中一个难以回避的问题,当然这要归功于马克思的《1844年经济学哲学手稿》。马克思吸收和改造了费希特(J. G. Fichte)、黑格尔(G. W. F. Hegel)和费尔巴哈(L. A. Feuerbach)的关于"绝对精神"和"宗教异化"这些德国古典哲学中的异化理论,将"异化"作为一种哲学武器,引入对资本主义生产关系的批判之中。其实对于"异化"问题的探讨,从古希腊时期的柏拉图,到经院哲学时期的奥古斯丁,再到启蒙运动时期的霍布斯(Thomas Hobbes)、洛克(John Locke)以及卢梭等人,都给出了关于人的存在脱离本真状态的经典解读,这些思想遗产也成为马克思的异化理论生发的沃土。当然这些学者的理论出发点各不相同。例如,启蒙时期关于异化的探讨则更为关注个人与共同体之间的权力让渡关系。需要特别指出的是,赫斯(Moses Hess)的异化理论对马克思的影响尤为重要,"早年马克思受到赫斯的影响从而将赫斯关于'人的活动的异化'思想推向'劳动异化'理论,将'异化劳动'的扬弃与共产主义联系起来,循着'异化劳动与劳资关系'的探索从而创立唯物史观"[①]。

本章将主要以马克思、卢卡奇和列斐伏尔的异化和物化理论为支点,分析作为现代资本主义社会主要技术形式的媒介技术,其发展与资本主义发展

---

① 陈东英. 赫斯与马克思早期思想关系研究[M]. 北京:人民出版社,2011:序言.

阶段个体生存中的三种异化状态的演变。在本章中，笔者结合异化理论的进路，提出在马克思、卢卡奇和列斐伏尔分别所处的资本主义的不同发展阶段中，以报纸、广播电视和互联网为代表的媒介技术与日常生活世界异化问题所产生的关联性。在此基础上，梳理媒介环境学派的技术观以及媒介技术的本质，指出媒介技术不仅影响了各种传播实践中的传播效果，同时还改变了人类的生存状态甚至人的最终命运。更值得我们深思的是，如果我们从存在论的角度入手，不难发现"传播技术不仅规定着社会的基本秩序和传播权力结构，而且还规定着人的基本生存状态"①。因此，媒介技术已经不可避免地成为日常生活批判的一个新的对象或者新的维度。

一、媒介环境学派的技术观及媒介技术的本质

技术是现代人类理性文明的存在基础。自地理大发现以来，唯物主义在科学和意识形态领域开始占据优势，人类从尘世中的"人"而不是从天国中的"神"的视角去审视外在世界，科学终于取代神学成为人们精神关注的中心。培根曾自信地宣称"属于信仰的，归给信仰"，标志着哲学从神学的束缚中彻底脱胎出来。科学与理性精神的对话使二者同时得到了改变，人们不仅相信世界的运行有其规律，而且坚定不移地相信人可以认识和把握这些规律并造福于自己。"知识就是力量"成为一种新的人生信条，人类改造外在世界，成为世界的主人就必须掌握知识；而要改造人类社会本身，除了科学外，还必须掌握权力。这是典型的科学理性时代一心向上的"巨人"的精神状态。

而与之相对的则是以卢梭为代表的技术悲观主义。"卢梭的时代，正是技术彰显其魅力的时代……甚至认为技术与财富是等同的，有技术就有财富。"②卢梭作为启蒙运动的先驱，却对人类的理性和技术的发展保持着高度

---

① 沈粹华. 大数据和计算传播学研究[R]. 北京：北京师范大学新闻传播学院，2020-11-07.
② 盛国荣. 西方技术思想研究：一种基于西方哲学史的思考路径[M]. 北京：中国社会科学出版社，2011：138.

· 第五章
日常生活世界的异化与媒介技术批判

警醒，甚至他提出科学技术越发展，道德越堕落的观点。技术是一种中立之物还是人存在状态中的新的束缚，至今依然是人文社科和自然科学领域的争论焦点。学界对媒介技术同样存在着两种截然不同的价值立场，媒介环境学派是最早以媒介技术为研究对象的学者群体，并且几代学者对媒介技术的态度也呈现出较为明显的转变，因此本书要探讨媒介技术的本质就有必要事先梳理他们的思想进路。

（一）媒介环境学派的媒介技术观

媒介环境学派在传播学领域中技术色彩最为浓厚，并且不同时代学者的媒介技术观呈现出明显的时代印记和理论层次，他们的理论志趣既不同于美国的传统学派对传播效果的追求，也不同于欧洲批判学派对意识形态和技术理性的无情批判。他们关注的对象是媒介技术，焦点是媒介技术对人类宏观文明层面或者个人微观层面存在的影响和效应，他们对媒介技术的观点和立场在保罗·莱文森和尼尔·波兹曼处发生了较大的分歧。他们在媒介技术的本质方面做了较为深入的研究，同时，不管是伊尼斯还是尼尔·波兹曼，从他们的理论中，我们都能够看到马克思的影响。对于这一点，伊尼斯本人也是承认的。因此，本节将专门梳理媒介环境不同阶段的代表性媒介观，以期在探索媒介技术与日常生活世界异化现象的过程中能够产生理论立场上的对照。

当然，媒介环境学派对媒介技术的关注也不是无本之木，无源之水。伊尼斯本身与芝加哥学派有着深厚的学术渊源。伊尼斯在芝加哥大学攻读博士学位时，师从罗伯特·帕克，虽然后来走向了不同于芝加哥学派的学术道路，但他对芝加哥学派的研究立场和价值取向至少是了解的。伊尼斯作为媒介技术学派的奠基人，擅长以聚焦媒介技术来描述历史宏大事件。但是麦克卢汉在为《传播的偏向》写的序言中指出了伊尼斯对媒介技术地位的忽略。他指出"有一个例子可以说明伊尼斯对技术视而不见。他把广播和电力技术误认为

机械技术模式的进一步延伸……"①伊尼斯提出以媒介技术形态和性质来划分人类文明的不同历史时期，这为人类文明史的研究开辟了一条新的学术道路，并且在社会中观层面和个人微观层面，他指出媒介技术的发展也必将会对社会形态和个体信息产生深远的影响。但是麦克卢汉认为伊尼斯对电子媒介技术的固有成见限制了其媒介理论的视界。

麦克卢汉与伊尼斯在多伦多大学共事五年，两人关系亦师亦友，研究方向和学术观点较为接近。麦克卢汉理论中的媒介显然是一种广义上的媒介，在他的视野中，大众传播媒介、交通运输工具等能蕴含信息的物质材料都被看作媒介。相比于经验学派所仰仗的信息文本，麦克卢汉认为传播效果的实现更多地依赖于媒介本身，而不是媒介所承载的信息文本。对此，林文刚认为麦克卢汉"通过分析印刷术和印刷文化如何影响欧洲的口述传统和人类认知，阐明媒体科技的变革对文化产生的重大影响；而《理解媒介》则更进一步，洞见了媒介变革和文化之间的动态关系"②。麦克卢汉在人类文明史中赋予了媒介技术前所未有的重要地位，他认为媒介技术塑造和控制着人类交往、行动的尺度与形式，媒介不仅是区别人类社会不同历史时期的标志物，甚至他把媒介视作人类社会发展的唯一的基本动力，显然麦克卢汉的观点带有浪漫主义的夸张色彩。

尼尔·波兹曼对待媒介技术的态度相对于之前的伊尼斯和麦克卢汉相比，发生了较大的转变。之前对于媒介技术的中立态势在尼尔·波兹曼的理论中被作为要纠正的方向，可以说尼尔·波兹曼是明确将媒介技术作为其批判对象的学者，他虽自称是麦克卢汉的学生，但是从他的媒介理论中可以更多地看到马克思主义理论的影子。尼尔·波兹曼所处的时代，媒介技术的发展水平已经远超四五十年代，因此他对待媒介技术的态度与伊尼斯和麦克卢汉相比，已经发生了变化。并且更为关键的是，尼尔·波兹曼对媒介技术中立的实证主义的研究立场给予了严厉的批判。因此在研究立场上，他反对把社会

---

① [加]哈罗德·伊尼斯. 传播的偏向[M]. 何道宽, 译. 北京：中国人民大学出版社, 2003：序言5.
② 林文刚, 邹欢. 媒介环境学和媒体教育：反思全球化传播生态中的媒体素养[J]. 国际新闻界, 2019, 41(4)：89-108.

第五章
日常生活世界的异化与媒介技术批判

研究称为社会"科学",反对把统计学等实证主义的研究方法应用到社会研究领域,痛恨失去道德关怀的人文社科研究。在反对实证主义的立场上,显然尼尔·波兹曼和伊尼斯是基本一致的。伊尼斯曾明确表示,"社会科学的任务是去发现和解释模式和趋势,以便能够预测未来,而不是靠精细计算为政府和工商业提供短期的预测"①。《技术垄断》应当是其媒介批评三部曲中最为重要的一部,尼尔·波兹曼把人类技术发展划分为工具使用、技术统治和技术垄断三个阶段,并将其对应三种技术文化类型。尼尔·波兹曼主要关注了媒介技术所衍生出的副作用,他认为媒介技术与使用者之间的关系并非处于完全对立的关系。但是随着智能化的媒介技术进化趋势的出现,媒介技术对人类文明存在着垄断的威胁,"信息的失控、泛滥、委琐化和泡沫化使世界难以把握。人可能沦为信息的奴隶,可能会被无序信息的汪洋大海淹死"②。

保罗·莱文森被何道宽称为数字时代的麦克卢汉,后麦克卢汉主义的第一人。但他本人自称尼尔·波兹曼是他的精神教父,是尼尔·波兹曼教会自己如何教书,所以会把《手机》这部著作献给尼尔·波兹曼。保罗·莱文森多是从历史和哲学的视角关注媒介技术。他对媒介技术的态度与麦克卢汉和尼尔·波兹曼差异较大。保罗·莱文森并未完全继承麦克卢汉的"媒介决定论",反而是在媒介技术属性进化的历史语境中提出了媒介技术的"补偿性媒介"(remedial medium)理论。莱文森强调人在技术发展中的创造能力和理性选择,对媒介演进和人类前途抱有乐观的态度。对于手机这一划时代的移动终端的出现,他认为手机是一场超越电脑和互联网的伟大技术革命,手机的出现可以让人类重新回到自然界之中,使人类恢复同时说话和走路的天性。③更值得注意的是,保罗·莱文森受到达尔文进化论的启发,在其博士论文

---

① 李明伟. 凡勃伦对伊尼斯传播理论的影响研究[J]. 北京理工大学学报(社会科学版), 2009(10): 91-92.
② [美]尼尔·波斯曼. 技术垄断:文化向技术投降[M]. 何道宽,译. 北京:北京大学出版社, 2007:译者序7.
③ 莱文森认为人类有两种基本的交流方式:说话和走路。可惜从人类诞生之日起,这两个功能就开始分割,直到手机横空出世。

《人类历程回顾：媒介进化理论》中首次提到了媒介技术发展的人性化趋势。①

通过梳理从伊尼斯、麦克卢汉到尼尔·波兹曼和保罗·莱文森的学术思想，我们不难发现，媒介环境学派对媒介技术的关注层面经历了一个从宏观到微观的过程，即从关注整个人类社会的宏大历史叙事到关注人类个体在不同媒介技术水平所构成的环境中个体化生存的问题，对待媒介技术的态度也经历了中立、悲观再到乐观的演变过程。其实从尼尔·波兹曼到保罗·莱文森，他们的关注焦点已经从媒介技术人类宏大历史叙事转向了日常生活世界中人的生存问题，即媒介技术向生活世界渗透的问题。在他们所处的时代，媒介技术已经作为一种较为常见、易得的技术形式，进入人类生活世界领域，成为人们生活中不可或缺的部分。相较于伊尼斯和麦克卢汉所处的时代，那时媒介技术还多以系统化、专业化的形态出现在信息生产者和消费者之间，那个时代的媒介技术仍被作为一种重要的资本主义生产工具，生活世界中的社会个体成员多以信息消费者的身份出现在信息的生产、分配、交换与消费的过程中，多处于消极被动的地位，因此从专业的信息生产和传播过程来看，受众和传播者之间关系的变迁与媒介技术的发展水平存在着关联。

值得注意的是，除了早期法兰克福学派，在当下传播学研究中，多数传播学者并不热衷于用"异化"理论来作为研究和解释传播现象的理论起点。当然也有必要指出，法兰克福学派的学者在其理论研究中涉及了很多传播学问题，并为这个学科提供了批判理论资源，但是我们仍然很难将他们归类为传播学者。自从法兰克福学派慢慢退去热度之后，马克思的哲学在传播学的研究之中被逐渐冷落，关于传播学中对马克思理论的有意无意的回避，赵月枝认为这种现象与传播学的起源相关。"颇具悖论的是，作为一个建制的学科，在所有人文社会科学中，现代传播学几乎有一个最为'去马克思主义'甚至是反马克思主义的美国'冷战社会科学'起源。"②赵月枝的观点也可以说是对传

---

① 莱文森认为人类技术开发的历史说明，技术发展的趋势越来越人性化，技术在模仿甚至复制人体的某些功能，模仿或复制人的感知模式和认知模式。
② [瑞典]克里斯蒂安·福克斯，[加]文森特·莫斯可，主编. 马克思归来[M]."传播驿站"工作坊，译. 上海：华东师范大学出版社，2017：2.

播学学科的理论基础、价值立场和研究路径发出的反思之问。二战后，实证主义主导美国传播学的研究是有其社会现实基础的，两大阵营的对立为传播学提供了丰富的学术资源和研究对象，心理战的研究也顺理成章地成为双方的研究焦点。"心理战代价低廉，有效减少战争伤亡带来的国内舆论压力，执行过程的隐蔽性和怀柔性替代殖民帝国的嚣张蛮横，避免第三世界民族解放进一步激进化。"①国内学者刘海龙在考证施拉姆与中国传播研究中提到，"大量证据说明，施拉姆与美国情报部门的关系非同一般，他所说的传播研究除了单纯的学术好奇外，还与美国的全球冷战战略与国家安全有着密切的关系"②。

在当下互联网时代，数字劳动和生产关系之间产生的新的矛盾和问题，亟须具有批判和超越色彩的理论工具加以解释。对此，克里斯蒂安·福克斯也提出马克思的批判理论对于数字资本主义时代传播学学理构建的重要性，尼克·史蒂文森在其《认识媒介文化》的开篇中就将"马克思主义与大众传播研究"作为其大众传播理论的起点，探讨了政治经济学批判和意识形态理论对于社会文化研究的重要意义，而这种批判理论不应仅局限于政治经济学批判，同时也应当关注对人的存在和自由问题的存在论的批判。可以说，自法兰克福学派之后，异化理论对于传播学研究来说，成为一个被置于视线之外的理论资源，随着互联网技术的空前发展，个人的生存状态越来越偏离这些新技术诞生时的初衷。

媒介环境学派思想脉络的发展逐渐也在走向多元化，但是不管对媒介技术持中立态度、乐观态度还是持批判的立场，他们多是站在社会学的立场上，从媒介技术与宏观社会的互动、媒介技术对人的生存可能产生的威胁入手，做了丰富的理论研究。但是在对媒介技术的本质，也即上升到技术哲学层面开展媒介技术研究却显得略微单薄，这也是笔者将在下一小节中所要尝试做的探索。

---

① 王维佳."胁迫之术"：传播学的心理战起源[J]. 读书, 2017, 4(6): 86-92.
② 刘海龙. 施拉姆与中国传播研究：文化冷战与现代化共识[J]. 新闻与传播研究, 2020, 27(6): 92-109, 128.

（二）媒介技术的本质追问

弗朗西斯·培根认为在西方学术史上发生过三次革命：希腊和罗马以及他自己所处的时代。在培根那个时代，科学家们通过深入的思考以全新的方式向人们描述了支配这个世界的内在规律，改变中世纪延续了近千年的成见。但是，近代自然科学也把现存无批判继承下来，推崇理性主义的量化手段，排斥主体对事物的价值评价，一切都按照摒弃人性的理性原则和科学规律对待，放弃了对事物应然性和主体自由的追求，对人性的存在状态没有任何否定性，自然科学完全成为人类征服自然的工具。

同时，我们也必须承认，人天生是一种技术性存在的物种。自人类轴心时代以来，东西方哲人对于工具理性在人的生存中的反思就一直是思想领域中的重要话题。我们必须面临的现实是，在生存实践活动中，人类的生存和延续对于技术的依赖已经使人类自身再也无法退回到低技术时代。这是一种进退两难的技术处境，鉴于此种现实，古往今来不少学者都对技术保持了高度警醒，并将技术视作权力之外的对人的统治的重要形式，甚至卢梭还提出了技术越发达，人类的道德水平越堕落的警告。对此，海德格尔和卢卡奇之间存在着相同认识。他们认为"技术和管理体系规定了人类行动的结构，因而不能被看成是中立的手段。它们尽管服务于人类生活，也形塑和损害了人类生活"[1]。

在马克思的技术哲学体系中，"技术是一种社会范畴，一种现代社会的生产方式和人的存在方式，一种现代人类生活世界的类型"[2]。人类发明符号以来，生产信息的技术也即本书的研究对象媒介技术，一直是与物质生产技术并行的技术形式，并且这种运行在精神生产领域的技术往往会被视为精神控制和灵魂束缚的重要手段。传播学诞生以来，不少学者就对媒介技术展开了激烈的批判。但是自从法兰克福学派之后，随着晚期资本主义国家个体生

---

[1] [加]安德鲁·芬博格.技术体系：理性的社会生活[M].上海社会科学院科学技术创新团队，译.上海：上海社会科学院出版社，2018：221.

[2] 刘日明.马克思的现代技术之思[J].学术月刊，2020，52(4)：23-34.

第五章
日常生活世界的异化与媒介技术批判

活水平的提升,这些批评工作往往主要围绕着社会宏观层面展开。另外需要说明的是,批判立场的媒介技术观恰好与人文主义的技术哲学流派相互对应,而持中立立场的媒介技术观恰恰是对工程主义的技术哲学的回应。这里需要指出的是,在前一小节笔者对媒介环境学派对于媒介技术的态度和立场进行了梳理,媒介技术作为人与人之间实现思想沟通和精神状态共享的技术,如同物质生产领域的技术一样,被学界赋予了截然不同的社会意义。笔者认为有以下两个角度可以用来解释此问题,一是学者在分析媒介技术时引入了价值立场,再者是追问了媒介技术的本质。对于前一个问题,笔者在上一小节进行了总结,媒介技术的本质问题则是本节要探讨的问题。

探索媒介技术形式的本质,回顾和梳理学术界已有的理论基础是十分必要的。技术往往被作为人类区分于其他动物的主要标志,查尔斯·辛格认为"仅仅使用工具不只局限于灵长类动物,但是有计划地制造(工具)却需要另一个层次上的心智力活动"[1]。很多学者认为对技术的考察有必要追溯到亚里士多德,阿明·格伦瓦尔德(Armin Grunwald)认为"关于技术的概念可以追溯到亚里士多德对'自然的'和'人工的'这两个概念所做的区分"[2]。因为他把存在于世的事物划分为"偶然生成之物""自然生成之物"以及"技术产生之物"。[3] 在此,技术被亚里士多德用来作为划分事物本源性质的一种区分标准,这里其实已经包含着技术必然会产生人造之物的理念。当然,这种人造之物可能是实体的存在,也可能是人类意识之中的观念。所以,我们可以从技术的产物上将技术划分为物质领域的技术和抽象思维领域的技术,媒介技术即归属于抽象思维领域的技术,当然这种技术的运行和产出已经不仅仅基于人的大脑,它对于外部世界物质设备的依赖程度更为明显,并且呈现出物质性越来越强的趋势。

海德格尔的著作多处表现出对现代媒介技术的关注。在《人,诗意地栖

---

[1] [英]查尔斯·辛格. 技术史:第一卷[M]. 王前,译. 上海:上海科技教育出版社,2004:9.
[2] [德]阿明·格伦瓦尔德. 技术伦理学手册[M]. 吴宁,译. 北京:社会科学文献出版社,2017:21.
[3] [日]仓乔重史. 技术社会学[M]. 王秋菊,译. 沈阳:东北大学出版社,2008:32.

居》中他就多次提到了技术的发展对人的思想和灵魂的控制,他认为现代技术完全成为一种贯彻意图的活动,并且将一切在世之存在都作为加工和设计的对象。海德格尔将之归为技术的隐蔽本质,并且指出这种倾向不仅体现在现代科学和社会制度的组织过程中,更为重要的是,"在为组织世界公众意见与人们的日常想法而准备的各种手段和形式中,也是同样情形"①。这里他专门提到了"组织公众意见"和"人们的日常想法",而"各种手段和形式"恰恰指向承载精神和传播思想的媒介技术。

布莱恩·阿瑟对技术本质的分析为我们探索媒介技术的本质提供了一条比较现实的理论路径,他认为目前人类文明所有的技术都是某些微观技术的综合,每一种技术形式的组成部分本身就是一种微缩的技术,并且所有的技术都会开发或利用某种效应或者现象。其实在传播学研究中,保罗·莱文森也提出了类似的观点,他的"补偿性媒介也暗含了这样的观点。任何一种后续媒介都是对前一种媒介的功能性补充,又不能抛弃先前媒介的技术属性"。正如前文多处提到的,不少学者也认同语言是人类最早掌握的技术,刘易斯·芒福德就认为"其实,语言是一种工具,起初它只是反映生命(life-reflecting)、强化生命(life-enhancing)。很久以后,它才被打造成沟通手段,为准确的思想交流服务"②。显然语言在诞生之初就是一种信息交流的心智技术,属于媒介技术的范畴之内。语言的诞生,不再仅仅是一种观念和思想沟通的符号体系。从此之后,后续的书写技术作为一种更为复杂的符号系统,将之前的口语技术作为其子系统,实现了口语符号的空间化和结晶化;印刷术和造纸术的出现则解决了字符书写过程中的个体化所带来的随机性和不确定性,标准化的印刷字体促进了欧洲近代启蒙运动的萌发和科学文化的普及,同时也将聆听型受众转化为阅读型受众;电子媒介技术则综合加成了之前人类掌握的所有媒介技术,将之前的所有媒介属性集于一身,并且在诞生之初就显现出替代人类个人直接经验的效应,正如唐·伊德(Don Ihde)所说的那

---

① [德]马丁·海德格尔. 海德格尔存在哲学[M]. 孙周兴,译. 北京:九州出版社,2004:184.

② [美]刘易斯·芒福德. 机器的神话:技术与人类进化[M]. 宋俊岭,译. 北京:中国建筑工业出版社,2015:98.

第五章
日常生活世界的异化与媒介技术批判

样,"借助技术把实践具身化,这最终是一种与世界的生存关系"①。电子媒介技术已经成为我们随时感知和认识周遭世界的主要途径之一。国内学者芮必峰等人也认为,"我们的身体也越来越多地投向媒介,将媒介的呈现内容和呈现方式默认为我们自己身体的感知"②。

哈罗德·伊尼斯在《传播的偏向》中提出传播媒介属性具有时间上的偏向和空间上的偏向。他认为字母表产生以来,西方文明对媒介技术的重视程度在时间偏向和空间偏向上出现了失衡状态。我们尝试将伊尼斯的对媒介属性的这种划分方式引入对人类技术本质的探索中,也就是以时间和空间作为区分技术本质的中介。笔者认为我们大致可以将目前人类所掌握的技术分为生产时间的技术(在空间中展开,以时间为目的),生产空间的技术(在时间中展开,以空间为目的),而这类技术主要是用来解决身体需求和肉体延续的问题。德国技术哲学家恩斯特·卡普(Ernst Kapp)已经将时间和空间作为技术的改造对象,他提出"历史并不是绝对观念的必然展开,而是人类应付各种各样环境挑战,即克服对原始自然依赖的特殊记录。这需要空间的耕耘以及时间的耕耘"③。

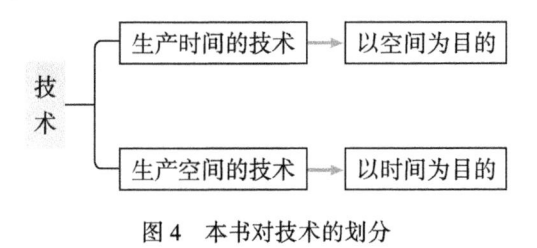

图 4 本书对技术的划分

第一类技术主要是指以满足人类的时间需求为目的的技术形式,这类技术形式主要是用来改变或者记录事物的性质和状态的,如医学技术和本书所关注的媒介技术、信息技术等。举例来说,人类发明药品和手术等技术形式,

---

① [美]唐·伊德.技术与生活世界:从伊甸园到尘世[M].韩连庆,译.北京:北京大学出版社,2012:72.
② 芮必峰,孙爽.从离身到具身:媒介技术的生存论转向[J].国际新闻界,2020,42(5):7-17.
③ [美]卡尔·米切姆.技术哲学概论[M].殷登祥,译.天津:天津科学技术出版社,1999:5.

通过作用于人体的技术效应来消除病痛，降低死亡率，从而延长了生命个体在空间中的活动周期。相对于医学技术，媒介技术本质则有着更为特殊的技术属性。可以说，人类发明的任何一项技术，都是以肉体永生和灵魂不朽为最终目的。因此，技术是人类肉身和灵魂持存的重要形式。技术自从诞生以来就往往与人类的精神和灵魂相互关联。埃及时期的巨机器技术建造了保存法老肉身和灵魂不朽的金字塔，中国的火药技术也是源自个人追求长生不老在仙术炼丹过程中所得，而媒介技术的这种对永恒时间的追求尤为明显。从本质上看，技术是人类对抗死亡的手段，物质技术是为了保存我们的肉身，而媒介技术则是追求灵魂不朽。

B.M. 罗津甚至认为在人类早期文明中，符号技术的出现和应用主要是为了生者与灵魂取得沟通，因为灵魂本身就是一套复杂的符号系统，他认为"灵魂符号的发明使古人领悟了死、昏迷、梦及用图标表达野兽和人的起源"[1]。在早期人类文明中，人类自身还难以将智识和理性与由神灵所制造的灵魂加以区分，理性最终又表现人类主体性对基于外部世界性质和状态的信息的综合判断。因此，获取外部信息的媒介技术事关灵魂的安宁和不朽，是一种以时间为目的的技术。可以说，从掌握了保存和传达信息的技术以来，我们就开始了为自身肉体编织灵魂，同时又将事关灵魂制造的符号系统赋予了神性。

正如前文所述，灵魂或者意识本身是一套基于理性和感性的信息处理系统，是媒介技术在人的意识中的映射，如果将人工智能技术纳入考察范畴，在某种程度上，当下文明中的人类已经初步掌握了 AI 技术，这也是一种高度集成化、系统化的媒介技术综合表现形式。雷·库兹韦尔（Ray Kurzweil）曾对2099 年的人机关系的发展趋势做出预测，他认为那时候将会达到"人类大脑正与由他所创造的机器智能融汇在一起"[2]的技术水平。那么，我们可以在他设想的基础上从某种程度做出更为大胆的假设，人类运用以 AI 技术为代表的

---

[1] [俄] 罗津 B M. 技术哲学：从埃及金字塔到虚拟现实[M]. 张艺芳，译. 上海：上海科技教育出版社，2018：50.

[2] [美] 雷·库兹韦尔. 灵魂机器的时代：当计算机超过人类智能时代[M]. 沈志彦，译. 上海：上海世纪出版社，2006：301.

媒介技术，正在获取一种制造灵魂的技术。在不远的将来，支配肉体的灵魂有可能成为可以批量制造的产品，人类在生物学中的克隆技术已经实现了肉体的无性繁殖，这些掌握着制造灵魂和克隆肉体技术的科学家，极有可能从我们凡人进化上升为更高级别的物种，技术帮助这些科技精英实现了从人到神的跨越，媒介技术作为一种信息综合处理工具，在此过程中起到了至关重要的作用。

二、媒介技术：一种新的日常生活批判对象

科学与启蒙运动如同人类历史上的一对双胞胎。17世纪以来，人类在自然科学和哲学领域均取得了巨大成果，涌现出一大批科学巨匠。牛顿（Isaac Newton）、培根、笛卡尔（René Descartes）、帕斯卡尔（Blaise Pascal）、斯宾诺莎（Baruch de Spinoza）等因时而生，群星璀璨。技术的进步增强了人类驯服自然的信心和能力，发展中的科学为人类获得财富、健康和幸福而服务，而不再作为宗教事业的陪衬。日常生活世界是人类交往活动和自身再生产的重要领域，这一领域中，个体之间的交往和沟通活动又往往基于一定的媒介技术环境，随着资本主义社会生产领域的技术化和隐蔽化，异化问题在晚期资本主义社会增添了新的因素，暂离生产领域的个人在日常生活中的异化状态则与媒介技术全方位的渗透有着千丝万缕的联系，列斐伏尔所主张的日常生活批判其中一个焦点在于迅速发展的媒介技术，他也对异化的批判从先验领域转向存在领域。

（一）列斐伏尔的媒介技术批判：从先验领域到存在领域

日常生活批判是二战之后西方马克思主义思潮的重要一环，其源头其实可以追溯至马克思的《德意志意识形态》。马克思指出了满足人的吃喝住行的物质生活本身就是人类社会实践中的第一历史活动。当然马克思并没有对日常生活世界做出明确界定，并且他的整个理论体系几乎都是基于对资本的论

证和批判，他关于人的全面解放的哲学和政治经济学几乎都是围绕资本这个对象所展开的。马克思主要将技术纳入了生产力与生产关系中去考察，"马克思将技术看作是人们活动的物质资料和实现这种活动方式的总和，看作是一种社会关系……"[1]

海德格尔是比较早地将技术置于现代哲学和生活中心的学者。他在《世界图像的时代》中提出，"科学乃是现代的根本现象，按其地位而论，同等重要的现象是机械技术"[2]。自马克思和海德格尔以来，资本和技术就成为西方现代性话语的两个核心维度。马克思从宏观层面关注了人类社会未来发展道路和人的全面解放的问题，将技术视为未来解放人的重要力量，而海德格尔则将技术视为人的存在的"Gestell"（座架），技术的确是一种"解蔽"方式，但绝对不是中性之物，并且他将存在论的视角引入了对技术的批判。马克思和海德格尔的理论工作为后来列斐伏尔的日常生活批判做了前期的准备。

在第二次世界大战爆发前夕，胡塞尔就指出欧洲文明已经陷入了实证主义为主导原则的哲学危机之中，从日常生活世界分化出来的科学世界所形成的实证主义成为这个世界唯一合理性的世界观，他认为"被人们理想化和神化的科学世界偏离了关注人生问题的理性主义传统，把人的问题排斥在科学世界之外，导致了片面的理性和客观性对人的统治"[3]。胡塞尔试图通过建构先验现象学的体系引发哲学领域对西方文明危机的反省，但是他还并未将某种技术实体纳入其现象学的范畴，在他那个时代，媒介技术的主要形式是以印刷媒体为主的报刊，广播技术也刚刚问世，并在不久之后就成为希特勒及其追随者们宣扬纳粹思想的主要帮凶，这一空白在海德格尔的存在主义哲学体系中得到了补充。

---

[1] 盛国荣. 西方技术思想研究：一种基于西方哲学史的思考路径[M]. 北京：中国社会科学出版社，2011：199.
[2] [德]马丁·海德格尔. 海德格尔存在哲学[M]. 孙周兴，译. 北京：九州出版社，2004：263-264.
[3] 衣俊卿. 现代化与日常生活批判：人自身现代化问题的文化透视[M]. 北京：人民出版社，2005：302.

第五章
日常生活世界的异化与媒介技术批判

舒茨(Alfred Schutz)把胡塞尔关于生活世界的先验哲学拉回到社会现实层面，为后来对日常生活世界进行社会批判提供了切入点。在胡塞尔关于生活世界的基本界定的基础上，舒茨进一步强调日常生活世界不仅是一个意义领域，而且是构成其他社会实在领域的基础的社会实在层面。"社会实在是由众多的'有限意义域'构成的，日常生活世界也是其中的一种'有限意义域'，而且是最高的存在。"①舒茨把日常生活世界理解为社会实在体系的基础层面和最高实在，为我们提供了深入揭示人类社会历史运行的文化机制。更为关键的是，舒茨的日常生活世界理论继海德格尔之后，把胡塞尔的先验哲学命题转化为资本主义社会批判的实在问题，这为我们把媒介技术维度引入对日常生活世界的批判具有重要的意义。

我们可以从日常生活批判理论中梳理出清晰的发展路径，从胡塞尔的先验领域对科学世界的批判，发展到海德格尔从存在论的角度将技术的发展最终视作独立于人类主观意志"天命"。二战之后，列斐伏尔综合了马克思的政治立场和海德格尔的存在主义的技术哲学观，在其三卷本的《日常生活批判》中明确地将媒介技术从人类众多技术形式中单独划分出来，作为其日常生活批判的一个重要的对象。到列斐伏尔为止，日常生活世界理论最终实现了从先验领域的批判向存在领域和技术批判领域的过渡。

而列斐伏尔关于媒介技术与日常生活世界中异化现象的蔓延，往往是传播学界所忽略的。列斐伏尔不仅是西方马克思主义的主将，而且还直接参与过法国广播电视产业经营管理。他认为"马克思和恩格斯的哲学思想最合乎逻辑地和最系统地涉及生活这个层面，洞察生活，揭示生活"②。他坚持把青年马克思的"异化理论"和"全面的人"的理论作为其日常生活批判核心部分。他的重要贡献在于把马克思的异化理论由劳动生产领域引入了日常生活世界，列斐伏尔认为异化是马克思理论体系的核心所在。通过分析资本主义发展的不同历史阶段，列斐伏尔对马克思的异化理论进行了独到的解读和阐发。他

---

① 衣俊卿. 文化哲学十五讲[M]. 北京：北京大学出版社，2004：213.
② [法]亨利·列斐伏尔. 日常生活批判：第一卷[M]. 叶齐茂，译. 北京：社会科学文献出版社，2017：131.

认为异化在现代人类社会中是一种无时不在、无所不在的存在状态，不仅仅表现在生产力、生产和意识形态等方面，人与自然的关系以及人与其本性的关系，而且充斥于日常生活之中。列斐伏尔认为日常生活的琐碎性、重复性和规定性是导致人存在异化的重要原因。"日常生活被设置为确定的、孤立的、有计划。继而发生了公共事务的私人化和私人事物的公共化。"[①]列斐伏尔在其日常生活批判理论中对媒介技术与人的生存状态倾注了大量的心血，并且他将商品的矛盾运动运用到分析消费社会中信息的商品属性上，从而完成了对胡塞尔的先验日常生活世界批判向存在主义的转换。

在《日常生活批判》的第二卷中，列斐伏尔在第四章专门开辟了一个章节讨论了日常生活世界中的信号、符号、语义场、象征、形象、社会文本等与传播学极为相关的理论话题。在此章节中，列斐伏尔专门提出了他的"语义场理论"，他认为"语义场和语言是我们所谓实践或'总场'全部经验的两个层次，这两个层次通过隐含的相互关系而联系在一起"[②]。他通过语义场理论讨论了表达和能指之间的辩证关系，指出了作为手段和工具的语言并不是逻各斯的核心，最终指向了西方近代文明中的意义崇拜和语言崇拜的危机。

早在20世纪80年代，列斐伏尔就提出了信息是有别于传统工业制品的产品，因为它创造了一种摒弃纯粹物质运动的商品交换状态，在交换过程中物质实体的价值已经不被纳入交换价值的范畴之内；在其生产过程中，何为生产、何为创造更难以做出区分，这也就是他所谓的信息商品的矛盾运动。列斐伏尔还直接指出了媒介技术不断演变并未给日常生活世界带来多样性的奇迹，甚至他提出了自人类发明媒介技术以来，信息生产与信息创造之间呈现出负相关的态势，日常生活世界充斥着这个星球中的他者的各种信息，媒介所呈现的他者的符号成为当下主体生存性的意义来源之一，同时生命成为一种繁复琐屑的、细枝末节的感官旅行，因为日常生活世界中的奇迹和宏大意义也在走向丧失。在列斐伏尔看来，这些创造性天赋的失落都与信息创造

---

① [法]亨利·列斐伏尔. 日常生活批判：第三卷[M]. 叶齐茂, 译. 北京：社会科学文献出版社, 2017：658.
② [法]亨利·列斐伏尔. 日常生活批判：第二卷[M]. 叶齐茂, 译. 北京：社会科学文献出版社, 2017：472.

力的枯竭有着千丝万缕的联系。国内学者也发现了信息生产和日常生活批判的连接之处，刘萍、吴廷俊于 2013 年在分析民生新闻与人的现代化的问题时，就已经提出要将日常生活批判理论引入新闻传播学的研究。[①]

在《日常生活批判》第三卷第二章中，列斐伏尔专门设置了"信息技术与日常生活"的讨论章节。列斐伏尔赋予了信息在日常生活批判理论中极为重要的地位，他将信息视作日常生活的最高形式，同时也作为其批判理论的主要指向。列斐伏尔在对信息展开批判的过程中，明显地综合了符号政治经济和马克斯·韦伯的科层制社会的理论。他提出在权力和财富权威之外，在传统社会权力结构之中又诞生了一种以主导信息生产的信息技术权威，"能够生产信息的技术权威，能够让世界按照他们的指令运转的技术官僚，用有关'能力'的描述和思想观念替代了政治学本身"[②]。作为超级商品的信息已经形成了一种基于实证主义知识的信息意识形态，并且这种信息意识形态是消费社会中技术官僚掩盖社会矛盾的高明手法。

信息技术权威的出现同时使生产和消费二元体制新生出一种"生产—创造—信息"的三重关系，消费从商品的生产和流通环节中被媒介技术消解为纯抽象的状态，基于"空间—时间—劳动"的生产过程已经成为一种乌托邦般的幻想。因为作为生产力的媒介技术抑或是信息技术，已经消灭了空间因素对商品生产和流通环节的限制。对此，列斐伏尔指出了信息技术对意义和价值的抹杀和颠倒，"信息技术通过符号替代价值，通过结合替代整体性，通过信息替代活生生的文字，这样，信息技术真的会完全摧毁意义"[③]。

（二）媒介技术与日常生活世界的异化

"生活是一个哲学意义上的现实，而哲学只有回到生活才能接近自己的

[①] 刘萍，吴廷俊."人的现代化"指向：论日常生活批判视阈下电视民生新闻发展[J]. 新闻大学，2013(3)：19-25.
[②][③] [法]亨利·列斐伏尔. 日常生活批判：第二卷[M]. 叶齐茂，译. 北京：社会科学文献出版社，2017：662，667.

问题。"①正如国内学者孙周兴所言,"哲学的使命在于面对被技术工业深度改造和重塑的技术化生活世界,为重建今天和未来的新生活世界经验做出贡献"②。人类作为一种社会性的动物,发明和运用技术及工具是区别于其他动物的主要标志。因此也可以说,使用技术是人类的社会属性,同时也是人类在自然界中进行生存活动和生产实践的主要手段。按照唐·伊德的观点,技术是人类完成从伊甸园到尘世过渡的桥梁,这个观点已经暗含了对技术与人性、技术与人的本质异化的反思性意向。我们与技术相伴而生,个体在脱离了生产领域之后,回到日常生活世界同样也离不开各种技术形式。人类的衣食住行,几乎生活实践活动都是以技术为中介而完成的。总体而言,媒介技术填充了日常生活中的个体再生产和交往沟通活动,媒介技术是日常生活中完成沟通交流和构筑记忆的最为重要的技术形式。随着技术属性的叠加和集成,以手机等移动终端为代表的媒介技术日益与我们的生存交融在一起,信息的便利获得在很大程度上也是以牺牲个人的生存自由为代价。脱离生产领域之后,政治和经济力量对个人生存的影响依然不可避免,个人既无法改变其所处的社会阶层,又无法摆脱无处不在的媒介技术环境。因此,媒介技术又成为日常生活世界中的异化产生的主要因素之一。

"在人类的发展的每一阶段,技术的扩展和转化较少用于直接提高食物供给或征服自然的目的,而较多用于利用自身内在丰富的资源,以及表达潜在的超机体的潜能。"③我们发明微波炉来加热食物,使用斧头砍伐树木,通过 FAST 望远镜观测无垠的宇宙,乘坐火车飞机去远方,这些工具或者技术增强了我们改造和认识自然的能力,辅助人类实现其主观意向性,实现了将我们的意向性与对象之间的结合。人类在完成其主观意图之后,这些技术形式即刻脱离了我们的肉身和感官,也就是说微波炉、斧头、火车之类的技术具有强烈的目的指向性,实践目的一旦完成,技术与人的活动之间的关联随

---

① 刘怀玉. 日常生活批判:走向微观具体存在论的哲学[J]. 吉林大学社会科学学报,2007,4(5):14-23.
② 孙周兴. 当代哲学的处境与任务[J]. 探索与争鸣,2020(6):33-42,157.
③ 吴国盛. 技术哲学经典读本[M]. 上海:上海交通大学出版社,2008:499.

即解除。人类通过技术的中介手段,改变了事物或自身的状态、属性。在此过程中,人无须将自己的实践和感官与技术工具长时间地捆绑在一起,人的主观能动性与技术形式之间只是一种暂时性的主客观勾连。技术依然是一种工具,"技术的产生体现了人性与物性的统一,而技术的人性与物性正是统一于技术的工具性"①。人依然是居于技术与物质之上的支配者,而技术则是人的肉体功能的物质性衍生,依然受制于人的主观性,工具或者技术在此依然是普罗米修斯从宙斯那里为人类盗来的火种,技术的对象指向的是外在于人的自然,而不是人本身。

媒介技术作为一种承载和传达符号意义的技术,与上述技术形式之间存在着质的差别。任何技术形式都是人类沟通和实践的手段,技术进步在生产领域降低了劳动强度,改善了劳动者的工作条件,在日常生活中为我们提供了生存所需的物质条件。因此,物质生产领域的异化问题从本质上讲仍然属于技术和生产关系的问题,可以通过社会变革和技术革命加以消除。国内学者王伯鲁也认为"通过干预和调节技术发展方向、重塑人性、重建精神文明等途径,现代人能够自觉抵御技术异化的侵袭与扩大"②。但是这种理论预期的适用范围无法完全涵盖媒介技术这个特殊的技术形式,也即媒介技术的异化影响无法简单地通过上述路径加以消解。

因此我们必须看到,"物质成就给文化带来的最普遍的危险在于:由于生活条件的改变,人大量地从自由进入不自由的状态"③。媒介技术在生产领域起到了神经系统的功能,正如杜威所言,技术增强了人类对抗自然界的能力,因为"通过思维人们却可以逃避不确定性的危险"④。其对日常生活世界的影响是潜在的、间接的。在这里杜威的技术思想已经提及了关于语言和思维的技术,即本书所关注的媒介技术。在早期人类社会中,个人的生活实践

---

① 刘同舫. 技术的当代哲学视野[M]. 北京:人民出版社,2016:8.
② 王伯鲁. 技术异化及其消解可能性问题新解[J]. 兰州大学学报(社会科学版),2013,41(1):76-81.
③ [法]阿尔倍特·施韦泽. 文化哲学[M]. 陈泽环,译. 上海:上海世纪出版社,2013:115.
④ 吴国盛. 技术哲学经典[M]. 上海:上海交通大学出版社,2008:205.

和生产实践并未完全分离,技术首先是为了满足生存的需求。当时的技术形式几乎都是为了满足人类的生存需要。正如前文中所提到的那样,很多学者都认为语言是人类最早掌握的技术,也是人类在弱肉强食的自然界中同其他动物竞争生存下来的最大优势。人类通过语言和思维,实现了不同个体间的协作与联合,人类成为蔚蓝星球的主宰,开始走出伊甸园进而成为自己的主人。从那时开始,这种表达自我和意识的技术,就已经嵌入我们的意识和灵魂,甚至成为人类自然本能的一部分,媒介技术的具身性从诞生之时就已经显现,并且深深嵌入我们的灵魂,或者说语言这种实现思想共享的沟通技术本身就是我们思维的内核。

国内学者陈昌凤认为,"从身体与技术的关系来看,媒介技术正在经历从离身化到具身化的转变"[1]。但本书将媒介技术的具身性的起源追溯到语言的出现,原因在于具身性是很多生存性工具和技术所不具备的属性。从口语的出现到字母的诞生,从文字的应用到印刷术的普及,从电报的诞生到互联网的横空出世,这些不同阶段的媒介技术都包含着强烈的世俗意义和日常性,因为符号本身就是一种与我们肉体相互依存的意义系统,人类的社会属性恰恰又是在生产和沟通实践中产生。生产劳动是一种周期性的、阶段性的实践过程,人在此类实践中对工具的操作和使用也是阶段性的;然而媒介技术则是一种永久伴生性的意义表达系统,我们无法与之脱离,甚至到如今我们可能会为之成瘾,并且每一个不同阶段的媒介技术的这种具身性呈现出逐步加深的状态,从而与生产技术合谋,一起为人类形成权力之外的一种新的统治结构,这是一种悄无声息的伴生性、极为隐蔽的异化形态。

如果我们重新从具身性去观察其他技术形式,微波炉无法走进我们的卧室,不会陪伴我们入眠,我们也不会像迷恋手机那样去迷恋斧头并无法自拔。但这种与技术随时可以分离的状态并未持久,直到我们创造了充满无数欲望黑洞的移动终端技术,创造出一种掌控个人感官、宰制理性的从未有过的复杂机器系统,人类已经变成一种信息机器与灵性肉体的结合,并且在用计算

---

[1] 李凌,陈昌凤. 媒介技术的社会选择及价值维度[J]. 编辑之友,2021,4(4):53-60.

第五章
日常生活世界的异化与媒介技术批判

理性来逐步掩埋我们的个体灵性。特别是社交媒体的普及，为我们提供了通过视听来体验世界多种可能性的窗口，同时人的欲望、情感、价值等意义性要素在移动终端的时空压缩中也迅速缩水、贬值。人们放弃了对于全面解放状态的追求，以快感和欲望替代了理想和超越。

关于媒介技术与肉体的关联，国内学者汪民安对手机在日常生活中的应用进行了深刻的反思，"一个人体前所未有地和一个机器紧密地结合起来，我们前所未有地为自己创造了一个新身体：一个新的人和机器的混合体"[①]。日常生活世界中，劳动实践随着具体时空而转移或中止，而基于媒介技术环境的沟通和交流却一刻也不能停止。报纸、广播、电视和社交媒体在日常生活中占据人类的时间和精力越来越多，我们可以暂时摆脱生产实践对人的异化，但是我们无法摆脱生活世界中各种媒介技术所带来的束缚，媒介技术最终演变成一种与肉体系统相互连接的电子神经系统，成为一种与肉身无法割裂的具身性的技术。

人类作为拥有社会性的高级动物，其社会性的存在更多地表现为一种技术性的存在。而媒介技术的具身性在当代人类生存中所造成的隐性压迫是日常生活世界中人的异化的主要根源。其实很多学者都已经透露出对技术具身性问题的关注，胡塞尔认为现象学的根基在于对象的意义产生于主体性对它的观察。在这个观察过程中，除了人身器官的直接参与之外，媒介技术作为感官技术是人类获得经验的主要途径。海德格尔的存在主义提到了工具的"上手""在手"问题哲学就已经表现出对工具或技术具身性的关注，梅洛庞蒂（Maurice Merleau Ponty）在他们的基础上发展了具身现象学，埃里克·弗洛姆很早就认为在晚期资本主义，异化已经不仅仅是无产阶级所单独面临的问题，已经成为整个人类所共同遭遇的生存困境。对于这种由于技术失控所引发的生存困境，约翰·基恩（John Keane）将其归结为，"所有的晚期资本主义形态都受到两条错误的（和互相联系的）组织原则——逐步扩大的商品化和物

[①] 汪民安. 手机：身体与社会[J]. 文艺研究，2009(7)：100-105.

化——的支配"①。

另外，本书之所以将媒介技术作为日常生活世界异化问题的关键因素，还在于这种生产和传播信息的技术已经成为一种软性权力，而这种权力与其他权力形式的不同之处在于，它散布并藏身于商品和大众媒体的符号系统之中，已经如同毛细血管一般，密布于生产领域和我们的日常生活世界中。正如福柯所言，在现代社会中，"权力的施展不是像一种僵硬沉重的压制因素从外面加之于它所介入的职能之上，而是巧妙地体现在它们之中，通过增加自己的接触点来增加它们的效能"②。这种微观权力结构的实现不再依赖于传统的实在形式的暴力胁迫和肉体惩罚，权力变身成为广告符号以及蕴藏其中的主体自身的欲望需要。现代人通过媒介技术所产生的需求和欲望的表达，福柯认为这是一种本质上的自我摧毁。"这种表达并非是为了确立个体对自我的绝对主权；相反，它所期望的是谦卑和克制、是对自我的摆脱，是去建构一种自我关系而将自我的形式摧毁。"③

媒介技术的具身性恰恰为这种新的压迫形式的生成提供了技术上的实现方式。日常生活中异化状态的出现原因也有了新的表现形式，由资本主义社会中政治和经济的弱势地位，转变成为一种无处不在、无时不在的标准化的、非强迫的符号暴力压迫。媒介技术成为人类社会分发这种带有压迫性符号体系的平台，如果我们运用列斐伏尔后期的空间生产理论来分析媒介技术与生活世界中的异化问题，不难发现当下的即时性强、仿真度高的媒介技术已经为人类生产出除了物理空间之外的一个虚拟空间，这个空间自进入大众传播后就引发了学者们的关注，"拟态环境""信息茧房"等理论的提出都是围绕媒介技术所营造的信息空间展开的。同时，这种信息空间不仅具有一种交换和共享信息和思想的技术性，在主体之间也有着强烈的中介性。对此，列斐伏

---

① [英]约翰·基恩. 公共生活与晚期资本主义[M]. 北京：社会科学文献出版社，1992：86.
② [加]安德鲁·芬伯格. 技术体系：理性的社会生活[M]. 上海：上海社会科学院出版社，2018：44-45.
③ [法]米歇尔·福柯. 自我技术：福柯文选[M]. 汪民安，主编. 北京：北京大学出版社，2019：9.

尔认为"作为中介，一个这样的工具性空间（space instrumental），要么会允许暴力来实现某种连续性，要么会将现实的种种矛盾隐藏在表面上合理、客观的连续性中"①。在此，列斐伏尔也察觉到这种信息交换的中介平台所蕴含的隐性暴力压迫，符号系统在完成意义传达的过程中，也将权力结构由工厂、监狱、学校、公司等公共领域中的实体压迫转变成为无处不在的隐性结构。而福柯所提出的"全景监狱"，这其中还有一个关键性的媒介技术环节是一直处于理论者视线之外的。因为在现代社会之中，任何监控和权力的实现几乎都依赖于媒介的信息发布和流通环节的控制，或者说权力本身也体现为一种对信息的把控，而这些效应的实现无一能摆脱媒介技术去单独实现。其实对于这种存在状态，尼曼贾·久基奇也有类似的观点，他认为我们难以阻挡媒介技术成为我们生成的对立面，"在操纵、控制、压迫、统治和霸权的发展过程中，媒介成为工具主义思想的产物"②。

三、媒介技术与异化理论发展的三个阶段

正如国内学者衣俊卿所言，"关于人与自然的分离、人的异化、人的存在的分裂，人的个体自由与存在命运等问题……"③这是一组逻辑紧密关联的系列问题，自启蒙运动以来，不论是持何种意识形态和阶级立场的思想家和革命家，都将这一问题作为自身理论建构或革命实践的出发点。特别是二战之后，异化理论再度成为关注焦点，甚至成为一种解释当下人的存在现状、揭示理性制度安排弊端的万能理论工具。从理论的指向对象来看，马克思的异化理论主要指向了资本主义生产劳动中人与人之间的生产和交往过程中形成的异化关系。列斐伏尔则以马克思的《1844年经济学哲学手稿》中的劳动异化为出发点，在其《日常生活批判》三卷本中提出了近代日常生活世界异化的

---

① [法]亨利·列斐伏尔. 空间与政治[M]. 李春, 译. 上海：上海人民出版社, 2015：24.
② [美]Njukic N. Social role of the media: control of social reality[J]. Politeia, 2012, 2(4).
③ 衣俊卿. 20世纪新马克思主义[M]. 北京：中央编译出版社, 2012：406.

问题，将异化这一哲学批判武器引入了对非生产性的关乎个体生存状态的日常生活世界的批判。列斐伏尔在其著作中多处论及了大众媒体对个体日常生活世界的全面介入和接管，也毫不客气地指出其弊病所在，但是他并未在媒介技术与日常生活世界异化二者之间的关联性上继续开展理论工作，这就为本书关于媒介技术与日常生活世界的理论展开留下了一定余地。

（一）异化理论：从马克思、卢卡奇到列斐伏尔

异化理论在马克思的整个思想体系中具有十分重要的地位。对于马克思来说，解决和超越人的存在中的异化问题，不仅仅是一个社会制度的革命实践问题，更是人本主义层面上的哲学思辨问题。马克思的哲学同时解决微观层面上人的存在的问题和宏观层面上人类社会制度完善的问题，对于马克思主义的本质目的，兰德尔·柯林斯（Randall Collins）认为"这一哲学以异化（alienation）和共产主义的观念为中心，前者是人类历史的突出特征，后者则是历史的终结和异化的解决"①。因此，马克思宣称"这个伟大的事业以无产阶级和全人类的解放为目标……"②同时，思想界对马克思的异化理论存在着争议，一方认为异化理论是青年马克思一种不成熟的理论，因为在后期马克思的成熟理论体系之中很少再被提及，甚至认为后期马克思本人已经抛弃了异化理论；另一方是以早期法兰克福学派为代表，他们则将异化理论置于马克思哲学体系最为核心的位置。马尔库塞就提出我们不应该将《1844年经济学哲学手稿》中的"劳动"仅在经济学层面上进行考察，因为"劳动"在此有着更为丰富的哲学层面上的意义，甚至这种意义的重要性超出了经济学意义。"法兰克福学派成员认为，马克思以社会主义为目标的无产阶级革命的宗旨并不单纯是经济剥削问题的解决和无产阶级工人的一般解放，而是扬弃异化、恢复人的自由和全面的发展。"③

马克思的哲学体系具有强烈的实践色彩，劳动在其整个思想体系中具有

---

① [美]兰德尔·柯林斯，马克尔·马科夫斯基. 发现社会：西方社会学思想述评[M]. 李霞，译. 北京：商务印书馆，2014：71.
② [德]马克思，恩格斯. 德意志意识形态：节选本[M]. 北京：人民出版社，2018：32.
③ 衣俊卿. 20世纪新马克思主义[M]. 北京：中央编译出版社，2012：258.

第五章
日常生活世界的异化与媒介技术批判

独一无二的地位。因此在马克思对异化展开批判的过程中，资本主义生产体系中的异化劳动也成为极为关键的批判对象。《1844年经济学哲学手稿》给出的异化理论成为后来西方马克思主义的理论根基。马克思提出了"人同自己劳动产品、自己的生命活动相异化的直接结果就是人同人的相异化"[①]。在此异化劳动的论证过程中，马克思的关注焦点在于资本主义物质生产过程，其出发点是国民政治经济学，但是无意之中也显示出异化理论的存在论的本质。此外，生产力本身就是马克思理论体系的重要研究对象，"手推磨给人们以封建领主为首的社会，蒸汽机给人们以工业资本家为首的社会"。这个著名的论断即鲜明的佐证，而技术则是生产力水平的主要标志和组成部分。因此可以说，马克思的哲学体系本身就与技术密不可分，唐·伊德也将马克思主义作为技术哲学的主要源头之一。另外，在马克思所处的时代，资产阶级和无产阶级的冲突和矛盾主要表现在生产领域，表现在劳动生产过程中的强制劳动和资产阶级对剩余价值的无偿剥夺。而以报刊为代表的媒介技术在当时则是社会进步力量的重要体现。

马克思在欧洲各国颠沛流离时也一直坚持报刊的创办工作，在新闻实践中投入了大量的精力。关于马克思对传播学研究的重要贡献，国内学者支庭荣给出了中肯的评价，他认为"马克思对西方传播学的最重要影响，与其说是具体的概念、观点，不如说是特定的立场、视角"[②]。因此，马克思在《巴黎手稿》中所提出的异化理论对于分析和批判当下的媒介技术在日常生活世界中的无限扩张以及由此引发的一系列问题具有跨越时代的实践价值和理论意义。

卢卡奇作为西方马克思主义的奠基者，他在马克思商品拜物教的理论基础上坚持从对资本主义生产过程和商品分析入手提出了"物化"理论，以揭示资本主义社会中人与人之间的关系已经被物与物之间的关系所掩盖。卢卡奇提出"人的活动，人自己的劳动，作为某种客观的东西，某种不依赖于人的

[①] [德]马克思.1844年经济学哲学手稿[M].北京：人民出版社，2018：54.
[②] 支庭荣.传播逻辑中的人类自省：马克思对西方传播学理论的贡献与影响[J].新闻与传播研究，2011，18(3)：111.

东西，某种通过异于人的自律性来控制人的东西，同人相对应"①。其实马克思在《德意志意识形态》中对于物与人之间的对立也已经有所提及，马克思指出"在现代，物的关系对个人的统治、偶然性对个性的压抑，已经具有最尖锐最普遍的形式"②。卢卡奇在尚未发现《1844年经济学哲学手稿》的情况下独立提出了物化关系，我们在其物化理论中能够明显发现韦伯和西美尔的理论痕迹。卢卡奇通过对"人的数字化""主体客体化"和"人的原子化"三个方面来构建其物化理论的。卢卡奇同马克思一样看重劳动在"物化"理论中的核心地位，"个体在资本主义生产关系的自律的机械系统中已经被符号化和抽象化，随之而来的是主体性在生产过程和社会历史运动中的丧失"③。并且卢卡奇在论证"人的原子化"的过程之中，已经展示出将批判的锋芒引向资本主义生产过程之外的人的日常生活世界。但是在此过程之中，卢卡奇主要关注的焦点依然是资本主义物质生产过程，在对技术理性展开的深刻批判之中，并未对不同的技术形式进行区分。

当然，如果我们从今天的社会现实去观照马克思和卢卡奇的理论，并且要求其完全契合和解释当下的媒介技术环境和人的生存状态，这种苛求不切合实际，不合乎历史发展的逻辑，因为任何理论都是对其所处的时代在精神状态领域所做出的回应，而当下媒介技术的发展深度和广度已经远远超出了马克思和卢卡奇的理论预期。1922年《历史与阶级意识》成书时，大众传媒业态中的报纸正处于鼎盛时期，广播技术即将迎来爆发。因此，媒介技术仍然暂时处于沉睡的状态。媒介技术相对于资本主义物质生产技术，还未引起那一时期理论家的足够重视。在卢卡奇的晚年，20世纪六七十年代，也只是在发达资本主义国家中，收音机和电视机才逐步作为家用电器进入人们的日常生活世界。即使在广播电视的萌芽时期，卢卡奇也已经对这种专门化的信息生产系统产生了警惕，他指出信息生产专业化导致了精神能力遭到机械系统的剥夺，"（意识结构）这种结构在新闻界表现得最为怪诞，在那里，正是主

---

①③ [匈]卢卡奇. 历史与阶级意识[M]. 杜章智, 译. 北京：商务印书馆, 2018：152, 36-37.

② [德]马克思, 恩格斯. 德意志意识形态[M]. 北京：人民出版社, 2018：121.

第五章
日常生活世界的异化与媒介技术批判

体性本身,即只是气质、表达能力,变成了一架按自身规律运转的抽象的机器……"①在他看来,整个新闻业已经成为出卖信念和经验的流水线,最终失去了气节和主体性。

列斐伏尔与卢卡奇之间的理论关联并不明显,并且受到海德格尔的存在主义的影响,与萨特等人有着相同的理论特质。因此也可以说,列斐伏尔是20世纪五六十年代马克思主义与存在主义走向融合的代表。列斐伏尔将马克思主义的批判气质纳入了存在主义的框架之下,他认为马克思主义的根本目的是要通过社会革命来解决人的存在的异化问题。按照列斐伏尔的观点,异化指的是资本主义社会中生产和生活、交换价值和使用价值的目的和地位出现了相互颠倒,日常生活的本真和意义已经消失在被高度分化和科层体制控制的消费社会之中。异化也是其日常生活批判理论的核心所在,正如他本人在《日常生活批判》第二版序言中所承认的那样,"事实上,《日常生活批判》完全是围绕异化理论而建立起来的"②。同时随着资本主义社会中无产阶级生活条件的改善,人们不再谈论异化,甚至不少西方马克思主义者也在回避异化问题,并把日常生活世界当作无关紧要的存在。但列斐伏尔指出了这种哲学视野的狭隘,他倡导将马克思主义的批判武器对准资本主义商品社会本身,同时也应该从对理性和本质的批判转向对日常生活中人存在状态的批判。在此"列斐伏尔确立了一种主体性的理解思路。这种思路也就是以人的活动为基石"③。并且正如国内学者冯俊所说,列斐伏尔基于现代性的对消费社会和信息社会的日常生活批判,很大程度上影响了后现代哲学的走向。

另外,列斐伏尔是西方马克思主义者中少有的具有漫长生涯的理论家,他的一生几乎横跨了人类历史中最为波澜壮阔的20世纪。更值得关注的是,他和马克思有着同样的媒体工作经历,"战后,列斐伏尔出任图卢斯广播电台主任一职"④。他是西方马克思主义理论家中少有的对大众媒体表现出极为

---

① [匈]卢卡奇. 历史与阶级意识[M]. 杜智章,译. 北京:商务印书馆,2018:169.
② [法]亨利·列斐伏尔. 日常生活批判:第一卷[M]. 叶齐茂,译. 北京:社会科学文献出版社,2017:序言2.
③ 衣俊卿. 20世纪新马克思主义[M]. 北京:中央编译出版社,2012:407.
④ 汪原. 亨利·列斐伏尔研究[J]. 建筑师,2005(5):42-50.

关注的学者，他几乎见证了报纸、广播和电视的每一种媒介技术的巅峰，因此在他的《日常生活批判》三卷本中，对大众媒体和媒介技术的论述成为其日常生活批判理论的重要对象，甚至在其第三卷中直接撰写了关于媒介技术发展与发达资本主义社会中日常生活异化的章节《信息技术与日常生活》。[①]

列斐伏尔的媒体从业经验和存在论的理论出发点，使得大众媒体在其日常生活批判理论中成为不可或缺的观照对象。对于信息技术在资本主义生产过程和市场中所发挥的作用，他一针见血地指出"信息技术既不能解决也不能消除矛盾：信息技术只能表达矛盾，或掩盖矛盾……同一性没有消除掉分割，一致性也没有抑制住矛盾"[②]。在他理论生涯的高峰时期，电视已经在西方社会中的很多家庭广泛普及，观看电视和收听广播成为大众在日常生活世界中最廉价的休闲活动。对于广播和电视所带来的生活和意识上的全球化，列斐伏尔指出这是一种基于对社会事物凝视的"眼睛全球化"的新的观看方式，并揭示了"这个凝视被减至无能为力，一种虚假意识上的占有，准知识和非参与"[③]。坐在客厅中的受众，将所有的感官知觉都集中于对广播、电视所传达的视觉和听觉符号的解读，这些信息界定了我们的视觉、听觉和嗅觉，在接受这些间接经验的过程中，信息又完成了对个体的知识及思想的覆盖和替换，替代性的感官参与犹如一种镇静剂消解了人们继续改造社会的激情和动机。至关重要的是，个体积极参与的实践意识也最终将会被以广播和电视为代表的大众媒体所带来的社会化凝视所消磨殆尽，"由此人类所建构的'第二自然'取代了绝对的'第一自然'的地位，可知觉的实在的参照物消失了"[④]。最终导致了我们个人日常生活出现"再隐私化"（reprivatization）的趋势。"大众文化的'再隐私化'能致使日常主体逐渐丧失实践维度，民众在强化的个人主

[①②] [法]亨利·列斐伏尔. 日常生活批判：第三卷[M]. 叶齐茂，译. 北京：社会科学文献出版社，2017：653-667, 660.

[③] [法]亨利·列斐伏尔. 日常生活批判：第二卷[M]. 叶齐茂，译. 北京：社会科学文献出版社，2017：314.

[④] 郑震. 列斐伏尔日常生活批判理论的社会学意义：迈向一种日常生活的社会学[J]. 社会学研究，2011, 26(3)：202.

义和窥视欲中走向沉沦。"①社会进步是保障多样性，而不是把人们都镶嵌到一种生活模式中去。

（二）媒介技术与异化状态的三种划分

资本主义的诞生与中世纪欧洲的社会变革和技术进步密不可分。而异化状态作为一种伴随人的生存的身心状态，进入资本主义时代之后则更为加剧和显著，脱离了封建领主和教会精神控制的农民和市民，变身为工人后又被资本和货币套上枷锁。另外，个体生存中的异化问题与唯物主义和唯心主义的博弈状态之间也存在着关联，在对资本主义不同时期进行划分之前，我们有必要描绘出当时西方世界的宏观环境，以及这种以生产物质产品的数字和数量取代价值体系的社会中人的存在的问题。

在文明进程的宏观层面，中世纪后期地理大发现促进了资本主义发展，欧洲列强开始走向海外殖民扩张道路；君权民授的民族国家崛起，英国"光荣革命"开创君主立宪，法国由封建等级君主制发展到"朕即国家"的君主专制，王权空前强大；三十年战争与宗教改革的最终结果确立了欧洲近代的地缘政治格局和政教分离的世俗民族国家的崛起。在科学和理性事业层面，欧洲科学家在多个学科领域取得了前所未有的突破，随着科学技术的进步和制度自身的调试，个体的生产活动和生存状态与之前存在着明显的不同态势。政治制度、科技和意识形态领域的进步，不仅仅在社会实践中改变了世界，也在日常生活世界中改变了人的存在。

资本主义作为人类社会制度演进中的某一个发展阶段，就自身而言，也呈现出较为明显的分期。因此，资本主义社会制度不同阶段的划分也成为政治经济学中的一个重要议题。列宁认为随着资本主义社会中生产和资本的高度集中，资本主义社会由自由竞争阶段进入了垄断资本主义也即帝国主义阶段，也有学者将资本主义的发展分为五个阶段。笔者在此主要根据在社会生产中居于主要地位的生产要素，提出以商品、资本和信息为分期维度，将资

---

① 李巍. 生活的可能性与再隐私化：列斐伏尔《日常生活批判》中的大众文化批判[J]. 全球传媒学刊，2022，9(2)：163-174.

本主义的发展进程划分为自由竞争资本主义、垄断资本主义和晚期资本主义。同时我们也发现，社会科学领域对人类社会制度的划分往往是以生产力和生产关系为主要分界点，媒介环境学派以媒介技术来划分人类文明的发展阶段。在此，我们可以借助这一思路尝试将媒介技术发展水平与资本主义社会的不同发展阶段相互对应，印刷媒介对应自由资本主义阶段，电子媒介对应垄断资本主义阶段，互联网则对应晚期资本主义阶段，每一阶段的媒介技术发展与人的异化状态有着不同程度的关联。同时，我们必须清醒地认识到，正如伽达默尔所警示的那样，"信息化程度的增加并不必然意味着社会理性的加强"①。因为我们也不能回避，在物质生产实践所造成的社会现实环境之外，也即在经济基础决定上层建筑的微观领域，日常生活中人类个体所处的技术环境也是决定人的生存状态的重要因素。

媒介技术发展阶段	资本主义发展阶段	异化状态的三种划分
报纸	自由资本主义阶段	劳动异化
广播电视	垄断资本主义阶段	需求异化
互联网等	晚期资本主义阶段	精神异化

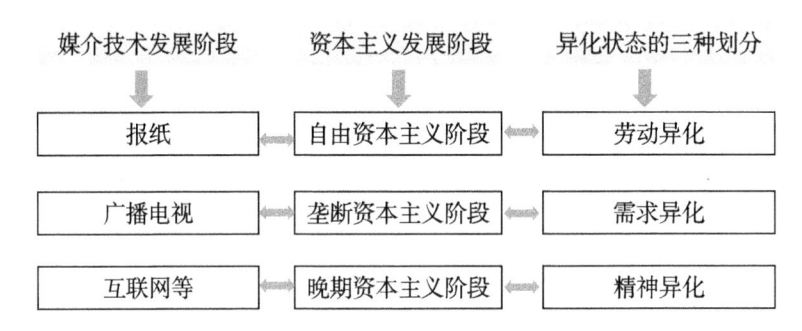

图 5　媒介技术发展阶段、资本主义发展阶段与异化状态的对应关系

首先，我们来考察与印刷媒介技术相对应的自由竞争资本主义时期。中世纪晚期，西方世界出现的以活字印刷技术为代表的媒介技术在资本主义生产关系的诞生中具有极为重要的历史地位，甚至有学者将印刷术作为西方近代个体主义和民族主义形成的助推剂，将印刷术作为西方现代性的重要起源。②伊丽莎白·爱森斯坦认为"欧洲史里的中世纪研究、文艺复兴研究、近代史研究、宗教改革研究、近代科学研究都必须以机器印刷为主要参考系，

---

① [德]伽达默尔. 科学时代的理性[M]. 薛华, 译. 北京：国际文化出版社, 1988：64.
② 李昕揆. 印刷术与西方现代性的形成[M]. 北京：商务印书馆, 2017：174.

第五章
日常生活世界的异化与媒介技术批判

舍此会造成时代错乱"①。借助于印刷机器的巨大产能,思想和知识不仅局限于上流社会沙龙和科学家的实验室,而且还成为一种具有直接变现能力的商品,"科学不再是知识的精髓和值得人们认识的东西,而是成了一种方式:一种进入和渗透到未被开发和未被掌握领域的方式"②。对尘世间灵魂的掌控不再是教会的特权,专业的作家和出版商也加入其中。从费夫贺(Lucien Febvre)等人对欧洲工业革命初期造纸业与印刷行业的考证就可以发现,"19世纪初,为满足教育与信息的新需要,待印的书籍、行政出版品,乃至于后来的报纸,也愈来愈多"③。随着工业革命的发生,书籍和报纸印刷行业也成为当时欧洲大陆资本主义生产中重要的产业领域。

因此,在印刷技术所对应的自由资本主义时期,个体生存中的异化状态的产生,正如马克思所分析的那样,主要起因是资本主义生产过程中的异化劳动,异化的主要发生领域是在物质产品的生产领域,异化的对象主要是作为劳动力的个人的肉体,日常生活中的异化问题也主要是源自资本主义私有制。正如马克思所说,"私有制本身也把占有的这一切直接实现仅仅看作生活手段,而它们作为手段为之服务的那种生活,是私有制的生活——劳动和资本化"④。在这一时期,马克思本人对电报等新兴媒体技术较为乐观,他结合工业革命的进展,强调通信技术与其他生产技术具有同等重要的地位,"机车、铁路、电报、走锭精纺机等等。它们是……人类的手创造出来的人类头脑的器官;是物化的知识力量"⑤。印刷品也被视为时代进步的力量,甚至一度面临着书报检查制度的掣肘,在当时并不能被当作造成个人状态的消极力量,反而被用来当作开展工人运动和革命斗争的思想阵地,因此我们还不能简单地将早期资本主义阶段中的印刷技术归于催生异化状态的人的对

---

① [美]爱森斯坦. 作为变革动因的印刷机:早期近代欧洲的传播与文化变革[M]. 何道宽,译. 北京:北京大学出版社,2010:3.
② [德]伽达默尔. 科学时代的理性[M]. 薛华,译. 北京:国际文化出版社,1988:61.
③ [法]费夫贺,马尔坦. 印刷书的诞生[M]. 李鸿志,译. 南宁:广西师范大学出版社,2006:16.
④ [德]马克思. 1844年经济学哲学手稿[M]. 北京:人民出版社,2018:82.
⑤ [德]马克思,恩格斯. 马克思恩格斯全集:第46卷[M]. 北京:人民出版社,1980:219.

立面。

其次,我们来关注与垄断资本主义时期也即帝国主义时期相互对应的电子传播媒介时代中人的存在状态中的异化问题。本书认为,相对于之前劳动异化中对人的肉体的异化而言,电子媒介对人生存的影响主要体现在需求的异化上。与之前的印刷媒介不同的是,以广播和电视为代表的电子媒介技术从其诞生之初,就有着强烈的日常生活世界的色彩,并且电子媒介技术与日常生活中的人的异化状态有着更为直接的关联。欧洲和美国率先实现了电子媒介的家用化,"在现实生活中,收音机在20世纪20年代后半段,以惊人的速度渗透到起居室这一空间范围内"[①]。二战之后,家用电视机也迅速在美国等西方发达国家的日常生活中得到普及,这些"新的媒体科技将改变日常生活的基础结构和节奏"[②]。

电子媒介将精神生产活动变得与其他可以谋取商业利益的生产领域一样,在法兰克福学派看来,文化工业流水线的效率甚至要远远超出其他商品生产,个体参与社会的主要身份不再是生产者,而是商品和服务的消费者。通过对以广告、影视作品为代表的文化工业产品的永无止境的消耗和占用,来满足或者抑制垄断资本主义社会所精心为每个人量身定制出来的巨大欲望和虚假需求。这种欲望和需求的伪造不仅仅限于无产阶级,还体现在垄断资本主义社会中的每个人的普遍的生存状态。列斐伏尔对此给予了严厉的批判,他认为"统治阶级—资产阶级—通过人为的欲望和伪造的需要而异化,与此相反,无产阶级通过贫困和挫折而异化"[③]。电子媒介将商品的属性转化成为人的欲望和快感,人们的需求不再是基于自身生理功能,电子媒介的符号流水线也不再仅仅是生产商品和意义,更是在源源不断地伪造需求。弗洛姆也指出"掌握着大众传播媒介的工业——国家机器操纵着我们的思想、感情和趣

[①] [日]水越伸. 数字媒介社会[M]. 冉华,译. 武汉:武汉大学出版社,2009:35.
[②] [英]丹尼尔·席勒. 数码人类学[M]. 王心远,译. 北京:人民出版社,2014:78.
[③] [法]亨利·列斐伏尔. 日常生活批判:第二卷[M]. 叶齐茂,译. 北京:社会科学文献出版社,2017:415.

第五章
日常生活世界的异化与媒介技术批判

味"①。一方面，节制欲望在垄断资本主义社会中已经成为不可饶恕的耻辱；另一方面，对于超出个体所处社会阶层的物质欲望的盲目攀比又成为当下个人的烦恼之源。其实早在1844年马克思就对此给出了他的答案，"一切肉体的和精神的感觉都被这一切感觉的单纯异化即拥有的感觉所替代"②。马尔库塞则更进一步地指出，电子媒介粉饰了一种掩盖暴力和恐怖的极权统治社会，人们的闲暇和精力在文化工业产品中消耗殆尽，从而永久性地剥夺了个体改造社会的否定性和超越性。

本书认为继自由竞争资本主义时期的人的肉体的异化，垄断资本主义时期电子媒介对人的需求的异化，互联网在当下的人的生存中的异化主要出现在人的思维领域中的灵魂和精神。芒福德认为人类从古埃及时期就开启了"巨机器"的文明，到14、15世纪这个巨机器系统又重新启动。印刷时代凭借交通技术的进步，人类实现了物品的全球流动；电子媒介技术帮助人类实现了信息在全球范围的内瞬间抵达，戴维·莫利(David Morley)在20世纪90年代就提出"视听地理正在逐步脱离民族文化的象征性空间范围……媒介新秩序的定位是一种全球化秩序"③。

"由于思维异化本身处于人类异化的最深层次，发生在错综复杂的观念领域，越是深层次内容越深入涉及认识的信息层面。"④始于二战之后的互联网技术则将是由无数个主机节点所构成的人类有史以来最为庞大复杂的"巨机器"系统，而人类的灵魂和智识被这个巨机器碾压成粉末，灵魂的异化几乎已经不可逆转。特别是近年来随着移动终端技术和数字应用技术的普及，个体的精神状态乃至我们每个人的灵魂已经出现被二进制化的趋势，关于真理和思想的观念已经被转化成为互联网世界中的无数个字节，独一无二的灵

---

① [美]埃里希·弗洛姆. 生存还是占有：一个新社会的精神基础[M]. 关山，译. 北京：生活·读书·新知三联书店，1989：4.
② [德]马克思. 1844年经济学哲学手稿[M]. 北京：人民出版社，2018：82.
③ [英]戴维·莫利，凯文·罗宾斯. 认同的空间：全球媒介、电视世界景观与文化边界[M]. 司艳，译. 南京：南京大学出版社，2001：15.
④ 王天恩. 马克思的思维异化思想：兼及其内在逻辑的信息文明展开[J]. 探索与争鸣，2021(2)：66-76，178.

魂终于突破了肉身的限制，被遍布全球的电缆和光波链接起来。思想也不再是个人的沉思和慎独，思想必须被串联、被共享，被所有在线的人所感知。正如伊莲·苑（Elaine Yuan）研究互联网通信与在线生活中所提到的那样，"我们的行动、感知、意图、道德甚至是肉体，如何与通常的技术，特别是ICTs，交织在一起"[1]。

此外，互联网在实现了人的精神链接的同时，主体性之间达到了前所未有的共在状态，同时主体性开始在人的思想和行动领域的主导性地位显现出衰弱的趋势，我们崇拜和迷恋的不再是神圣之物，不再是我们自身的主体性，甚至也不是信息，而是这种信息技术——互联网本身。互联网为我们每个人制造出一个永远在线的电子灵魂系统，它可以替人类存储记忆、检索信息，并且最终形成一种庞大世界的电子经验系统，这个系统甚至可以为我们做出最理性化的思考。正如安伯托·加林贝蒂（Alberto Galinbetti）所言，"如今，每个人的灵魂摆脱了个人的世界经验之后成了与世界平行的共在，种种差异就从人那里被压抑掉了"[2]。媒介技术成为资本主义生产方式中制造同质化的极为重要的一环，我们极力用流水线生产出来的差异性来掩饰自己苍白的平庸，特别是在电子媒介普及之后，平庸和顺从已经成为生存中的主基调，安德鲁·芬伯格（Andrew Feenberg）警示人类必须为自己对平庸的妥协付出代价，"在50年代，顺从主义式生存提供了舒适和安全为其赋予了一种实证主义的价值。超越大众的愿望在平庸的光芒面前黯然失色"[3]。

---

[1] ［意］卢恰诺·弗洛里迪. 在线生活宣言：超链接时代的人类［M］. 成素梅，译. 上海：上海译文出版社，2018：23.
[2] 暴风骤雨微信公众号. 技术时代的人［EB/OL］.（2015-07-03）［2021-08-03］. https：//mp.weixin.qq.com/s/pKYttucHNMDmNp2ESJTZEQ.
[3] ［加］安德鲁·芬伯格. 可选择的现代性［M］. 陆俊，译. 北京：中国社会科学出版社，2003：80.

第六章

"新的技术生活共同体"与异化状态的消解

第六章
"新的技术生活共同体"与异化状态的消解

马克思不仅仅关注了资本主义社会中的物质生产过程,同时也对当时社会的精神生产进行了深刻剖析。马克思从政治经济学出发,指出历史根源于物质生产和精神生产的统一,"在生产发展的一定阶段和劳动社会分工条件下,精神生产成为社会生产的独立部门"[①]。而与精神生产密切相关的则是媒介技术,即生产新闻和各种形式的信息技术,这种生产过程的最终产品不仅仅作用于生产领域,更直接渗透我们的日常生活世界。媒介技术与物质生产技术同时构建了人类自身再生产的日常生活世界的必要基础,生活世界也从人的生存需求和社会需求方面出发,规定了人类历史不同阶段媒介技术的发展方向。同时,我们也必须承认,媒介技术的技术属性具有极为鲜明的两面性,而人类作为具有反思性的高级物种,如何运用批判的武器来对待媒介技术的负面属性,如何在物质生产技术高度发达的未来与媒介技术构筑一种新的技术与生活共同体,这是我们当下所必须思考的问题。

一、媒介技术与日常生活世界中人的存在

按照马克思在《资本论》中对人类生活形态的考察,人类与自然之间的关系经历了从"自然人类生活世界"到"技术人类生活世界"的演变过程,而媒

---

① 李文成. 马克思主义精神生产概念的形成过程[J]. 学术月刊, 1985(10): 19-23, 40.

技术则是这一过程中的一种与人类的情感、意义、精神、价值以及意识状态等直接相关的技术形态,人的生产和生存实践活动建立在信息沟通、思想共享和情感交流的基础之上,只要是涉及符号和意义的生产和传播,就都离不开媒介技术。可以说,媒介技术承载了日常生活世界事物之间的意义关联和价值再现,同时日常生活世界也是媒介技术实现其技术属性的主要领域,道德伦理和价值规范也为媒介技术的效应划归了显示人的社会属性的边界。在社会建构论中,学者们往往将技术视为主观意图与客观存在相互作用的社会实践过程,"把人造物视为'社会技术集合',把更广的社会因素纳入技术的要素"①。正如马克思所说,技术效应依然受到社会关系的约束。因此,讨论日常生活世界中的媒介技术与人的存在是本书必须关注的重要议题。

(一)技术生活共同体中人的媒介化存在

技术为人类带来了财富和贫穷,弥补了自然进化中人类肉身的缺憾,然而,人的精神和本质也逐渐在技术中迷失。人始终存在于一种与技术共生的生活世界中。对于技术与人类生活世界之间的关联,伽达默尔给出的结论也颇为精辟,他认为"正是依赖于从根本上放弃和自己全部活动能力相关的自由,人们才享用到了现代技术可以使我们得到这些惊人的舒适条件,占有了不断增加的财富"②。马克思在《德意志意识形态》中提到,"物质劳动和精神劳动的最大的一次分工,就是城市和乡村的分离"③。这其中就已经涉及日常生活世界与技术之间的互动关系的问题。生产关系中劳动分工的出现,直接原因可以归为生产技术的发展以及人类对精神产品日益增长的需求,而精神产品的生产不仅依托于劳动中具体的人的实践,更需要掌握信息生产和流通的媒介技术。在技术与人的物质生产和精神生产的结合之中,人类的日常生活世界也完成了从"自然人类生活世界"到"技术人类生活世界"的转变。马克思对人类历史经济时期的划分不是简单地以产品为标准,而是以生产产品的

---

① 邢怀滨. 社会建构论的技术观[M]. 沈阳:东北大学出版社,2005:53.
② [德]伽达默尔. 科学时代的理性[M]. 薛华,译. 北京:国际文化出版社,1988:63.
③ [德]马克思,恩格斯. 德意志意识形态:节选本[M]. 北京:人民出版社,2018:50.

第六章 "新的技术生活共同体"与异化状态的消解

生产方式,即在生产关系中采用了何种生产技术,并且马克思指出人类经过技术手段对自然界加以改造和利用,从而使自然界真正具备人本主义的意义。

那么人类在从"自然生活世界"向"技术生活世界"的过渡中,媒介技术在其中发挥了何种作用,或者说人在这种与生产技术和媒介技术所构成的技术生活共同体中是如何生存的,则是本小节所要探讨的问题。尼尔·波兹曼在《技术垄断》中提出技术统治文化始于中世纪时期机械时钟、印刷机和望远镜这些新发明,他认为这些改变人类对世界传统认知的工具也与文化之间产生了一种新型的关系。其实新技术的出现不仅与文化之间产生了从未有过的新关系,同时生活世界还在经历着技术为之所产生的不可逆转的影响,技术对生活世界的改造除了在物质生活条件之外,人的生存状态和生存意义成为媒介技术首要的改造对象,特别是人的生存意义的来源随之发生剧变,从传统的宗教和权威走向了更为多元化的对象来源,这也被尼尔·波兹曼视为媒介技术对人类文明的最大改造。他提出个体的生存意义已经转化为悬而未决的天大的讽刺。实际上,在此技术引领一种文化战胜另一种文化的过程也意味着技术终结了神话对人类意义领域的垄断和统治,较之各种神话中的上帝和神,技术特别是媒介技术能够为人类提供更多的确定性。

海德格尔将技术作为解蔽的过程,这个视角在理论上极具穿透力。他提出"技术是一种解蔽方式。技术乃是在解蔽和无蔽状态的发生领域中,在[无蔽]即真理发生领域中的成其本质的"[①]。自从人类制造出第一件工具,发出第一个音符开始,我们就踏上了探求世界本质和真理,同时为万物和自身赋予意义的过程。正如兰登·温纳(Langdon Winner)所说,"人们实际上正在重新建造这个世界。科学已经揭示了大自然的构造、过程和规律,从而敞开了自然领域,接受了各种各样的改造"[②]。人类凭借技术脱离了动物王国,自然生活世界经过媒介技术的改造过程之后,也呈现出人工性,也即意向性,或者更为明确地从现象学的路径出发,人类对这个世界的认知,大多来自以各

[①] [德]马丁·海德格尔. 演讲与论文集[M]. 孙周兴,译. 北京:生活·读书·新知三联书店,2005:12.

[②] [美]兰登·温纳. 自主性的技术:作为政治思想主题的失控技术[M]. 杨海燕,译. 北京:北京大学出版社,2014:153.

类媒介技术为中介的观察,"意义也不是内在地存在于意识或客体当中而是存在于行动者对客体的关系当中"①。

但是,胡塞尔在现象学中所提到的世界的意义来自主体对客体的观察,他却未曾提及绝大多数人的意向性的观察活动,除了意向与对象之间发生的联动之外,多数的观察则需要借助人工性的工具或者技术,而这里的工具或技术多是本书中所关注的媒介技术,当然也包含物质性的生产技术。对于这个中介物的发现,则由海德格尔在其存在主义哲学中去完成,并且也有学者提到了,海德格尔所关注的技术,并非主要是生产性的技术,而是关涉人类经验构造的技术,"海德格尔主要关注的是日常行为而非生产"②。因为在他看来,"技术是一种真理或者展现,现代技术尤其是一种展现"③。这与本书所关注的媒介技术在对象范畴上存在着较大的重叠。

因此,在笔者看来,媒介技术作为一种承载思想和贯穿灵魂的技术,它对人类日常生活世界的改变,并不仅仅停留在传播学中所谓的态度、意见和行为代表的传播效果的实现上。如果从人的生存状态来考量,也即媒介存在论的视角,对此国内学者胡翌霖认为"媒介存在论给出了回答,媒介是人的延伸,人在媒介中遭遇自身,通过媒介来造就自身"④。我们将会发现在从"自然人类生活世界"到"技术人类生活世界"转化的过程中,媒介技术即胡塞尔所说的主体意向性对客体观察所忽略的那个中介物,也就是海德格尔所关注的最为重要的技术形式。媒介技术在此充当了人类从世界外物中获取经验结构的解蔽的上手之物,并且人类的意向性通过技术这种上手之物实现了此在与共在之间的社会性的关系。安德鲁·芬伯格在引用海德格尔的技术哲学进行"敌托邦"政治哲学分析的时候提出一个极为关键的问题,他认为在海德格尔哲学体系中,"'世界'指的并不是存在物的总和,而是一种有序的、有

---

① [美]乔治·瑞泽尔. 后现代社会理论[M]. 谢立中,译. 北京:华夏出版社,2003:39.
② [加]安德鲁·芬伯格. 技术体系:理性的社会生活[M]. 上海社会科学院科学技术哲学创新团队,译. 上海:上海社会科学院出版社,2018:210.
③ [美]卡尔·米切姆. 通过技术思考:工程与哲学之间的道路[M]. 陈凡,译. 沈阳:辽宁人民出版社,2008:65.
④ 胡翌霖. 媒介史强纲领:媒介环境学的哲学解读[M]. 北京:商务印书馆,2019:18.

第六章 "新的技术生活共同体"与异化状态的消解

意义的经验结构。这种结构取决于表征社会整个历史时期的基本实践"[1]。其实对于经验的重视并非始于胡塞尔的现象学,笛卡尔恰是这股潮流的源头。在他看来,"现代哲学起源于对权威的摒弃,以及将经验视为唯一稳固的知识基础"[2]。

但是在现象学中,胡塞尔和海德格尔都赋予体验和经验极为重要的地位。胡塞尔在《现象学的观念》中明确地指出了认识在体验和对象之间的无可取代的中介地位,他认为"认识在所有展开的形态中都是一个心理的体验,即都是认识主体的认识,它的对立面是被认识的客体……只有现象对于认识者来说才是真实地被给予的"[3]。从笛卡尔到胡塞尔再到后来的海德格尔,他们都高度重视主体经验。正如前文说,媒介技术诞生之后,直接经验与媒介技术所造成的间接经验同时成为人类构造意义和经验结构的来源,特别是从印刷技术进入日常生活世界之后,间接经验作为一种基于媒介的技术经验为这个世界赋予了意义和灵魂。对于媒介技术在此的宏大意义,传播学者也有所察觉,伊尼斯就认为"人通过符号,而不是事物本身进行思考的,在这个过程中,个体走出了具体的经验世界"[4]。

威拉德·D. 罗兰(Willard D. Rowland)较早地提出,不同的传播方式和媒介体验已经成为人类经验发展的中心。媒介技术诞生之后,伴随着最早的语言符号的出现,人类的思维和意识逐渐开始演化、发展,人类走出伊甸园,需要为生存而从事劳动实践,也需要为生存和死亡赋予价值和意义。工具改造了自然界,使得万物为人类所统辖。媒介技术使人类实现了思想和信息的沟通,更为重要的是,信息传播最终将个体转化为一种社会性的动物,思想的共享则为人的存在价值和死亡意义赋予了更为深刻的含义。因为只有人才会去思考存在的意义,对于死亡的恐惧和逃避也是出于符号系统所产生的共

---

[1] [加]安德鲁·芬伯格. 在理性与经验之间:论技术与现代性[M]. 高海青,译. 北京:金城出版社,2015:59.
[2] [英]哈维·弗格森. 现象学社会学[M]. 刘聪慧,译. 北京:北京大学出版,2010:6.
[3] [德]胡塞尔. 现象学的观念[M]. 倪梁康,译. 北京:商务印书馆,2016:22.
[4] [美]戴维·克劳利,保罗·海尔. 传播的历史:技术、文化与社会[M]. 董璐,译. 北京:北京大学出版社,2018:5.

情和反省。而人们对死亡的恐惧和不安除了直面他者的遭遇之外,来自媒介技术对人类"向死而生"的这种必然命运的符号塑造也是"烦"这种人生常态的源头。通过对各类符号的应用和赋魅,死亡成为生活世界中始终萦绕在人的生存中的最根本的不自由,我们畏惧死亡本身,因为媒介技术已经将死亡转化为一种无时不在的符号,"使人类体验到死亡的归宿时时刻刻存在,又不知何时突然降临……"①

  媒介技术对于人类生存中的最根本的问题——死亡也提供一种基础性的技术条件。海德格尔在讨论存在和死亡问题的时候,回避了技术对人类终极命运的影响和塑造。从本质上讲,技术和宗教都追求给予人的生存和死亡以终极答复,而宗教的解释能力在近代技术强大的确证性面前逐渐失去生机,神迹不再是来自于上帝和超验世界的显现,而仅是一种可以运用知识加以解释的技术现象。沃尔夫冈·席尔马赫(Wolfgang Schirmacher)认为,海德格尔在讨论技术与神灵之间的关系时就发现,"历史的进步替代了遁世于超感官的东西。永恒极乐的彼岸目标转变成大多数人的尘世的幸福"②。吉登斯在讨论技术与风险社会时也给出了类似的观点,"在一个由人造风险所构筑的世界上,几乎没有为神灵的感召留有一席之地,也没有为来自宇宙或神灵的巫术般的慰藉留下什么活动余地"③。在日常生活世界中,人类之所以能够处于所有生灵的顶端,主要得益于储存在媒介技术中的知识和经验得以在人类代际传递。而人的存在的价值、人生的意义以及对死亡的思考和逃避都是生活世界中最为基本和核心的问题。在传统社会中,这些终极问题的解释权一般垄断于宗教和权威手上,但是随着媒介技术的进步和符号生产的世俗化,一切价值和意识都烙上了人工的痕迹。从路德的宗教改革开始,以印刷术为代表的现代大众传媒摧毁了唯心主义在意义世界中最后的领地。技术为人类开辟了与神分割的世俗化的道路,消除了某些来自自然界的不确定性,同时也增加了人造风险。人类通过媒介技术制造意义,人类要为自己的存在负责。

---

  ① 高小斯. 观照西方科学哲学理性[M]. 北京:人民出版社,2010:290.
  ② [德]冈特·绍伊博尔德. 海德格尔分析新时代的技术[M]. 宋祖良,译. 北京:中国社会科学出版社,1993:99.
  ③ [英]安东尼·吉登斯. 现代性的后果[M]. 田禾,译. 南京:译林出版社,2011:97.

"人发现自己要为之负责的世间状况的比例越来越大。"[①]正如海德格尔所言,"技术是我们时代的命运……'命运'意味着某个无可更改的事件的不可回避性"[②]。

（二）马克思和海德格尔：媒介技术存在论的两种批判路径

如果我们要尝试从存在论的本质去讨论媒介技术问题，那我们必须再次仰望马克思和海德格尔这两位人类历史中在技术哲学领域具有影响力的人物。特别是在媒介技术高度发达的今天，以手机和社交媒体为代表的媒介技术作为一种持存物成为距离我们最近的技术形式，已经从肉身和灵魂深刻嵌入人的生存之中，传播学所关注的实现信息和思想的沟通仅是媒介技术所实现的表层技术功能。可以说，生产物质产品的技术为日常生活世界的正常运转提供了物质基础，媒介技术则为生活世界制造了意义状态和行动节奏，从信息层面规定了人的最终存在状态。

人类社会的建构大致可以分为三个方面：一是物质基础的建构；二是社会关系的建构；三是人的存在状态和心灵秩序的建构。人类社会总体上是由实践和存在状态同时构成，主体在各种存在状态之中完成实践，而实践又会导致主体生发出不同的存在状态。前者主要指的是马克思的经济基础和上层建筑以及哈贝马斯所说的社会系统，而后者则主要是指向人类个体存在的日常生活世界，主要是存在主义关注的领域。社会系统中的关系建构主要取决于生产关系，也即政治和权力这两种显性的既成社会现实，但是在日常生活世界中，如果要分析人的生存状态，则还需要引入技术的维度才能更完善地加以解释。如前文所说，技术又进而可以分为生产物质产品的技术和生产精神产品的媒介技术，对于人类社会的这两个方面的构建，马克思和海德格尔都曾以技术为切入点做出了不同的回应。

[①] [美]兰登·温纳. 自主性的技术：作为政治思想主题的失控技术[M]. 杨海燕，译. 北京：北京大学出版社，2014：153.
[②] [德]马丁·海德格尔. 演讲与论文集[M]. 孙周兴，译. 北京：生活·读书·新知三联书店，2005：25.

马克思和海德格尔的技术哲学思想具有对比性。在马克思的技术哲学系统中，技术被赋予了极为重要的社会革命的潜质，甚至他将技术与当时欧洲很多科学家的历史地位相提并论。更为重要的是，马克思指出物质生产实践是人类历史的真正起源，而市民社会是资本主义历史活动的现实空间，并且市民社会中的物质生产是以技术的广泛应用为基础的。国内学者刘日明认为，马克思开启了技术与生活世界相互关联的先河。他提出"在马克思之前，技术只是被当作人类驾驭自然的工具……没有从生产关系和社会形式来研究技术，尤其是没有从人类的直接生活过程，生活世界来研究技术"①。马克思从哲学和社会科学的层面，以共产主义的伟大设想开创了实现人类全面解放的伟大探索。马克思将未来人的全面解放很大程度上寄托于生产力和技术的高度发展，并将其视之为未来构建自由人联合体的物质基础。马克思的技术观总的来说是比较乐观积极的，他强调人的主体作用以及人与人、人与社会之间的本质关系，同时对待技术持有一种不同于实证主义的非批判态度和浪漫主义的批判态度的客观理性立场，对未来社会怀有美好憧憬，这与马克思所处的技术时期有关。

技术在很多场合往往被我们作为一种生产方式来考察，其实技术作为一种生活方式的历史与作为生产方式的历史同样久远。马克思在《资本论》第一卷中已经提出要对人类生活形态进行科学考察，并提出在工业革命之前"物质生产的社会关系及建立在其上的诸生活领域，是以人的依赖为特征的"②。劳动在自然状态中就已经实现了其社会形态。在《资本论》中，马克思将技术作为人类劳动力的测量器，在《雇佣劳动与资本》中，马克思明确地论述了技术是如何在资本主义生产关系中从一种工具转变为资本的过程。在《1844年经济学哲学手稿》中，马克思也已经关注了人的存在和异化的问题。总体来说，马克思关于技术对于人的影响和塑造的阐述是从生产领域和生存领域同时进行的。至关重要的是，马克思的哲学立场在对当下的媒介技术展开批判的研究中不应被忽略，国内学者吴靖认为"洞察传播技术在复杂历史进程中

---

① 刘日明. 马克思的现代技术之思[J]. 学术月刊，2020，52(4)：23-34.
② [德]马克思. 资本论：第一卷[M]. 上海：上海三联书店，2009：33.

第六章　"新的技术生活共同体"与异化状态的消解

与政治经济实践、意识形态斗争和社会现实勾连的互动过程，进而利于反思、调整或重新规划技术发展道路，并弥补技术政治及传播技术批判在马克思主义新闻观研究中的缺席状况"[1]。

在海德格尔的技术哲学思想方面，按照国内学者张三夕的观点，"在西方哲学史上，海德格尔第一次将媒介技术纳入哲学研究的领域……并对此在与世界进行关联的技术媒介进行了本体性追问"[2]。因此，海德格尔在技术哲学领域与马克思的立场有着较大的差异。在海德格尔的哲学中，技术对于个人的生存驾驭则是最为主要的问题。海德格尔认为技术对人的本质的威胁早已成为一种历史性的存在。作为一种解蔽的手段，技术把地球上的万事万物包括人自身都当作贯彻高级目的的对象，甚至把人的生命的本质也当作一种对象交由技术去处理。对此，海德格尔警示，"人之人性和物之物性，都在贯彻意图的制造范围内分化为一个在市场上可以计算出来的市场价值"[3]。海德格尔延续了胡塞尔对待欧洲近代技术文明的态度，同样认为技术将人类的命运推向了危险的境地，同时他也提出个体所持存的日常生活世界也正被各种机械和装置改造成为一种技术设计。海德格尔将技术作为一个整体在其理论中予以观照，同时他也注意到关于精神和思想的技术，也即本书所关注的媒介技术，更是决定了人在意义层面上的存在状态。

显然，媒介技术的技术属性从本质上讲是为了消除主体之间观念和行动上的不确定性，而其他技术形式则更倾向于消除物质世界中的不确定性。作为技术的一种形式，其实本质上都指向了消灭主观和客观世界之中的未知，以达到为人类解蔽的目的。因此，媒介技术作为一种解蔽之物，它为人类开启耳目，敞开心扉。但是，海德格尔却指出这是一种订制化的解蔽，而非出于人的本质。抛开现代新闻机构的专业化生产流程、意识形态和职业精神的

---

[1] 吴靖，应武. 走向数字社会主义：工业化视角下的马克思主义传播技术批判[J/OL]. 全球传媒学刊，2012(3)：1-20[2021-07-21]. https：//doi. org/10. 16602/j. gmj. 20210017.

[2] 张三夕，李明勇. 海德格尔媒介本体论思想阐述[J]. 华中师范大学学报(人文社会科学版)，2017, 56(5)：82-86.

[3] [德]马丁·海德格尔. 海德格尔存在哲学[M]. 孙周兴，译. 北京：九州出版社，2004：187.

寡曰,"现代技术作为订造着的解蔽,绝不只是单纯的人类行为……它摆置着人,逼使人把现实当作持存物来订造"①。这其中已经暗含着现代媒体机构作为人类扩大信息认知的专业性技术组织和人的结合体,在反映人类社会主客观实践的过程中并未以揭示真理为最终目的,反而将人类社会转化为与自然界相同的持存物,以媒介技术为中介加以机械思维将存在的所有意义都反置于技术体系之中,将媒介技术的功能性替代了事物本身的实在性,用信息代替知识,以常识覆盖真理,将人的存在置于与人相互对立的位置之上。在访谈过程中也有受访者表达出类似的想法。

> 现在手机越来越普及,连小孩子都有电话手表,各种软件也越来越多,信息渠道更丰富了,生活也更方便了,我刚在美团团购上买的菜。但是现在读书看报深度思考的时间越来越少了,时间长了也不愿意再去看些费脑子的内容了。(39岁,事业单位行政人员)

当然我们不能否认,媒介技术的发展更多地提升了信息和知识的普及程度,信息经由媒介实现共享,媒介技术是人类文明史中极为重要的发明。因此也有受访者表示,手机、互联网等技术的普及促进了知识的普及,特别是中老年人通过互联网等媒介技术获取信息和知识方面表现得很积极。

> 我小时候就喜欢唱歌,但是五音不全,也没有人教我。退休后,我来北京带外孙,孩子长大了,上小学了,平时在这边也没有多少朋友,就通过抖音上的视频跟着学唱歌,满足了人生的一个愿望,我感觉非常好。我还通过网络自学了心理学,最近在用心理学学到的知识帮助邻居家的一个有点儿厌学的孩子,很有成就感。(65岁,事业单位退休)
>
> 在河南老家,我初中毕业后就跟人学厨师,后来来新疆参军,

---

① [德]马丁·海德格尔. 演讲与论文集[M]. 孙周兴,译. 北京: 生活·读书·新知三联书店,2005: 17-18.

第六章 "新的技术生活共同体"与异化状态的消解

在部队当炊事兵。转业后留在了乌鲁木齐,现在老婆孩子都在这边。以前没有互联网,我学做菜都是拜师学艺,或者买菜谱自己钻研。现在在抖音上啥菜都能学到,我最近正在网上学习,准备考个高级技师,退休后工资也会高一些。(57岁,学校厨师)

对于一种事物的考察不能仅仅停留于理论层面,日常生活中普通人的感受和体验可能与我们从学术层面出发所得出的结论有所不同。因为普通技术使用者更为关注技术的实用性和趣味性,对于技术效果的反思往往不会被作为重点加以考察。我们更多的是解锁手机、查看各类 App,关注的焦点在于对这种信息技术的上手和操作,而非这种操作为生存和生活所带来的知识和真理。我们企图的只是对技术的随时掌握,但是技术正是在这种为人所操作的过程中具备了反身性。对于媒介技术的这种反身性,海德格尔认为"现代技术的特点是它不再仅是一种'手段',也不再仅为了服务于'他者',是它自己发展了一种对它自己的支配"[①]。

正如上文所分析的,技术设计是海德格尔哲学体系中极为关键的研究对象,技术设计也被海德格尔称之为"座架"。海德格尔曾试图界定"现代技术"的特殊含义,并且他特别提到了"电"的出现,人类掌握了光速传播的工具,"此在"的空间属性就已经失去了其基础性的地位。在海德格尔的技术哲学中,工具往往要与使用者的主观意图相互关联。如果摆脱了意图,工具就会立即失去它的技术属性,而重新回归到物的世界。海德格尔对于人和世界的关系进行了两个层面的划分,一是操作关系,二是认知观照关系。在这两种关系之中,都是基于"此在"对工具或者说技术的"上手性"操持。就当下的日常生活世界来说,媒介技术对于我们存在状态的意义已经远远超出了预期,这种信息装置通过集合技术而形成更为复杂的"座架"或者称之为技术设计,而这种技术设计已经难以再用目的和手段来进行区分,"现代技术不是目的

---

① [加]安德鲁·芬伯格. 技术体系:理性的社会生活[M]. 上海:上海社会科学院科学技术哲学创新团队,译. 上海:上海社会科学院出版社,2018:215.

的单纯手段，而是本身参与到自然、现实和世界的构造中"①。

在当下的数字化生存中，人类的情感状态、时空感知、生活节奏以及生活世界中所有的生存状态，几乎无一不与媒介技术有关，都无法摆脱甚至在很大程度上取决于媒介技术所带来的切实影响，这可能不是大众传播学所追求的劝服、制造共意等宏观层面的传播效果，但这又确实属于媒介技术在生活世界中对个体存在的微观层面的影响。按照海德格尔的技术天命观，媒介技术对日常生活中人的状态已经铸成存在的历史性的天命。当然，我们在用海德格尔的技术哲学思想来分析媒介技术这一研究对象时，不能因媒介技术的具身性等特殊的技术属性，从而简单地得出技术悲观主义的论调，"海德格尔认为寻求对命运或对一切的'控制'恰恰是现代技术的弊病所在，关键不在于设计和掌控未来，而是在于如何为未来做好准备、留出空间"②。

二、媒介技术进化：脱缰的自主性与技术漂迁

在海德格尔看来，技术作为一种人和物之外的第三种存在方式。特别是本书所关注的媒介技术，在其升级和进化的过程之中甚至呈现出物种进化的特性，但其进化速度又远远出乎人类的预料。在这一过程之中，由技术叠加和组合所产生的新的不确定性又终结在人类的技术生活共同体中并形成"技术漂迁"的问题。不少学者认识到技术在人类文明中与文化有着类似的作用，甚至是西方世界走出中世纪的神学笼罩，催生人类文明现代性的主要因素。正如上文所论述的，媒介技术的不断进化一步步地加深了与日常生活世界的融合，甚至在很大程度上成为一种规定日常生活秩序与节奏的技术设计。媒介技术对日常生活世界产生如此之大的影响，这是技术发明者在事前所无法预知的。

---

① [德]冈特·绍伊博尔德.海德格尔分析新时代的技术[M].宋祖良，译.北京：中国社会科学出版社，1993：17.
② 胡翌霖.海德格尔是技术悲观论者吗？[J].自然辩证法研究，2014，30(1)：25-30.

第六章
"新的技术生活共同体"与异化状态的消解

（一）无法停止的进化：媒介技术进化中的自主性及失控

追求完美的秩序安排和解释世界的能力，一直以来都是人类所追求的终极目的。要实现这一目的，仅仅依靠人类天生的肉体和精神是难以实现的。而技术作为人类文明的火种恰恰弥补了这一天然的缺憾，人类从此踏上了无法停止的进步之路，无论是在我们的物质文明中还是在制度文明中，绝大多数的学者，甚至普通人，对文明的持续进步保持着乐观的态度，不论是达尔文还是马克思，都在其思想体系中将技术加持下的人类文明视为一种螺旋上升的物种进化或者历史进程。人类社会生存发展中不断产生的需求是推动科学事业发展的重要因素，科学家及其共同体探索未知、解释外在世界的好奇心和求知欲的也是重要的推动因素。

技术在文明的进程中不自觉地呈现出自身的进化路径，技术甚至正在演化为地球上一种新的生命形式。布莱恩·阿瑟提出"技术在某种程度上一定是来自此前已有的技术的新的组合"[①]。应当说，他对技术本质的观点和唐·伊德有着较大的相似度。自电子媒介技术出现之后，媒介技术在进化中的自主性越来越显著。特别是电子计算机出现之后，人类第一次拥有了大规模处理信息的能力。而在这之前，人类通过印刷术掌握了信息生产的机械化，而电子计算机在信息生产机械化的基础上，实现了信息处理的智能化。海量信息的机器处理能力在很大方面提升了人类对未知事物发展的预见性，这在人类的认知能力进化中有着划时代的意义。就目前发展趋势来看，在很多领域，人工智能的认知能力甚至已经明显地超越了人类的潜质。"如果一种工具或技术体系可以迫使价值发生变化，而对决策过程起作用的话……技术体系自身成了过程中的独立的行动者。"[②]

正如前文所言，近年来随着互联网和社交媒体的迅速普及，社会个体在日常生活世界中对媒介技术的依赖越来越明显。同样，媒介技术对人的生存

[①] [美]布莱恩·阿瑟. 技术的本质：技术是什么，它是如何进化的[M]. 曹东溟，译. 杭州：浙江人民出版社，2014：14.

[②] [美]约瑟夫·C. 皮特. 技术思考：技术哲学的基础[M]. 马会靖，译. 沈阳：辽宁人民出版社，2008：116.

状态的影响也达到了前所未有的程度。"我们未能识别我们自身部件的延伸物，这赋予了延伸物自治，甚至最终将我们控制的能力。"[①]其实很多学者都提前预警了媒介技术对日常生活的过度干预和人的本质的掩盖。凯文·凯利（Kevin Kelly）在《失控》一书中提到，"最深刻的技术是那些看不见的技术，……它们将自己编织进日常生活的细枝末节之中，直到成为生活的一部分"[②]。我们有必要将关于媒介技术自主性这一观点的对立面也予以呈现。本书力求探讨是何因素推动其具有了技术进化的自主性。因为我们无法否认，"在过去的一个世纪……技艺的形式像生物的生命形式一样，经历了一个进化的过程，新技术进入了它们以前未曾涉足过的社会生存领域"[③]。应当说凯文·凯利对技术形式的进化的预言与保罗·莱文森的"媒介补偿理论"二者之间有着相当大的理论重合度。因此，我们在此关注媒介技术的自主性，需要从媒介技术进化的过程入手。

如果仅从媒介技术本身而言，最早的语言和符号的出现直至当下的互联网和 AI 技术，在物理层面上，媒介形式也如同其他技术形式一样，新技术的出现往往伴随着旧技术形态的淘汰。但是与其他技术形式不同，目前人类所发明的媒介技术，在任何一种新媒介技术出现后，旧的媒介技术都没有完全退出人类的信息表意和传达系统。我们拥有符号之后仍然继续操持着语言；我们发明了广播和电视之后，仍然会去读书看报；我们拥抱互联网，但是电视机在未来的一段时间依然会是客厅的主要成员。这样的多种新旧技术并存以及技术属性的延续，在其他技术领域并不多见。电灯发明之后，蜡烛只在为烘托气氛或者紧急状态下才会重返生活世界。而内燃机普及之后，蒸汽火车成为制造怀旧情结的技术景观，蒸汽机逐渐退出了历史舞台。并且最为关键的是，媒介技术的每一次进化，都未抛弃上一代媒介技术的逻辑内核，而

[①] [美]保罗·莱文森. 人类历程放松：媒介进化论[M]. 何道宽，译. 重庆：西南师范大学出版社，2017：30.

[②] [美]凯文·凯利. 失控：全人类最终命运和结局[M]. 陈新武，译. 北京：新星出版社，2010：252.

[③] [美]兰登·温纳. 自主性技术：作为政治思想主题的失控技术[M]. 杨海燕，译. 北京：北京大学出版社，2014：48.

第六章 "新的技术生活共同体"与异化状态的消解

是基于上一代媒介技术的逻辑内核,在符号储存以及信息再现的方式上实现其物理形态的升级。上一代媒介技术的技术属性在技术进化中都得以保存在新的媒介技术形式之中。这与其他技术进化中的不同代际的技术形式存在着本质的区别,这种具有生物进化特征的技术属性,在一定程度上源自媒介技术进化中的技术属性之间的不断叠加,这一点与生物进化规律几乎相似。

对于技术进化中的这种叠加性趋势,芒福德、埃吕尔和马尔库塞等人都表现出高度警惕,他们的共同关注点在于忧虑技术这种自主性的进化与人的主体性地位的颠倒。在笔者看来,这种担忧是有其现实意义的。工业革命以来,在劳动实践中,技术使人沦为机器的配角。就媒介技术而言,媒介技术进化的自主性,以及由这种自主性所生成的对人的生存状态和生活节奏的规定性,正在一步一步地掩盖甚至取代人的主体性。需要指出的是,上述学者在对技术自主性的批判过程中,并未对生产物质产品的技术和生产精神产品的技术加以区分,他们将技术视为一种整体的研究对象,将技术对日常生活的规定性与文化相提并论,"技术就等同于特定的计算'理性'技巧(techniques),这种技巧反过来不仅主导,而且构成了一个整体,这就使技术具有了文化的绝对性"[1]。

之所以会出现这些共存状态,这与媒介技术在进化过程中的自主性有着明显的逻辑关联,并且从目前媒介技术发展的趋势中透露出技术失控的苗头。除了技术本身的属性之外,资本也是其背后的主要操手。也就是说,在现阶段以人为主导的世界中,如果认为技术领域所呈现出的失控状态的根源在于技术本身,那么这是一种典型的放弃人的主体性的技术决定论。媒介技术的发展离不开其发明者和日常生活中的使用者,否则它也随即失去存在的意义,人的需求是媒介技术升级和使用过程中呈现出失控状态的最为核心的因素。人在生存中的需求和目的才是技术进化的最终动力。因此,我们不能把媒介技术理解为行动者本身,它只是行动者在存在状态中的一种认知世界的工具。正如约瑟夫·皮特(J. C. Pitt)所说,"与其说把发明理解为按自身的目的而行

---

[1] [美]唐·伊德.技术与生活世界:从伊甸园到尘世[M].韩连庆,译.北京:北京大学出版社,2012:6.

动的行动者,不如说发明只是人们为了某种目的而被随机采用的手段。它被应用、改变、拓展,或遗弃,这一切都依赖于行动者的目标"[①]。

在这里要强调的是,媒介技术的自主性在当下的个人生存状态中产生了积极和消极影响,但是我们不能将媒介技术可能潜藏的负面效应都归咎于其技术本身在进化过程中的自主性,并且本书也并未打算像传统传播学研究的那样,将媒介技术具体化去加以考察,去区分不同历史时期媒介技术的不同形态以及随之产生的强弱不一的传播效果。在对媒介技术自主性这一特殊的技术属性进行考察时,本书将其作为人类所掌握的众多的技术形式之一,以便能在分析媒介技术进化和技术自主性的过程中,更好地处理媒介技术与日常生活世界之间的关系。因为当下媒介技术已经与日常生活融为一体,正是因为媒介技术的这种与周遭自然生存环境的无法分割的契合,也正是由媒介技术所营造出的生存环境,媒介技术反而潜藏成为一种不容易为人所重视,并且成为一种时刻无法实现技术与肉身分离的电子神经系统,个体的神经系统通过媒介技术实现了与其他同类的互联。

(二)技术生活共同体中的媒介技术漂迁

技术是人类除了直接动用肉体之外,开展生产和生活的主要中介之物,也是人类将其主观动机加之于客观世界的连接之物。人生活在世界中,从一开始就已经将技术作为一种肉体对抗自然的屏障。人类的存在不仅一直作为一种理性的物种与其他非理性物种的共生,更为不易察觉的是,我们也一直与以工具理性为运行逻辑的物质形式——技术共生,也即本书所说的技术生活共同体。"而工具理性一旦征服自然界,必然会将其权力的铁钳伸向人的社会生活。"[②]工具理性向人的日常生活延伸的主要中介之一就是本书所着重关注的媒介技术,它是我们人类有史以来所创造出的无数技术形式的一种,也可能是我们人类最早创造出来的技术形式。

[①] [美]约瑟夫·C.皮特.技术思考:技术哲学的基础[M].马会靖,译.沈阳:辽宁人民出版社,2008:118.

[②] 张一兵.工具理性对社会生活的渗透:中后期法兰克福学派的一种社会批判[J].教学与研究,2001,4(7):67-71.

第六章
"新的技术生活共同体"与异化状态的消解

技术在推动人类文明前行的同时,也与人的存在结成一种技术生活共同体,技术构成了生活的物质基础,实现了人类的精神需求。除了生产劳动之外,技术生活共同体是人类作为理性动物的另外一种极为重要的存在方式。在人与技术构成的生活共同体中,物质生产技术维系了人的肉体与世界的物质和能量的转换。原始人需要火种去驱赶猛兽,烤制食物,现代人同样需要将以火为标志的物质转化为能量。然而,媒介技术并不是直接以生产物质和能量为首要目的,但是在生产物质和能量转化的过程中,信息的交换与物质形态的转变有着同样重要的地位。在生产过程中,我们凭借媒介技术来交换信息以协调社会行动。同样在这个技术生活共同体中,我们以媒介技术来认识和标识万物,为它们赋予不同的意义,我们以媒介技术来贯通彼此的精神世界,我们从媒介技术的信息呈现中找到了自己的归宿和认同。寄身于媒介技术的信息对于我们存在的意义来说,其重要性几乎等同于物质和能量。因此,可以说媒介技术是人类技术生活共同体中极为核心的环节,脱离了媒介技术这一环节,人类文明将面临脱轨和解体的危险。

然而,技术一旦脱离发明者进入人类社会的实践环节之后,实质上就已经脱离了发明者的控制范围,因为发明者也无法将所有可能出现的社会效应事前逐一罗列,从而出现兰登·温纳(Langdon Winner)所谓的技术效应漂迁的现象。他在《自主性技术》中针对技术决定论,提出了技术漂迁的理论视角。他认为技术在与社会互动过程中显现出的负面作用主要有"不确定性"和"非故意性"这两个明显的特征。"随着技术革新的速度和广度的增加,社会面临着显而易见的可能性,即在一个'非故意的后果'的浩瀚海洋中随波逐流。"[1]回到本书所关注的研究对象,这种技术漂迁现象同样存在于媒介技术领域之中,媒介技术一旦进入实践领域,其发明者和使用者都无法对于技术施加确定的控制影响。因此,技术漂迁现象同时出现在发明者和使用者的生存状态之中。

从发明者的层面考察媒介技术漂迁问题,自符号被创制出来,到现在我

---

[1] [美]兰登·温纳.自主性技术:作为政治思想主题的失控技术[M].杨海燕,译.北京:北京大学出版社,2014:77.

们所熟知的报纸、广播、电视和互联网,以及当下移动终端上的各类App,其实都在不同程度上呈现出技术漂迁现象,甚至会被一些学者归结为人的生存状态中异化现象出现的主要原因。媒介技术自问世以来,除了实现了信息传递与精神互动的预期目的之外,同时也在伦理道德、权力控制等方面引发诸多问题。对于这种现象,如果仅将负面技术效应的后果归结于前文所论述的技术进化的自主性,而放弃了对技术应用过程中人的主动性的考察,显然有失偏颇。媒介技术的发明与使用在很多场合并不是简单的重叠关系,"波尔森未能预见他的磁带录音机的应用范围。在电视显像管的开发时期,菲洛·法恩斯沃思对它的社会意义仅有最为有限的感觉"[1]。

显然,科学家在把知识外化为技术的过程中,其本身并不能完全主导科学这种特殊的社会实践的走向,政府、资本以及其他社会组织在科学理念转化为技术工具中起到更具有决策意义的作用。科学家个人和科学团体的"所欲"和"所做"并不能为个人所掌握。对于媒介技术在运行过程中所产生的"不确定"和"非故意"的社会效应,也不能仅限于从技术自身的因素去加以分析,同时也要关注人在发明和运用媒介技术的环节中的能动性。正如吉登斯在讨论人们行动的意识因素中的能动性问题时所言,在分析媒介技术在发明阶段中的"不确定"和"非故意"的后果的过程中,我们应该注意把行动者的"所欲"和"所做"分开,对于媒介技术而言,科学家或技术发明者的"所做"是其从主观理念转化成物质实体技术的实践过程,而能动性则同时存在于"所做"与"后果"之间。媒介技术一旦进入实践环节,再次被不同的主体意图加以驱使和利用,其后果必将无法预计,更难以控制。

之所以会出现"意外后果"或"非故意后果",关键在于媒介技术同其他技术形式面临同样的社会规训。技术作为人类施展主观能动性的主要途径,最终极有可能沦为意识形态和资本的控制对象。即使发明人在其技术装置提前设置一些防范措施,例如电影产业会按照影片内容对电影进行分级,一些App会设置儿童模式,以实现对其推送的信息内容进行机器筛选。但是在媒

---

[1] [美]兰登·温纳. 自主性技术:作为政治思想主题的失控技术[M]. 杨海燕,译. 北京:北京大学出版社,2014:79.

第六章　"新的技术生活共同体"与异化状态的消解

介技术使用的社会活动中，每个个体都是单独的意识个体，当众多个体活动汇集在一起，将会形成一种任何人都无法预知的结果，这种技术效应相当于主观能动性的集体无意识或者历史无意识。即使在科学技术发明过程中，科学家旨在解释自然，造福人类，但一旦知识外化为技术的时候，意识形态和主观意图就如影随形。然而，对于媒介技术的使用者而言，除了在技术使用过程之中所产生的现存负面效应之外，本书所要强调的是，技术漂迁的不确定性后果主要体现在对人类经验体系的改造。"任何媒介都促进、强调、加强、放大或扩展了某些经验和用途，同时也抑制、削弱了另一些的经验和用途。"①媒介技术进入认知过程之后，人类所固有的五种感知方式在认识世界过程中的功能比例也逐渐走向失衡。

在语言和文字出现之前，人们认知世界的过程往往需要同时调动所有的感觉器官才能够得以完成。而语言和文字的出现，则颠覆性地重塑了最初的认知模式。人类所具有的味觉、嗅觉和触觉，在语言和符号的抽象逻辑压迫之下日渐式微，人类参与对世界直接认识的机会越来越少。认知的具身性已经不再是获得经验和认识的必要属性，认知获取所耗费的体力能量也呈现出下降趋势，而智力要求则越来越为显著。视觉和听觉所获取的信息是人类认知的主要来源，经验和知识是人类认知世界的伴生物。

对于媒介技术环境的演变对人类感知获取途径的影响，国内学者杜丹认为"虽然中介化的媒介物延伸、放大与聚焦了人的视觉，但也减少或'退化'了人其他的知觉体验(如听觉、嗅觉等)"②。但是杜威则认为技术介入人类的认知过程，但并未完全打破器官之间的均衡，他认为"实际情况是，不同器官之间有着一定的相对的凸显和消退，这就保持了有机体的平衡"③。认知世界的方式又与日常生活中的经验和知识的生产息息相关。在现代社会中，我们可以通过语言交流和阅读文本获知果实的口感和味觉描述。我们与他人交

---

① 曾国屏，李正风，等．赛博空间的哲学探索[M]．北京：清华大学出版社，2002：91.
② 杜丹．共生、转译与交互：探索媒介物的中介化[J]．国际新闻界，2020，42(5)：18-34.
③ [美]拉里·希克曼．杜威的实用主义技术[M]．韩连庆，译．北京：北京大学出版社，2010：39.

谈或独立阅读，就可以融入符号系统所持有的共通意义空间，轻易地实现主体间的互动，并且在这种主体性的交换中，时间和空间不再是无法跨越的隔阂和障碍。我们也在语言和符号之中建构社会记忆，传承和创造着人类新的文明。"(语言)它给这个群体提供了一个交流网络，更提供了一种叙述及记忆群体历史的途径。"[1]这一看似平常的转变使人类社会权力结构和组织方式发生了重大转变。社会群体中权力的来源，除了体力上的优势之外，个体智力能力也成为获取社会权力和地位的源泉。

从人类技术文明的宏观层面来看，我们必须承认，自从第一种技术被引入人的生存状态之后，技术就开始作为一种人区别于其他物种的物的形式，进入了一种无法停止的进步状态，甚至我们人类生命的进化速度也完全无法与之相比，媒介技术更是如此。从语言到文字再到机械复制和电子传播，正如尼尔·波兹曼所批判的那样，媒介技术在与人的共存过程之中逐步取得了统治甚至垄断的地位，人和技术之间的关系出现了颠倒的局面，媒介技术不再是那个我们所能驾驭的"马鞍"。

不管在学界还是在业界，对技术本身持中立的观点在当下颇为流行。当然，否定这一观点的学者态度也极为鲜明，在互联网视频软件"快播"涉黄事件的定罪量刑的分析中，国内学者张明楷就曾明确指出"快播并非完全技术中立"[2]。这两种态度恰好对应着技术哲学中工程和人本两大流派，同时也产生了基于浪漫主义和实证主义对待技术的不同的价值立场。理论的价值就在于对未来可能出现的后果提前做出预期，当然我们也难以保障这种预期的完全准确性。我们难以做出准确的预估，但是我们可以做出假设和预判。对于技术的自主性和技术漂迁的问题，在技术哲学领域引发了很多学者的关注，并且他们往往会将技术发展与意识形态相互关联。

---

[1] [英]尼古拉斯·奥斯特勒.语言帝国：世界语言史[M].章璐，译.上海：上海人民出版社，2011：2.

[2] 张明楷.快播案定罪量刑的简要分析[N].人民法院报，2016-09-14(3).

三、重拾批判的武器与作为命运的异化状态

本节引入批判视角来考察媒介技术，在这里不是单独地对历史中曾出现过的媒介技术进行区分，而是将媒介技术作为一个整体加以批判，指出媒介技术不仅是解放人的工具，而且也与人的异化状态的生存存在着明显的关联。因为我们必须面对的事实是，技术创新一旦问世，进入实践环节，人类社会就很难再退回到低技术时代，"人有根据需要与境遇选择不同技术的自由，但却没有不选择技术的自由"[①]。并且在政治哲学领域，技术是人类未来超越异化状态的主要依存，技术被寄予厚望，但也不能逃脱批判和审视的视野，以及揭示媒介技术批判对于日常生活世界的意义。本节在对媒介技术进行反思和批判的基础上，讨论主体与媒介技术之间是否能构建一种新的媒介技术人类生活共同体，同时，笔者也认为异化是一种主体与技术和规则共同塑造的历时性的存在状态，始终将会以异己的各种形态出现在人的存在当中。

（一）媒介技术批判对于日常生活世界的意义

纵观整个人类文明史，无论是神话与宗教，还是技术与哲学都在致力于增强人类的肉体或精神能力，进一步弥补人类在崇高客体前的懦弱与渺小。可以说，科学和技术赋予了人类征服外部世界的勇气和野心。其实这种对理性和技术的自信起源于希腊时期亚里士多德的工具理性，只不过在这个时期演化为近代自然科学的科学理性。在21世纪的今天，基于肉体和精神的技术所形成的工具理性愈发接近神话时代的神性，但是对于这种理性和技术的警示也从未缺席，"对于技术的神奇权力的信仰，是与其对立面即非神圣化的运动并驾齐驱的"[②]。

---

① 王伯鲁. 技术困境及其超越问题探析[J]. 自然辩证法研究, 2010, 26(2): 35-40.
② [法]鲁·瓦格纳姆. 日常生活的革命[M]. 张新木, 译. 南京: 南京大学出版社, 2008: 107.

在认识和改造世界的能力增强的同时，日常生活世界的平庸性、重复性和规定性也逐渐成为现代人无法规避的生存现实。技术的发展本应和社会变革一样，其最初的目的是为人类创造更好的生活，而且这种更好的技术生活共同体，才是实现人的全面解放的最终归宿。"技术对于人类生活的重要性正在于它服务于人要'活得好'的需求，并能够为人类更加自由且真实地实现美好生活的规划提供更多的可能性。"[1]正是因为如此，技术生活共同体的最终意义在于利用技术为人类创造一种更好的生存状态。因此，要探寻技术生活共同体中的日常生活的意义，我们无法回避媒介技术，更无法对其采取一种中立和价值无涉的立场。社会科学的任务并非总是为现存技术事实的合法性做出辩护，否则社科研究也即将面临马尔库塞所说的"单向度"化。对此，"马克思明确指出（用公式表达）批判理论必须要去'推翻所有使人退化、奴役、被忽视、可鄙的所有条件'。批判理论希望表明美好的生活是可能的，而统治和剥削使人类远离这样的社会"[2]。

乔纳森·特纳对批判理论传统做出经典的总结，他提出"所谓批判理论传统，是对指启蒙思想和工业资本主义持有否定立场的一种思潮。其主要特征在于三方面：一是质疑进化论；二是怀有对科学的不确定性；三是强烈反抗资本主义生产所带来的异化"[3]。本书将媒介技术纳入日常生活世界的批判，分别从人类对确定性的追求最终引发对媒介技术的拜物教崇拜、媒介技术在其技术进化路径中呈现出的自主性及技术漂迁问题，以及由上述问题最终所导致的人在日常生活世界中的异化问题展开，这恰恰与特纳对批判理论分支的划分相吻合。

正如国内学者王伯鲁所说，"任何技术……是一个多重矛盾的统一体。

---

[1] 敬狄，王伯鲁. 追求美好生活的技术：奥特加·加塞特的技术实践伦理价值论[J]. 东北大学学报（社会科学版），2017, 19(6): 551-556.

[2] [英]克里斯蒂安·福克斯. 社交媒体批判导言[M]. 赵文丹，译. 北京：中国传媒大学出版社, 2018: 15.

[3] [美]乔纳森·特纳. 社会学理论的结构[M]. 邱泽奇，译. 北京：华夏出版社, 2001: 225.

技术矛盾就是人自身、人与自然、人与人、人与社会之间复杂关系的具体表现"①。技术是实现未来乌托邦的物质基础，也可能是带来敌托邦的悖论。技术性矛盾不仅仅局限于生产领域之中，"在马克思所处的时代，生产是技术应用的主要领域。随着技术中介渗透到社会生活的每一个领域，随之产生了技术的矛盾和潜能"②。在二战之后的批判理论中，技术往往被视作维系社会运转和引发人的生存紧迫感的矛盾结合体。因此，技术也理所当然地成为对晚期资本主义社会开展批判的主要入手点。日常生活批判则是列斐伏尔对马克思的异化理论在以信息通信革命为标志的晚期资本主义社会批判的新发展。在日常生活世界中，媒介技术同其他技术形成合力，在极力提升了人类的认知和交流能力的同时，也在一定程度成为限制人的自由和本质发展的枷锁，甚至被归结为现代人异化状态产生的主要原因。因此，不论是从生存的实践状态还是个人存在意义本身，我们都必须对日常生活世界中这种习以为常，甚至是乐于享受其束缚的媒介技术展开批判，以避免我们每一个不同的个体都沦为海德格尔所说的"常人"。

我们也必须承认，不同发展阶段的媒介技术及其形成的信息传达和信息消费塑造了人类社会日常生活的节奏、价值和秩序。信息的机械化、数字化和批量化的生产，为数以亿万计的消费者提供了如同工业流水线中生产的标准化的工业产品，或者说现代社会的信息产品本身就是一种基于同质化逻辑的工业符号制成品，是现代生活世界重复性和规定性的根源。"列斐伏尔认为日常生活的琐碎性、重复性和规定性是导致异化的重要原因。"③这种重复性和规定性除了与风俗习惯和法律制度等既有社会秩序相关之外，在很大程度上也是技术所形成的必然产物，特别是与本书所关注的媒介技术有着显著的关联。在人类社会秩序的形成中，权力和技术几乎有着并驾齐驱的地位。

---

① 王伯鲁. 技术异化及其消解可能性问题新解[J]. 兰州大学学报(社会科学版)，2013，41(1)：76-81.
② [加]安德鲁·芬伯格. 技术批判理论[M]. 韩连庆，译. 北京：北京大学出版社，2005：序言2.
③ 方宇. 日常生活批判理论[EB/OL]. [2016-11-08]. http://net.blogchina.com/blog/article/639456288.

当然在多数社会现实中，技术往往会被各种权力形式所操控。而这种被权力所控制的同质化的符号产品正是日常生活世界中琐碎性和重复性的根源。人类个体在这种符号商品所构成的大众文化消费中最终失去了其本身应有的千差万别的意义，这正是我们理论界所必须展开批判的对象，必须通过对这种同质化的批判和抵制，重新找回生活世界的真正意义所在。

批判理论往往将技术理性批判和日常生活批判作为批判理论的两个不同的源流。应当说，二者之间的确存在着明显差异，但同时又都有着马克思主义的理论渊源和价值立场。技术批判侧重于马克思主义对技术理性以及后期发展的敌托邦的批判，而日常生活批判则有着浓厚的存在主义的马克思主义的色彩，融合了马克思和萨特等对人的存在的高度关注的理论情怀。"马克思哲学的当代性质最关本质地牵涉其存在论基础。马克思在存在论基础上所发动的哲学革命……终结了全部形而上学。"[①]传播学的不同流派对于媒介技术的研究取向各有不同。美国的行政学派关注传播效果，也即媒介技术所承载的信息对人的行为选择的影响效度，批判学派则将媒介技术与其他技术形式共同作为资本主义制造压迫和剥削的工具，媒介环境学派关注的则是媒介技术对于人类文明层面的改变和塑造。上述三者都更多地从生产关系、权力与控制的角度去考察媒介技术，对于媒介技术在日常生活世界中对人的生存状态的塑造和影响并未给予直接的回应。在笔者看来，三者之间并非泾渭分明、不可相交，因为媒介技术不同于其他任何技术形式，它同时作用于马克思主义政治经济学所关注的生产领域，同时也时刻指挥着人类日常生活世界正常运转。因此，对日常生活世界中的媒介技术展开批判和审视，也是在对实证主义、意识形态、理性危机与交往困境之外开辟一条新的批判方向。

日常生活世界是个体实现类本质的恢复和进行自身再生产的主要场所。"日常生活是所有活动交汇的地方……日常生活是所有活动的共同基础。"[②]而在上述两个过程之中，媒介技术都拥有着不可替代的地位。现代人对日常生

---

① 吴晓明. 超感性世界的神话学及其末路：马克思存在论革命的当代阐释[M]. 北京：中国人民大学出版社，2011：195.

② [法]亨利·列斐伏尔. 日常生活批判：第一卷[M]. 叶齐茂，译. 北京：社会科学文献出版社，2017：90.

第六章 "新的技术生活共同体"与异化状态的消解

活中的生存状态以及生活本身的意义表现出更为强烈的关注。我们在各种媒介技术中获取信息、表达自我，从远古时期早期人类在岩壁上刻下壁画，到网络社会中我们在社交媒体中上传图像、书写文本，几千年来，不仅仅是人类表达自我、精神互动的技术途径在发生着变迁，媒介技术在实现其信息传达功能的同时，也在更为深刻地塑造着我们的价值体系和伦理秩序，而这些也都是维系日常生活正常运转的符号规则。"（技术）它带来的是现代性条件下的技术与主体性的对立，以扭曲的形式制造了主体性得以彻底发挥的假象。"[1]因此，也可以说，进入文明社会之后，人类的生理需求主要通过物质生产技术和人的自身来满足，而社会需求则主要依赖于媒介技术的符号呈现和精神互动来实现。随着 VR、5G 等媒介技术的发展，之前技术在满足人类需求方面的分工也出现合流的趋势，人类的生理需求都可以通过媒介技术链接到人的神经系统，实现虚拟满足，肉体不再是直接产生神经刺激的唯一途径。

因此，媒介技术对我们日常生活中的记忆、生存、意义以及价值等人所特有的社会属性的生成具有其他技术形式所不具备的优势。而对日常生活世界中人的生存状态的关注和研究，多是将生活状态与经济基础和上层建筑之间相互关联，也即多从人的因素出发去考察生活世界的意义和价值，反而很少从作用于我们精神意识活动的媒介技术的角度出发，从存在论的角度予以批判和反思。正如康德在《纯粹理性批判》中所指出的那样，媒介技术的发展在不断地优化个体和组织的交流过程的同时，也逐渐显现出一些让人无法回避也是无法消除的弊端，我们不能只享受技术带来的便利而忽视其负面效应。我们必须承认，媒介技术不可阻挡地改变了不同时代的人类的生存状态，但是这种技术生活共同体并非如工业革命前我们对技术乌托邦想象的那般完美。"我们的时代，在极不一般的程度上，是批判的时代，一切都必须接受批判。"[2]

其实批判的研究立场在人文社会科学中由来已久，它是与实证主义相互

---

[1] 吴宁. 日常生活批判：列斐伏尔哲学思想研究[M]. 北京：人民出版社，2007：330.
[2] [德]康德. 纯粹理性批判[M]. 邓晓芒，译. 北京：人民出版社，2004：序言45.

对峙的另一重要的研究方向。"批判理论的任务即在于深入事物的世界中，去揭示人与人之间的深层关系。"①从事社会科学研究的知识分子如果完全沉迷于实证研究为本学科所带来的比肩自然科学的学科合法性，而忽略了对人性和价值的关注，那么社会科学研究就可能会失去平衡。因此，"知识分子有责任和义务对大众文化的发展提供一种批评机制，这种批评机制不是试图阻止大众文化的反正或否定大众文化存在的合理性，而是要为大众文化的发展提供一种参照……一种具有人文精神的终极价值尺度"②。批判的意义不仅仅在于对事物或社会关系做出简单的价值否定，它更多的是一种思维模式，是防止我们丧失对日常生活世界总体运动的把握和批判的能力，防止人类陷入单纯地接受既定社会现实和日常生活秩序的清醒针剂。在当下这种多变易逝、液态化的媒介技术生存环境中，人类"只有严肃地培植现代社会中否定的、批判的力量，我们才能最终有所肯定"③。

否定性的丧失是当下人的技术化生存中的最大危机，正如国内学者刘同舫所言，"人成为单向度的人，生活变成对技术的迎合从而失去批判维度，生存不再是主体人的生成而是主体人的死亡"④。因此，对于日常生活世界中的媒介技术的批判，显然不是仅对其所产生的传播效果以及到底是由谁控制了传播技术手段展开批判，而是从人的存在状态和其对整个人类在某一历史时期的生存所产生的不可逆转的影响开展反思性的研究。在笔者看来，批判对于媒介技术研究的重要意义在于传播学和技术哲学都不应该回避研究路数，安德鲁·芬伯格甚至将批判理论存在的本质性归结为对技术的关注，"我们生活在生态危机，普遍的计算机化，不断出现生物技术、新的电子通信形式和军事硬件的世界中。如果批判理论没有面向这个世界和它的各种问题，它将很快变得不合时宜"⑤。

---

① [德]马克斯·霍克海默. 批判理论[M]. 徐崇温，译. 重庆：重庆出版社，1990：3.
② 郑祥福. 文化批判与后现代马克思主义[M]. 北京：中国社会科学出版社，2008：210.
③ [美]马丁·杰伊. 法兰克福学派史(1923—1950)[M]. 单世联，译. 广州：广东人民出版社，1996：序言 7.
④ 刘同舫. 理想与现实之间的人类解放境界[M]. 北京：人民出版社，2013：329.
⑤ 胡大平. 解放政治学·生命政治学·无为政治学：现代性批判技术视角的旨趣和逻辑转换[J]. 学术月刊，2018，50(1)：30-45.

（二）"媒介技术生活共同体"与作为命运的异化状态

从社会学诞生之初，共同体就被视为其主要的研究对象，聚焦于社会中人与人之间的秩序和团结等问题。例如卢梭的社会契约论，黑格尔和马克思的市民社会，斯宾塞的社会有机体论，孔德关于"感性秩序"和"理性秩序"的讨论，涂尔干关于"机械团结"和"有机团结"的研究等。在对共同体和秩序的研究中，滕尼斯（Ferdinand Tonnies）的研究具有一定代表性。按照滕尼斯的观点，共同体并不等同于社会，二者之间既有联系又有区别。"共同体是持久的、真实的共同生活，社会却只是一种短暂的、表面的共同生活。与之对应，共同体本身应当被理解成一个有生命的有机体，社会则应当被视作一个机械的集合体和人为的制成品。"[1]共同体指向生活，而社会指向了实践。其实，除了上述由人与人结成以实践为最终目的的共同体之外，人类社会中还有由技术和人所组成的以生活为目的的技术生活共同体，这也正是本书所关注的研究对象。不管是个体还是组织，都是存在和运行于由媒介技术与人的生存活动所组成的技术生活共同体之中。因此，组织和个人更是无法脱离人与人所组成的以社会实践为技术的共同体。但是，这种技术生活共同体和其他技术形式与人的生存之间的关联存在着本质区别，同时我们必须对媒介技术生活共同体中的生存状态始终保持警醒和反思。

这种区别主要体现在人类主体的技术实践当中。因此，有必要对这种源自技术属性的共同体中的人与技术间的实践关系加以论述。在媒介技术与人共同构成的技术生活共同体中，获得来自其他主体的信息反馈以及自然世界的属性和状态是人类应用媒介技术的最根本的目的。远古时期先民刻画岩画与我们当下通过社交媒体分享自己的生存状态，本质上并无根本性的区别，二者都是通过媒介技术，将其主观性在物质实体中以符号的形式流传下去。即使技术实践过程伴随着主观意图终止而完结，但仍然可以保障跨越时空的主体间的精神互动的实现。但是这种主体性在时空中的延续在其他技术形式

---

[1] ［德］斐迪南·滕尼斯. 共同体和社会[M]. 张巍卓，译. 北京：商务印书馆，2019：71.

中则较为少见。因为在多数的技术实践过程中,主体性的意向和延续是伴随着实践活动的持续而存在的,也即一旦技术实践终止,主体性立即与技术实现了关联性上的断裂,实践的目的实现之后,人类的主体意识随即从技术形态上挪移,不会再抱有主体性之间的交互的意图。例如在旅行中,我们可能会选择乘坐火车或飞机,如果乘坐飞机,那么这种运载工具只是实现主体在空间中进行限时位移的技术形式,当我们到达了目的地之后,主体与技术形式之间会立即分离。并且当另外一个主体再次接触这种技术形式时,他无法再从技术形式中获取其他主体所要留下的印记和信息,技术的实现反而要以不同主体之间的断离为保障。

但是,在媒介技术与人类共同构成的技术生活共同体中,则往往会出现主体长时间滞留在各种媒介技术形式的情形,并且这种趋势随着媒介技术的进步而日益加深。媒介技术对主体性的控制在社会实践和行为选择中也愈发常见,在印刷时代这种趋势可能表现为某人沉迷于读书,在当下网络社会中有人对于网络产生了成瘾的依赖,甚至互联网为人类提供的信息产品中有很大一部分是作为游戏或者消遣之物,其进入信息消费环节的首要目的并非是去满足个人不断产生的不同信息需求,刺激人类主体性长时间滞留在媒介当中的主要原因是人类对媒介技术本身的依赖,人的主体性对于媒介技术的控制地位处于一种被动的状态,目的和手段的意义在媒介技术的使用过程中出现了颠倒,也即回到了技术哲学中一个极为根本的问题,人到底能否从主体性出发来控制人的头脑所创造出的工具。

其实马克思在19世纪中期就对技术与人性的颠倒产生了警惕,"我们的一切发明和进步,似乎结果是使物质力量成为有智慧的生命,而人的生命则化为蠢钝的物质力量"[①]。因此,在这种媒介技术与人的颠倒性的共处的技术生活共同体中,本书所关注的异化问题自然成为信息消费和媒介实践之间不可调和的悖论。因为我们既不可能抛弃现有的媒介技术形式,又不可能在媒介技术实践过程中放弃人的主体性地位,也即上文中所提到的媒介技术在进

---

① [德]马克思,恩格斯. 马克思恩格斯文集[M]. 北京:人民出版社,2009:580.

第六章 "新的技术生活共同体"与异化状态的消解

化过程中自主性失控的问题，以及由此引发媒介技术在实践环节中出现的技术漂迁效应。

"在今天，就生活秩序而言，'陌化'以其特别的秩序完全占有了最佳的头脑和最强的心灵。"[①]媒介技术在塑造这种陌化或者异化的生活秩序中显示出其无时不在、无处不在的隐蔽性。现代人几乎无时无刻不被媒介技术所营造的社会环境所包围，甚至也可以说离开这种媒介技术营造的社会环境，人类的生存极有可能失去构建社会性的必要条件，而重返动物性的存在方式。如果我们以当下的个体与媒介技术之间的互动为例，不难发现，我们的观察对象，媒介技术与使用和操作，媒介技术的个体之间几乎处于一种难以割舍的永久链接的关系。这种具身性的技术属性以及个体对于信息的需求和消遣，构成了当下媒介技术与人类之间现有技术生活共同体中的不可分割的关系。但是就媒介技术与主体性之间出于实用主义的理性关联之外，如何在媒介技术的实践中重新发现和找回人的主体性，从而在媒介技术与人类之间构建一种解放人的本质，而不是束缚人的灵魂的新的技术生活共同体，即使在这一实践过程中往往会受到技术、资本等因素的阻挠，但从长远来说，这是社会科学学者甚至每个个体都需要迫切思考的最为基本的生存性问题。

正如马克思在对未来共产主义社会的科学设想中所反映出的社会发展趋势，生产技术将人从繁重的劳动中解脱出来，成为人类社会飞跃和个人全面自由的实现的最为重要的物质基础。技术解脱了肉体在繁重劳动中的精力消耗，那反过来在人类的精神活动和认知活动中，媒介技术所发挥的社会效应并不能简单地以解脱和自由作为其最终结果。在现有的媒介技术与人类的生存实践所构成的技术生活共同体中，媒介技术在资本和权力的联合下，往往被作为对社会个体实现制造共识和精神管理的社会治理工具，特别是在当下网络社会的个人的生存活动中，媒介技术对于人的反思性和否定性的消解已经无须外界权力的强迫和压制，而变成一种自愿和顺从的自我放弃的消极行为。因此，"现代技术发展提出的一项严峻挑战就是：在技术异化及其人性

[①] [德] 马克斯·舍勒. 资本主义的未来[M]. 刘小枫, 译. 北京：生活·读书·新知三联书店, 1997：1-2.

压迫面前，人们能否有所作为，扭转这一被动局面？"①我们与媒介技术之间是否能够构建一种新的技术和生活共同体，以尽力来降低媒介技术对人在日常生活中的生存状态所造成的异化问题，同马克思等人在探索通过消除生产资料私有制最终实现共产主义的宏观层面的社会异化，有着同样重要的意义。也即正如卢卡奇所追求的那样，要真正消除人类社会所普遍面临的异化问题，必须从经济生活的宏观层面和日常生活的微观层面以及人的阶级意识的普遍提升入手。

技术中性论的观点一直是本书对媒介技术在日常生活世界产生的异化现象展开批判过程中无法回避的逻辑结构。对于这一逻辑结构，海德格尔给出了他的立场，"当我们认为技术是某种中性的东西时，我们又是以一种可能最坏的方式被交给技术了；正是这种人们至今仍旧深信不疑的关于技术的中性把握，使我们对技术的本质依然茫然无知"②。在他看来，正是这种技术中立主义导致了人在技术本质的问题上出现了精神茫然和本质否定性的丧失。因此，对于媒介技术生活共同体中出现的人的存在状态异化消解的问题，可以纳入技术与人的生存之间的根本关系这一更大的理论范畴进行考察，并进一步思考这种生存中的异化状态能否消除或者是否具有消除的可能性。随着科学技术的发展和人类社会制度的完善，不论是从政治经济学还是从哲学层面，我们都可以做出比较乐观的设想，人类宏观层面上的社会解放和微观层面上的劳动解放存在着较大的可能性，但是否能够彻底消除人的存在状态中的异化问题，我们就必须引入介于主体和客体之间的技术维度来加以考察，当然本书主要关注在媒介技术的范畴内去探讨其实现的可能性。

社会科学必须涉足考察和预测人类实践发展趋势的可能性，而不应该仅像实证主义那般迷恋于对既成事实的解释和归因。在笔者看来，媒介技术引发人的生存状态出现异化问题的根本原因在于媒介技术超越其固有边界，并

---

① 王伯鲁. 技术异化及其消解可能性问题新解[J]. 兰州大学学报(社会科学版)，2013，41(1): 76-81.
② [德]马丁·海德格尔. 人诗意地安居: 海德格尔语要[M]. 郜元宝，译. 桂林: 广西师范大学出版社，2000: 99.

第六章　"新的技术生活共同体"与异化状态的消解

且已经成为日常生活世界中的主要控制装置。个体在无休止的媒介技术使用甚至滥用中将生存过程转化为技术意志的贯彻，最终"生活成为对物的持存从而物化"①。我们从媒介技术诞生之后的技术属性发展趋势来考察异化问题。媒介技术作为一种营造精神互动和信息交流环境的符号技术，无论人类将来的社会演进和技术发展程度会有何种当下人无法预期的成就，有一点是可以肯定的，就是以体力劳动为基础的物质生产活动可以被机器和技术所取代，但是作为社会性动物的人类始终无法也不可能放弃精神交流和信息互动。在各种媒介技术的实践过程中，无论是早期将符号作为神迹加以崇拜，还是当下把互联网几乎当作日常生活的百科全书，随着5G、AR、VR、元宇宙等以感官模拟为基础的媒介技术进入生活世界，个人更加难以区分线下和线上生活的边界，难以区分符号世界和现实世界，这将可能在伦理及社会秩序领域引发一系列目前难以预测的新的问题和价值冲突。

媒介技术营造的虚实边界的消失不仅仅是某种主观意识领域中的混淆或错位，更为关键的是还有可能引发价值体系中的批判维度发生越轨。媒介技术形成一种技术化的伦理系统，"技术是形成我们生活方式的一种新的法规，与本来意义上的法律并没有什么特别的不同"②。媒介技术在生活世界中的边界无限扩张，同时伴随着以技术意志替代人的意志的符号价值系统的展现，"事物丧失了它们的自主、特点和特性，被降格为技术贯彻和统治的千篇一律的材料……技术意志评价事物，它决定了事物应有什么意义，应有多大的价值"③。除了传统的权力和资本之外，媒介技术成为人在生活世界中的行为和选择的新的规定者，成为价值和秩序的新的塑造者。"现代传媒业造就了专业化的知识生产和分享体系，之前传统社会中以寺庙、学校、知识精英为主的知识分享载体，不得不让位于更加专业的报纸、广播和电视。"④

---

① 刘同舫. 理想与现实之间的人类解放境界[M]. 北京：人民出版社，2013：327-329.
② [加]安德鲁·伯格芬. 可选择的现代性[M]. 韩连庆，译. 北京：中国社会科学出版社，2003：5.
③ [德]冈特·绍伊博尔德. 海德格尔分析新时代的技术[M]. 宋祖良，译. 北京：中国社会科学出版社，1993：80.
④ 杜松平. 互联网时代的知识共享：个体决策攻略化与日常生活批判[J]. 编辑之友，2020，1(292)：50-58.

因此，不论是从马克思的经典异化理论出发，还是回到海德格尔的存在主义，媒介技术作为一种人类个体和组织间实现认知和沟通的技术，无法像其他技术形式一样，通过技术的升级和进化从而降低对人的肉体的束缚。甚至在此我们可以做出一种主观性的臆断，无论媒介技术的发展程度将达到何种高度，无论是早在符号的出现时期还是当下流行的社交媒体时期，人类企图通过技术形式来实现人性到神性的跳跃是不可能完成的。"实际上，针对人之脆弱性、依赖性或有限性而展开的人类增强的各种形式，自古以来，普遍存在于人类追求完美的诸种价值选择和实践理性的现实运作之中。"[1]弗洛姆(Erich Fromm)也将脱离异化寄希望于能动性的发挥，他指出脱离异化的活动是指"我体验到自己是活动的主体……我的活动是我的力量和能力的表现，我、我的活动和我的活动结果结为一体"[2]。主体能否在媒介技术生活共同体中展开人的创造性活动，事关日常生活世界中的人的总体生存状态。但是由于控制灵魂和生产意义的媒介技术在人类生存中的基础性地位，我们必须面临生存状态中异化作为一种永远处于技术前头的存在状态，一种新的技术的出现解决了旧有的异化，同时新的异化状态也会随之而来。换言之，脱离本真状态的作为技术的必然性后果的异化状态是无法摆脱更无法消除的。也许正如海德格尔所说，技术的本质就是人的命运，我们必须接受现实，我们无法消除命运，我们无法成为自己存在状态的主人，"科学教会我们谦卑，我们根本不可能全知全能，无所不通……也绝对不可能变成神"[3]。

---

[1] 田海平. 人类增强的完美悖论及其伦理旨趣[J]. 江苏行政学院学报，2021(2)：5-15.
[2] [美]艾瑞克·弗洛姆. 占有还是生存：一个新社会的精神基础[M]. 关山，译. 北京：生活·读书·新知三联书店，1989：97.
[3] [英]弗里德里希·哈耶克. 科学的反革命：理性滥用之研究[M]. 冯克利，译. 南京：译林出版社，2003：109.

结 语

本书试图从技术哲学立场出发，研究媒介技术对日常生活世界中人的生存状态的影响和重构。通过对技术与人的存在状态的考察，笔者发现媒介技术改变了人类的情感结构和时空感知，媒介技术也为人类塑造了新的认知方式，并且在此过程中用海量信息填补了人类对确定性的迫切需求，逐步形成一种同质化日益明显的行为选择趋势，最终为自己塑造了一种新的神祇——信息拜物教。而马克思的异化理论和海德格尔的技术哲学则是本书的理论基础，列斐伏尔的日常生活批判理论则为本书提供了研究视域。本书以马克思的异化理论和海德格尔的技术哲学中的存在主义作为对论述媒介技术与人的存在状态的主基调，将不同资本主义时期的媒介技术形式与人的生存中的三种异化状态，即肉体、需求和灵魂的异化阶段相互对应。在媒介技术与人形成的技术生活共同体中，本书尝试从人的存在状态而不单从传播效果出发去深究媒介技术的本质，试图把媒介技术纳入日常生活批判理论视野并作为主要的批判对象，在论证媒介技术进化与技术漂迁等技术实践现象中，对于人在媒介技术生活共同体中宏观和微观层面的生存状况做了一些具体的理论探索。

因此，从技术的本质和人的生存状态上来考量媒介技术是本书的主要线索。我们发现技术通过不断的升级和进化，为人类的物质实践和精神世界创造了秩序和安宁。人类往往将自身解放的希望寄托于肉身之外的各种技术形式。从希腊神话中的普罗米修斯盗取火种，到中古中国的五石散与炼丹术的盛行，人类深知自身存在的渺小和短暂，要实现对死亡和有限性的规避，就必须求助于各种技术对精神的加持和肉体的延展。从技术本质上讲，人类文明有史以来所有的技术形式都为人的主观性所驱动，追求的是一种绝对意识上的自由，企图用技术将人性增强为神性以弥补自身的有限性。而冠之以宗教之名的各种意识形态则要求个体放弃对无限性和灵魂不死的追逐，在人的主观世界中以借助各种媒介技术，制造出神迹、咒语、经文、禁忌等符号系统来塑造一种非人力所能及的"崇高客体"，从而迫使个人彻底放弃自由和否定性。可以说，技术是在对人的主体性的肯定中鼓励人类追求解放，而宗教则要求个体放弃主体性，以崇高客体的否定性赋予人的存在意义。现代性破除了宗教对人的枷锁，又过于彻底，以至于尼采喊出"上帝已死"，而技术则迅速填补了这一空白，成为一种新的理性宗教。因此，我们研究媒介技术与人的生存状态的关系，必然无法绕开技术的异化作用与人的全面解放这个话题。同时，本书所关注的媒介技术只是这些技术形式中的一种，同样与人对自身解放的追求有着极为密切的关系。

  作为一种以实践为最终目的的哲学，对人的全面解放的追求则是马克思哲学探索的终极命题。马克思从实践立场出发，他认为对于解放的追求不能仅限于精神层面的哲学活动，社会实践才是实现人的全面解放的基础。"'解放'是一种历史活动，而不是思想活动，'解放'是由历史的关系，是由工业状况、商业状况、农业状况、交往关系的状况促成的。"[1]同时，技术在马克思的理论体系中绝对占有着不可取代的重要地位。技术是生产力中最为核心的环节，是事关人类未来的全面解放能否实现的终极问题，甚至与社会关系的变革居于同等重要的历史地位。其实，马克思早已在《德意志意识形态》中明确提出要用现实的手段完成现实世界中的真正的解放。显然，这里的现实的手段除了指向制度文明层面的人类的革命实践之外，技术也是实现这一目标的关键因素。应当说，马克思哲学体系独到之处在于将人的全面解放视为

---

[1] [德]马克思, 恩格斯. 马克思恩格斯文集：第一卷[M]. 北京：人民出版社，2009：502.

其哲学体系最为核心的问题，人的解放和人的全面发展，即消除异化也是马克思所有理论工作最终要解决的问题。"追求人类解放（首要的是无产阶级的解放），是马克思主义的理论母题。"①

后继者如卢卡奇、马尔库塞、列斐伏尔、哈贝马斯等人分别从阶级意识的觉醒、艺术审美的解放美学、日常生活的复兴和交往理性的重置等方面对马克思的解放哲学进行了补充和发展。但是这些理论的构建过程都必须面对日常生活世界中技术实践活动的"应然"和"实然"问题，必须要解决媒介技术环境和人的主观意向性之间不可分割的现实困境。因此，人类的全面解放除了宏观社会环境的全面改造之外，还必须关注日常生活世界之中我们无法脱离的媒介技术环境。因为在以媒介技术为基础所构成的技术生活共同体中，媒介技术是一种与人的灵魂和意识相互关联的技术形式，同时也是人的意义来源和生存基底。不论是从审美、交往理性，还是从意识形态的觉醒等方面试图取得进展，这期间主体性都必须要与媒介技术时刻保持着接触，这个主体性与媒介技术实践相互结合的过程，既是为人的本质和全面解放创造必要认知条件，同时也是人沉溺于物质属性最终走向异化的根源所在。因此，除了要重视对个体从事社会实践所处的宏大话语体系，技术环境特别是本书所关注的媒介技术，也是必须加以重视和批判的隐性维度。

媒介技术作为人类外在的物质神经系统，其历史与人类文明的历史同样久远。在创造文明的生产领域和日常生活世界中，媒介技术在实现传达和呈现信息的同时，也完成了协调实践对物质性媒介进行主体性改造的工作。本书在此试图表达的是，尼葛洛庞帝所提出的数字化生存，对于人类来说并非一种全新的生存状态，从最初的符号进入人类社会以来，无论是个体还是组织，我们一直处于媒介技术以及其他技术形式所搭建的技术生活共同体之中，也可以说人的生存本质也即在物质化和媒介化相互交融过程中，精神加诸客观世界的体验活动的综合。因此，如果从媒介技术的角度来分析人的存在问题，人的生存本身就是持续性的媒介化的过程，信息社会也并不是一种工业

---

① 刘同舫. 理想与现实之间的人类解放境界[M]. 北京：人民出版社，2013：26.

社会之后才出现的新的社会状态。在人类进入文明社会之后，人类就一直在致力于处理物质与信息在生存中的关系，正如麦克卢汉所说，"人类在很大程度上是其技术创造物的产物"[①]。

在现有的媒介技术与人类所组成的技术生活共同体中，如果单从消息传播和精神互动的层面来看，媒介技术的确满足了人类对于消息交互的几乎所有的预期和需求。同时也正如前文所述，媒介技术也正在为人类的生存塑造一种新的规则，成为一种新的技术设计。这种由媒介形成的技术规则一方面扩展了人类交流的渠道，另一方面成为制约人的自由全面实现的新的束缚。因此，人类在日常生活世界中的生存状态也面临着最为深刻的异化状态，这与媒介技术的迅猛发展有着密不可分的关联。正如阿道司·赫胥黎（A. L. Huxley）所说的美丽新世界中暗示的那样，人生存状态的极度异化的主要来源除了以生产技术和所有制为基础所形成的生产关系之外，控制人的感知和精神的信息技术或者媒介技术同样至关重要。

"马克思主义视角承认传播在异化和解放的历史过程中的核心地位。"[②]我们也必须从人的自身来考察异化消解可能性的问题。人类是一种理性和感性结合体的社会性物种，媒介技术之所以会出现与其他技术形式所产生的不同后果的原因在于，我们无法完全理性地将媒介技术视为一种为人所用的工具，也即我们无法完美地处理媒介技术的边界与人在日常生活世界中的底线问题。媒介技术作为一种认知和表达的技术手段，进入人类的日常生活世界之后，就作为一种与人的灵魂和意识相互关联的技术形式，在人的生存过程中起到了不可替代的作用。同时，正如上文对媒介技术在人的存在状态异化过程中分析的那样，如何处理人与媒介技术之间的关系，也即人如何控制和利用出自其头脑的意识的产物，是所有历史时期中的人所必须面对的问题，不论是宗教还是技术，对此，人类都面临着同样的问题。本书已经指出了媒介技术在人的生存过程中的负面效应，但是，在对人的存在中的异化状态展开批判

[①] [美]保罗·莱文森. 人类历程回放：媒介进化论[M]. 邬建中，译. 重庆：西南师范大学出版社，2017：30-31.

[②] [美]汉诺·哈特. 传播学批判研究：美国的传播、历史与理论[M]. 何道宽，译. 北京：北京大学出版社，2008：192.

时，将所有的责任都归咎于媒介技术的观点显然是不公允的。毕竟，到目前为止，人是这个世界的主人而不是机器。正如杜威所言，"对未来的最终责任既不在历史的抽象规律(马克思)，也不在于一种具体化的技术'系统'(埃吕尔)，更不在对超自然干预的希望(埃吕尔)，而在于由个人和群体在内的人类所做出的具体决策"[①]。

技术自诞生以来就被视为创造秩序和消除混乱的工具，甚至被人类当作掌握自身命运的希望所在。但是我们不得不承认，在生存层面上，媒介技术为我们带来了获取信息沟通便利的同时，丝毫未降低生存中的异化程度。更为关键的是，媒介技术的具身性极有可能会导致人类面临一种无家可归的最终命运。借用海德格尔的技术哲学来反思媒介技术对人的存在的终极影响，从古至今媒介技术的进步在很大程度上提升了人类的认知能力，信息的大规模生产和消费似乎提升了人的认知和理性，甚至在很多领域我们自以为几乎已经接近上帝，无所不知，而这种铺天盖地的信息覆盖反而掩盖了人性的光芒，从而也带来了真理本质的丧失。在此，我们需要反思，在今天媒介技术为人类所规划的生存状态中，是否会出现如海德格尔批判技术对人的自知和有限性的吞噬那样，"土地被遗弃，众神隐遁。天上了无奥秘，有死的凡人否认自己有终的生存"[②]。

[①] [美]拉里·希克曼. 杜威的实用主义技术[M]. 韩连庆，译. 北京：北京大学出版社：2010：39.

[②] 陈嘉映. 海德格尔哲学概论[M]. 北京：生活·读书·新知三联书店，1995：360.

参考文献

[1][俄]B.M.罗津.技术哲学：从埃及金字塔到虚拟现实[M].张艺芳,译.上海：上海科技教育出版社,2018.

[2][英]D.W.海姆伦.西方认识论简史[M].崔建军,译.北京：中国人民大学出版社,1987.

[3][美]E.M.罗杰斯.传播学史：一种传记式的方法[M].殷晓蓉,译.上海：上海译文出版社,2005.

[4][德]J.G.赫尔德.论语言的起源[M].姚小平,译.北京：商务印书馆,2014.

[5][英]L.A.怀海特.文化的科学：人类与文明研究[M].沈原,译.济南：山东人民出版社,1988.

[6][美]阿尔文·托夫勒.第三次浪潮[M].黄明坚,译.北京：新华出版社,1996.

[7][匈]阿格妮斯·赫勒.日常生活[M].衣俊卿,译.重庆：重庆出版社,1990.

[8][德]阿诺德·盖伦.技术时代的人类心灵：工业社会的社会心理问题[M].何兆武,译.上海：上海科技教育出版社,2003.

[9][美]埃里希·弗洛姆.生存还是占有：一个新社会的精神基础[M].关山,译.北京：生活·读书·新知三联书店,1989.

[10][加]安德鲁·芬伯格.技术批判理论[M].韩连庆,译.北京:北京大学出版社,2005.

[11][美]保罗·莱文森.人类历程回放:媒介进化论[M].何道宽,译.重庆:西南师范大学出版社,2017.

[12][美]保罗·莱文森.软利器:信息革命的自然历史与未来[M].何道宽,译.上海:复旦大学出版社,2011.

[13][美]布莱恩·阿瑟.技术的本质:技术是什么,它是如何进化的[M].曹东溟,译.杭州:浙江人民出版社,2014.

[14][美]查尔斯·斯特林.大众传媒革命[M].北京:中国人民大学出版社,2014.

[15]田鹏颖,陈凡.社会技术哲学引论:从社会科学到社会技术[M].沈阳:东北大学出版社,2003.

[16]陈嘉映.海德格尔哲学概论[M].北京:生活·读书·新知三联书店,1995.

[17]陈来.古代宗教与伦理:儒家思想的根源[M].北京:生活·读书·新知三联书店,2009.

[18][英]大卫·哈维.后现代的状况[M].阎嘉,译.北京:商务印书馆,2003.

[19][美]戴维·克劳利,保罗·海尔.传播的历史:技术、文化与社会[M].董璐,译.北京:北京大学出版社,2018.

[20][英]戴维·莫利,凯文·罗宾斯.认同的空间:全球媒介、电视世界景观与文化边界[M].司艳,译.南京:南京大学出版社,2001.

[21][美]丹尼尔·黑德里克.追溯信息时代[M].崔希芸,译.石家庄:河北出版传媒集团,河北教育出版社,2016.

[22][英]丹尼尔·席勒.数码人类学[M].王心远,译.北京:人民出版社,2014.

[23]单世联.现代性与文化工业[M].广州:广东人民出版社,2001.

[24][德]斐迪南·滕尼斯.共同体和社会[M].张巍卓,译.北京:商务印

书馆，2019.

[25]［德］伽达默尔．科学时代的理性［M］．薛华，译．北京：国际文化出版社，1988.

[26]［德］冈特·绍伊博尔德．海德格尔分析新时代的技术［M］．宋祖良，译．北京：中国社会科学出版社，1993.

[27]高宣扬．当代社会理论：上卷［M］．北京：中国人民大学出版社，2014.

[28]高宣扬．当代社会理论：下卷［M］．北京：中国人民大学出版社，2014.

[29]［德］尤尔根·哈贝马斯．作为意识形态的技术与科学［M］．上海：学林出版社，1999.

[30]哈罗德·伊尼斯．传播的偏向［M］．何道宽，译．北京：中国人民大学出版社，2003.

[31]哈罗德·伊尼斯．帝国与传播［M］．何道宽，译．北京：中国人民大学出版社，2003.

[32]［法］亨利·列斐伏尔．日常生活批判：第一卷［M］．叶齐茂，译．北京：社会科学文献出版社，2018.

[33]［法］亨利·列斐伏尔．日常生活批判：第二卷［M］．叶齐茂，译．北京：社会科学文献出版社，2018.

[34]［法］亨利·列斐伏尔．日常生活批判：第三卷［M］．叶齐茂，译．北京：社会科学文献出版社，2018.

[35]胡翌霖．媒介史强纲领：媒介环境学的哲学解读［M］．北京：商务印书馆，2019.

[36]［英］安东尼·吉登斯．现代性的后果［M］．田禾，译．南京：译林出版社，2014.

[37]姜振寰．技术哲学概论［M］．北京：人民出版社，2009.

[38]景天魁．时空社会学：理论和方法［M］．北京：北京师范大学出版社，2012.

[39]［美］卡尔·米切姆．技术哲学概论［M］．殷登祥，译．天津：天津科学技术出版社，1999.

[40][英]克里斯蒂安·福克斯. 社交媒体批判导言[M]. 赵文丹, 译. 北京: 中国传媒大学出版社, 2018.

[41][美]拉里·希克曼. 杜威的实用主义技术[M]. 韩连庆, 译. 北京: 北京大学出版社, 2010.

[42][美]兰登·温纳. 自主性技术: 作为政治思想主题的失控技术[M]. 杨海燕, 译. 北京: 北京大学出版社, 2014.

[43]李超杰. 理解生命: 狄尔泰哲学引论[M]. 北京: 中央编译出版社, 1994.

[44]李昕揆. 印刷术与西方现代性的形成: 麦克卢汉印刷媒介思想研究[M]. 北京: 商务印书馆, 2018.

[45]林文刚. 媒介环境学: 思想沿革与多维视野[M]. 北京: 北京大学出版社, 2007.

[46]刘少杰. 后现代西方社会学史[M]. 北京: 北京大学出版社, 2014.

[47]刘小枫. 现代性社会理论绪论[M]. 上海: 华东师范大学出版社, 2018.

[48][匈]卢卡奇. 历史与阶级意识[M]. 杜章智, 译. 北京: 商务印书馆, 2018.

[49][美]马丁·杰伊. 法兰克福学派史(1923—1950)[M]. 单世联, 译. 广州: 广东人民出版社, 1996.

[50][德]马克斯·霍克海默. 批判理论[M]. 徐崇温, 译. 重庆: 重庆出版社, 1990.

[51][德]马克斯·舍勒. 资本主义的未来[M]. 刘小枫, 译. 北京: 生活·读书·新知三联书店, 1997.

[52][美]迈克尔·布若威. 制造同意: 垄断资本主义劳动过程的变迁[M]. 李荣荣, 译. 北京: 商务印书馆, 2008.

[53][美]麦克卢汉. 理解媒介: 论人的延伸[M]. 何道宽, 译. 北京: 商务印书馆, 2005.

[54][美]麦克卢汉. 媒介与文明[M]. 何道宽, 译. 北京: 机械工业出版社, 2016.

[55][美]曼纽尔·卡斯特.网络社会的崛起[M].夏九铸,译.北京:社会科学文献出版社,2001.

[56]尼尔·波兹曼.技术垄断:文化向技术投降[M].何道宽,译.北京:北京大学出版社,2007.

[57]尼尔·波兹曼.娱乐至死[M].何道宽,译.南宁:广西师范大学出版社,2004.

[58][美]尼葛洛庞帝.数字化生存[M].胡泳,范海燕,译.海口:海南出版社,1997.

[59][英]尼克·史蒂文森.认识媒介文化:社会理论与大众传播[M].王文斌,译.北京:商务印书馆,2005.

[60][美]乔纳森·特纳.社会学理论的结构[M].邱泽奇,译.北京:华夏出版社,2006.

[61]乔瑞金.马克思技术哲学纲要[M].北京:人民出版社,2002.

[62][美]乔治·里茨尔.社会的麦当劳化[M].高永平,译.上海:上海译文出版社,1999.

[63][美]乔治·瑞泽尔.后现代社会理论[M].谢立中,译.北京:华夏出版社,2003.

[64][法]让·鲍德里亚.符号政治经济学批判[M].夏莹,译.南京:南京大学出版社,2015.

[65][加]瑟乔·西斯蒙多.科学技术导论[M].许为民,译.上海:上海世纪出版社,2007.

[66]盛国荣.西方技术思想研究:一种基于西方哲学史的思考路径[M].北京:中国社会科学出版社,2011.

[67]王荣.马克思拜物教批判的哲学革命品质[M].北京:人民出版社,2018.

[68][加]文森特·莫斯可.数字化崇拜:迷思、权力与赛博空间[M].黄典林,译.北京:北京大学出版社,2010.

[69][美]沃尔特·翁.口语文化与书面文化[M].何道宽,译.北京:北京

大学出版社，2008.

[70]吴国盛.技术哲学经典[M].上海：上海交通大学出版社，2008.

[71]吴宁.日常生活批判：列斐伏尔哲学思想研究[M].北京：人民出版社，2007.

[72]肖峰.信息技术哲学[M].广州：华南理工大学出版社，2016.

[73][加]伊恩·哈金.驯服偶然[M].刘钢，译.北京：商务印书馆，2017.

[74]衣俊卿.20世纪新马克思主义[M].北京：中央编译出版社，2012.

[75][英]约翰·哈萨德.时间社会学[M].朱红文，译.北京：北京师范大学出版社，2009.

[76][美]约瑟夫·C.皮特.技术思考：技术哲学的基础[M].马会靖，译.沈阳：辽宁人民出版社，2008.

[77][美]詹姆斯·格雷格.信息简史[M].高博，译.北京：人民邮电出版社，2013.